사회복지조사론

사회복지 조사론

임정문
노수희
조순래
공저

RESEARCH METHODS FOR SOCIAL WELFARE

dm 동문사

머리말

사회조사는 리버풀의 선박회사 소유자인 찰스 부스(Charles Booth)가 런던시 빈민의 생활실태와 근로실태를 실증적으로 조사하여 그 결과를 1889년 '런던 시민의 생활과 노동(Life and Labour the People London)'이란 책으로 발표하였다. 이 외에도 빈곤조사로 씨봄 라운트리(Seebohm Rowntree)가 요크시 빈민들의 생활실태조사(1901), 베버리지 보고서(Beveridge Report of 1942) 등의 실태조사는 사회복지의 역사에서 중요한 의의를 갖고 있다. 이러한 조사가 실시되기 전에는 빈곤은 개인의 성격 결함과 비도덕적인 사고로 간주해 왔다. 그러나 이들의 조사가 당시 빈곤에 대한 일반 시민들의 편견을 수정하는 데 상당히 큰 영향을 미쳤다. 이 런던조사에 의해 빈곤의 주된 원인이 노령, 질병, 실업, 낮은 교육수준 등에 있는 것으로 나타나게 되었다. 이 조사로 인해 빈곤에 대한 영국 중산층의 부정적 생각이 편견임을 확인시켜 준 계기가 되었다. 따라서 빈곤대책을 빈민의 정신상태보다는 그들을 둘러싼 사회적 환경인 사회구조적 문제에 초점을 두어야 한다는 자각이 일어났던 것이다. 그리고 이들이 행한 대규모 조사, 특히 찰스 부스의 사회조사는 영국이 복지국가로 나아가는 계기가 되었고 현대 사회과학적 조사방법론의 효시가 되었다는 데도 큰 의미가 있다.

최근 사회복지실천현장에서 근무하는 사회복지사는 사회복지조사론에 대해 이해가 선행되지 않으면 근무가 어려울 정도로 사회복지조사론에 대한 필요성이 매우 강조되고 있다. 공동모금회, 공공기관의 펀드(fund) 등을 유치하기 위해서 지역사회에 대한 욕구조사가 필수적이며, 예산이 얼마나 투명하게 집행되었고 얼마나 효율적으로 수행되었는지를 평가하기 위해서 예산을 집행하는 기관에서 다양한 분석을 통한 객관적 자료를 요구하고 있기 때문이다. 또한 사회복지실천의 효과를 증명하기 위한 연구들이 많이 진행되고 있다. 그러나 경우에 따라서 실천현장의 사회복지사는 사회복지조사론에 익숙하지 않아 힘들게 자료를 수집, 정리하고도 이를 적절히 활용하지 못하는 경우가 많다.

PREFACE

사실 사회복지조사론은 쉬운 과목이 아니다. 이 과목을 학습하기 위해서는 통계학과 논리학 등을 이해해야 하는데 이 분야의 전문가가 아닌 사람에게는 매우 부담스러운 과목이다. 그러나 여러 해 동안 학생들에게 사회복지조사론을 가르쳐 본 사람이라면 기존 조사론 교재들이 대학생들에게는 필요 이상으로 어렵고 복잡하며, 방대한 내용을 포함하고 있다는 생각을 한 번쯤 해본 적이 있을 것이다. 게다가 수많은 조사론 책들이 이미 발간되어 독자들을 기다리고 있지만, 이 과목을 처음 접하는 인문계열 학생들은 내용상 많은 혼란과 어려움을 경험하고 점점 이 과목을 회피하는 경향마저 생겨나고 있다. 그러므로 저자는 학생들이 어렵고 깊이 있는 사회복지조사론을 공부하기에 앞서서 기본적인 개념을 이해하고, 이 과목에 대한 관심과 흥미를 유발할 수 있도록 설계된 교재가 필요하다는 생각으로 본서를 출간하게 된 이유이다.

결국 본서의 목표는 대학에서 한 학기 동안에 좀 더 쉽고 무리 없이 가르칠 수 있도록 내용을 설계하였으며, 독자가 기본적인 연구조사방법의 개념들을 이해하여 사회복지서비스의 현장에서 활용할 수 있도록 도움 되게 하려고 했다. 이를 위해 본 저자는 가급적 쉬운 단어와 문장으로 먼저 기본적 개념에 대한 정확한 이해가 가능하도록 예시를 들어 설명하였다. 또한 학습내용을 숙지하였는지 확인하기 위해서 각 장마다 주요 개념을 묻는 객관식 문제와 내용의 핵심부분은 표로 요약, 정리해 수록하였다.

본서는 다음과 같이 구성되어 있다. 각 장마다 학습목표를 수록하였고, 사회복지조사에 관한 기본 내용으로서 제1장에서는 과학적 방법과 연구조사의 관계를 다루었다. 제2장 조사유형과 절차, 제3장 조사문제와 조사가설, 제4장에서는 조사설계와 인과관계를 제공하였다. 조사설계의 대표 형태로서 제5장 조사설계의 유형으로 구성하였고, 제6장 단일사례연구, 제7장의 측정, 제8장 척도, 제9장의 표집(표본추출)으로 설명하였다. 또한 자료수집을 Ⅰ, Ⅱ로 나누어 제10장에 서베이 조사(설문조사)를 포함하였고, 제11장에서는 질적

머리말

연구방법에서 자주 요구되는 관찰과 내용분석을 수록하였으며, 제12장에서는 최근 사회복지실천현장에서 자주 요구되는 욕구조사와 평가조사를 다루었다. 제13장 질적 연구방법론, 마지막으로 제14장에서 조사계획서 및 조사보고서 작성에 관해 설명하였다.

아울러 사회복지사 1급 국가시험 과목에 포함되기 때문에 국가시험 대비에 도움이 되도록 필요한 사항을 최대한 포함시키고자 노력하였다. 앞으로 학생들과 강의하시는 교수님들로부터 사랑받는 책이 되도록 지속적으로 수정, 보완할 것을 약속드리며, 사회복지실천가로서 조사에 기반을 둔 지식을 습득하여 활용하고, 실질적으로 조사분석을 활발하게 수행하는 데 도움이 되기를 소망한다.

끝으로 이 책을 설계할 때부터 각별한 관심을 보여주셨던 도서출판 동문사의 이중수 사장님과 여러 관계자분들의 수고에 충심으로 감사를 드리며, 대학의 동료들과 가족에게도 감사와 고마움을 표한다.

2022년 8월
저자 일동

CONTENTS

차 례

CONTENTS

차 례

01
CHAPTER

과학적 방법과 연구조사

01 지식과 정보의 원천
02 과학과 과학적 방법
03 사회복지조사의 정의
04 조사에서의 윤리적 이슈

❐ **학습목표**

- 과학적 방법 및 비과학적 방법을 분류할 수 있으며, 일상적인 경험을 통해 지식을 얻게 되는 과정에서 흔히 할 수 있는 오류에 대해 이해한다.
- 과학적 방법 및 비과학적 방법의 특징을 이해한다.
- 과학적 조사의 논리인 연역법 및 귀납법의 순환적인 과정임을 이해한다.
- 사회복지조사의 특징, 유용성, 한계를 설명할 수 있다.
- 사회조사에서 발생할 수 있는 윤리적 문제와 이슈에 대해 이해한다.

1. 지식과 정보의 원천

우리 사회에는 정보가 넘쳐나는 홍수 속에서 살고 있다. 우리가 지식을 습득하고 탐구한다는 것은 우리 주변에 있는 많은 현상들을 이해해 간다는 것을 의미한다. 지식탐구와 습득에는 과학적인 방법뿐만이 아니라 다양한 방법이 존재한다. 우리는 지식을 습득할 때 경험과 직접적인 탐구를 통해 알 수 있지만 많은 경우는 다수의 사람들이 사실이라고 믿는 것을 합의적 지식이라고 받아들이는 경우가 많다. 그러나 우리는 어떤 정보가 올바른 정보인지를 결정하기 위해서는 다양한 원천에 관심을 기울여야 한다. 따라서 여기에는 비과학적인 방법인 관습, 권위, 직관, 경험, 대중매체 등과 과학적 접근의 방법이 포함된다. 다음에서 사회복지와 관련하여 일반적 지식 습득 방법들을 살펴보겠다.

1) 지식의 습득 방법

(1) 비과학적 방법

비과학적인 지식탐구 방법인 관습(전통)에 의한 방법, 권위에 의한 방법, 직관에 의한 방법, 경험에 의한 방법, 대중매체에 의한 방법 등이 있다. 이러한 방법들은 논리적인 판단과 정확성이 부족하다.

① **관습(전통 : 傳統, tradition)에 의한 방법이다.**

오랜 세월 동안 그냥 믿어온 사회적인 관습이나 습관에 따라 대부분은 단순하게 수용하여 지식을 형성하는 것이다. 인류 역사상 가장 오래된 지식 습득의 방식이며, 전통에 기반을 둔 지식의 원천이다. 이것은 후대의 구성원들이 당연시하면서 받아들이게 되는 선조들로부터 전통에 의해 알게 되는 지식이다. 이 지식체계는 삶의 다양한 지식들이 모이고 쌓여 발전하는 과정이기 때문에 전통은 인간 지식에서 매우 중요한 자산이다. 하지만 관습은 시대에 따라 변하고, 새로운 지식과 사회의 변화를 해석하는 데 함정이 될 수 있다. 또한 세월이 오래되었다는 사실로만 어떤 현상이 진실을 보장하는 것은 아니다(Ruane, 2005 : 3). 관습 및 전통에 의한 지식탐구 방법은 사회적 관심이 같지 않다는 점과 맹목적으로 수용을 강요하는 한계도 있다.

> 예 사회복지사가 새 근무지인 기관에서 전통적으로 의존하는 실천모델을 수용하여 따른다면 시행착오도 줄일 수 있고 안도감을 느낄 수 있다. 그러나 너무 편하고 단순하게 실천현장과 실천이론에 접근하게 된다면 전통적인 접근의 문제점이 보일 수도 없으며, 효과성에 대한 증거를 찾는 일도 무시될 수 있다.

② **권위(權威, Authority)에 의한 방법이다.**

권위의 원천에 의해 수용되는 방식으로 사건이나 상황 속에서 우리가 직접적으로 가지고 있지 못한 지식과 관련된 권위를 신뢰하고 받아들이는 것이다. 자격증 등을 소유하고 있는 전문가의 권위에 기반을 두는 것이다. 보통의 사람들이 모든 것을 인지하지 못하기 때문에 특정 분야의 전문가를 믿고, 그가 주장하는 것을 진실로 받아들인다. 그러므로 전문가의 권위는 특정 분야에서 높은 평가를 받아 지식으로 인정받고 수용하는 지식이 권위에 의한 지식의 획득이라 할 수 있다. 그러나 지식에 대한 발전은 비판 및 경험적 검증이 있어야 지식으로 발전할 수 있으나 권위는 이것을 무력화시킬 수도 있다. 또한 전문가도 틀리는 경우가 많아 자격증 자체가 진실을 보장하는 것은 아니다. 게다가 새로운 지식의 발견이 권위적 지식과 부딪칠 때 객관성과 타당성을 잃게 할 수도 있을 것이다.

> 예 의사, 변호사, 사회복지사 등은 관련 협회 등의 전문기관을 통해 권위, 지적 권력의 원천으로 인정받는다.

③ **직관(直觀, intuition)에 의한 방법이다.**

일차적인 접근에 의한 지식으로 감이나 느낌으로 아는 것을 의미하며, 하나의 통찰력으로 볼 수 있다. 감각, 경험, 연상, 판단, 추리 등으로 그 이유가 어떤 것인지, 어떻게 적용되었는지 따지지 않고, 대상을 직접적으로 파악하는 작용을 한다. 우리가 직관적으로 안다는 것은 '특별한 연습이나 이유의 근거가 없이' 그것을 이해한다는 것이다. 사회복지실천현장에서 우리가 어떤 역할을 할 때 항상 직관에 따라 행동하는 것은 아니지만, 직관은 조사를 더 진행시키기도 한다.

> 예 사회복지사가 한 노인이 학대를 받고 있다는 직관적으로 심증이 가는 경우, 질문 등을 통해 관련 정보를 모을 수 있는 계기와 출발점을 제공한다는 것이다.

④ **경험(經驗, experience)에 의한 방법이다.**

지식 기반을 제공하는 데 있어서 경험은 중요하며, 현재의 행동이나 미래의 행동을 안내해 주기도 한다. 사회복지실천에서는 이러한 경험을 실천의 지혜(practice wisdom)라고 하고 있다. 사회복지사의 지식 기반은 대상자를 원조하는 현장의 실천적 경험이 오랫동안 축적되어 만들어진 침전물이라 할 수 있다. 이런 실천의 지혜는 현장경험에서 만들어지는 경우가 더 많다고 할 수 있으며, 일반적으로 사회복지 지식으로 발전되기도 한다.

실천현장에서 사회복지사들은 다음과 같은 질문들을 받는다. 실천 지혜가 어떤 방식으로 얻어졌는가? 그것이 클라이언트의 문제를 정확히 묘사할 수 있는 것인가? 사회복지사는 원래 의도한 바대로 행하고 있는가? 사회복지사가 계획했던 결과는 성취되었는가? 이러한 질문에 대한 전문적인 대답을 하기 위해서는 과학적인 접근 방법에 의존해야 한다.

⑤ **오늘날 지식의 탐구는 많은 대중매체나 SNS를 통해 습득되기도 한다.**

다양한 미디어가 대중들에게 지식 재생산에 막대한 영향을 미치고 있으며, 이러한 거대한 미디어들이 지식의 구조를 지배하기도 한다. 뉴스(NEWS), 유튜브(Youtube) 등은 짧은 시간에 파급효과와 강력한 전달효과를 가지고 있다. 이러한 것들은 대중의 마음을 움직이는 사회적 힘으로 발휘되는 데 결정적 영향을 미치기도 한다. 다시 말해, 대중매체나 인터넷으로 인한 환경이 대중의 의견을 취합하기도 하지만 콘텐츠에 따라 선별적이고 일방적으로 과장된 전달 등으로 사회적 지식과 현상을 왜곡시키는 경우도 있다.

(2) 과학적 방법

지식탐구의 방법은 과학(科學, Science)에 의한 방법이다. 앞서 논한 관습, 권위, 직관, 경험, 대중매체 등에 의존해 지식을 탐구하는 것과 이를 통해 전달되는 것은 현상을 정확하게 이해하는 데에 많은 한계가 따른다. 이러한 위험하고 불안전한 지식의 방법에 대한 대안은 없는가? 그 대안은 과학이며, 과학적 방법이다. 과학적 지식은 논리성, 경험적 검증 등의 과학적 방법과 활동을 통해 습득되는 지식이어서 기존 지식탐구의 방법보다는 훨씬 안정적이고 체계적인 과정을 거친다는 점에서 차이가 있다. 그러므로 과학적 연구방법은 습득한 정보가 정확한 것으로 수용하기 전에 비판적인 평가를 내릴 수 있도록 한다. 게다가 과학적 방법은 오류 및 실수를 범할 수 있는 가능성을 훨씬 줄여줄 수 있다는 점에서 지적활동의 기반이 된다. 오늘날 조사연구의 지배적 방법은 과학적 접근이며, 산업화된 국가에서는 개인이나 기관들은 대부분 과학적 방법에 의존하고 있다.

예 많은 회사의 경영 분야에서도 과학적 원칙을 기초로 하는 시장조사의 결과로 홍보 등의 전략을 사용하고 있다. 사회복지 역시도 과학적 접근법의 결과들을 통하여 전문 분야로 인정받고 있다.

2) 일상적인 관찰에서 범할 수 있는 오류

개인이 지식을 탐구 및 습득하는 과정에서 지식활동을 활성화도 시키지만 보편적으로 나타나기 쉬운 다양한 오류들을 범할 수도 있다. 이를 구체적으로 제시하면 부정확한 관찰, 과도한 일반화, 선별적인 관찰, 사후소급적 가설, 현상을 이해할 때 자아 개입, 비논리적 추론, 탐구의 조기 종료, 신비화, 연구결과 조작 등이다(Rubin & Babbie, 2008). 일상적인 지식탐구과정에서 발생하는 비과학적 오류의 예를 들면 다음과 같다.

(1) 부정확한 관찰(inaccurate observation)

일상생활에서 특별히 사전에 의도하지 않는 탐구활동의 관찰은 다양한 현실을 자세히 관찰하려 하지만 모든 것을 관찰하는 것은 불가능하다. 또한 자신이 관찰하고자 하는 것을 중점적으로 관찰할 가능성도 높다. 그러므로 부정확한 지식을 산출하게 된다. 그러나 기록과 각종 측정도구의 사용, 계획적인 관찰 등은 절차적 기준을 통해 부정확한 관찰의 실수를 극복할 수 있을 것이다.

예 어제 만난 친구가 무슨 옷을 입었는지, 무슨 신발을 신었는지를 기억하지 못하는 경우

(2) 과도한 일반화(overgeneralization)

주변에서 경험과 관찰한 소수의 사례에서 얻은 결과를 근거로 전체에게 확대 적용하는 것이다. 고정관념(stereotype) 및 편견(bias), 선입견(prejudice) 등은 사람들에게 쉽게 일반화로 결론 내리게 하는 특성이 있어 지식활동에 오류를 발생시킬 수 있다. 그러나 과학은 충분한 표본의 확보, 반복해서 관찰한 결과를 도출 등으로 일반화의 타당성을 확보함으로써 오류를 예방할 수도 있다.

예 사회복지사가 상담을 했던 일부 가출청소년들을 보고 모든 가출청소년들의 상황인 것처럼 확대 해석하거나, 서울 사람 몇 명을 보고서는 "서울 사람들은 모두가 상냥해"라고 하는 경우이다.

(3) 선별적인 관찰(selective observation)

과도한 일반화를 초래하는 또 다른 현상이다. 이것은 인간의 지적활동에 통상 나타나는 특성으로 사람들은 자신이 보고 싶어 하는 현상에만 주목한다. 그러므로 사람들은 이미 관찰된 특정한 지식에 자신의 선입관이나 기존의 습득된 패턴과 부합되는 사건 및 상황에만 관심을 갖고 관찰하게 되고 그렇지 않은 것은 무시되는 경향이 있다. 그러므로 선별적 관찰은 사실을 왜곡, 잘못된 결론에 도달할 가능성이 크다. 과학적 연구에서는 관찰을 하기 전에 조사설계에 반영하여 다양한 관찰의 종류 및 관찰 규모를 확대하고, 연구자들 간의 조언 등으로 선별적 관찰의 오류를 예방하게 된다.

예 경상도 사람에게 사기를 당한 경험자는 과도한 일반화로 "경상도 사람은 다 그래"라는 선입관을 갖는 경우, 경상도 사람들의 다른 행동은 무시한 채 부정적인 행동에만 주목하여 관찰하는 경우도 이에 해당된다.

(4) 사후발생적 가설(사후소급적 가설, ex post facto hypothesizing)

과학적인 방식으로 연구가 실행되기 이전에 가설을 설정하고 실제 연구결과로 그 가설이 옳고 그름을 관찰, 판단한다. 그러나 실제 연구결과가 상반되거나 혹은 사전계획 없이 관찰이 먼저 진행되어 연구결과에 따라 사후소급하여 가설을 변경 설정할 때 발생한다. 또는 실제 검증에서 결론이 다르게 나타나 사후에 가설을 설정하거나 가설을 수정하여 설명하려는 오류이다. 과학은 과학적 검증과 분석 등의 과정을 체계적으로 연구에 임해야 사후소급적 가설의 설정이라는 오류를 극복할 수 있으며, 과학적 탐구에서는 반드시 지향해야 한다.

예 '50대 독거 여성과 주관적 행복감은 상관성이 있을 것이다'라는 가설을 먼저 설정하고 이를 검증해 보니 그렇지 않은 결과가 나왔을 때 그 결과를 수정하거나 연구에 부합되는 가설을 만들어 임의로 해석해서 사실인 것처럼 자신의 주장을 굽히지 않는 경우이다.

(5) 현상을 이해할 때 자아개입 (self-intervention in understanding the phenomenon)

어떤 사건이나 현상을 설명하고 이해하려는 과정은 자신의 주관적 판단 아래 놓이게 된다. 자신의 명예, 체면, 권위 등에 손상이 초래될 것을 염려해 자아중심적 해석의 경우는 객관성과 중립성을 갖기 어렵게 되는 오류이다. 과학은 경험, 중립적 혹은 객관적 절차로 특정 사안의 분석 및 평가하므로 주관적 입장의 구속으로부터 벗어날 수 있을 것이다. 그러므로 가치중립적이고 객관적인 지식탐구를 지향해야 한다.

예 사회복지사 자신이 직접 운영하는 프로그램은 본인에 대한 체면의 손상 때문에 우호적인 평가로 편향될 경향이 높을 수 있다. 또한 근무지인 시설 평가가 낮게 나왔을 경우에도 자신의 부족함으로 설명하지 않고, 평가에 대해 비판적인 입장으로 국가의 복지정책이 잘못되었다거나 또는 평가지표 탓으로 보는 것이다. 그러므로 내 탓이 아닌 네 탓으로 자신을 합리화시키며, 자신은 선의의 피해자라고 설명하는 경우이다.

(6) 비논리적 추론(illogical reasoning)

일반적인 추론이라 함은 논리적 근거를 바탕으로 합리적인 해석을 해야 되지만 사람들이 일상적으로 수행한 관찰은 논리적 근거가 명확하지 않은 추론을 의미한다. 인간은 자신의 판단과 선택이 합리적이라고 생각하지만 실제로는 논리적이고 합리적인 결정보다는 감성에 의한 결정이 더 많기도 하다. 과학은 이러한 오류에서 벗어나기 위해서는 비논리적 추론을 경계하고 논리적인 검증을 통해 인과관계를 파악해 나가는 과정이다.

예 '도박꾼의 오류(gambler's fallacy)'로 설명되고 있다. 도박판에서 계속 돈을 잃은 도박꾼이 몇 판을 잃었으니 이제 불운은 끝나고 행운의 여신이 찾아와 만회할 때가 되었다고 믿는 경우이다.

(7) 탐구의 조기 종결(premature closure of inquiry)

연구에서 모든 조사들은 충분히 진행되어야 하며, 결과가 확실해진 이후에 종료되어야 한다. 그러나 어떤 사실이 완벽하게 이해되기 전에 또는 사실을 예단하여 조급하게 연구를 종료하거나 이미 충분히 알고 있는 지식이라고 더 이상의 탐구를 하지 않을 경우 오류가 발생할 가능성이 높다. 과학적 연구에서는 과정의 순환성과 수정 가능성 특성에 유의해야 하고 비판에 개방적이어야 하며, 탐구의 개방성 허용은 연구자가 꼭 준수해야 하는 규범이다.

예 사회복지영역에서 가장 진부한 주제인 '노인의 빈곤문제에서부터 삶의 만족도' 등의 문제는 이미 많은 연구로 지식이 축적되었기 때문에 너무 흔한 연구로 치부되어 더 이상 할 필요가 없다고 여기며, 해당 주제에 대해 더 이상 연구하지 않고 종료하여 범하는 오류이다.

(8) 신비화(mystification)

아무리 노력을 해도 인간이 이해할 수 없는 현상들에 대해 이러한 사실은 초자연적인 현상으로 간주하거나 신비한 원인으로 돌리는 경향이 있다.

현상이 실제로 인지하는 것인지 아닌지를 떠나 인간의 능력 밖의 영역이라는 이유와 불가능한 것이라고 하면서 탐구를 중단하게 만드는 경우이다. 그러므로 현재 탐구의 방법이 어렵고 힘들다고 하더라도 계속적인 과학적 탐구 자세는 항상 요구된다.

> 예 "신의 깊은 뜻을 미약한 인간이 어떻게 그 깊은 뜻을 이해할 수 있겠어"

(9) 꾸며진 정보로 연구결과를 조작하는 경우

사람들은 이미 보유하고 있는 자신의 일반화된 지식과 다른 견해로 도출되는 사실과 부딪칠 때가 있다. 이런 경우 연구자 스스로 자신의 지식을 방어하거나 자기 합리화를 하고자 새로운 정보 및 결과를 조작하거나 왜곡하는 경우이다. 이러한 오류는 과학적 방법으로 경상도 사람의 성향과 성격 영향 요인, 접근방법의 실패원인이 무엇인가를 파악한 후에 최종 결론을 내려야 오류를 막을 수 있다.

> 예 자신의 선입관은 경상도 사람은 무뚝뚝한 사람이라고 여기고 있는데 상냥한 경상도 사람을 만났다면 자신의 선입관을 부정하지 않고 "출생은 경상도이지만 성장지역은 서울일 거야" 등으로 새로운 정보를 꾸며내는 경우이다.

2. 과학과 과학적 방법

1) 과학의 목적

과학(科學, Science)의 어원 영어 단어 'science'는 라틴어 동사 scire(어떤 사물을 알다)에서 비롯되었으며, 자신이 속한 세계에 대한 앎(knowing)을 의미하는 것으로 보다 체계화되고 사회적으로 정당성을 확보한 지식으로서 앎이라고 할 수 있다. 또한 우리가 수준 높은 지식을 원한다면 과학적인 지식의 방법이 최선이다. 우리가 조사연구방법을 이해한다면 매일 접하는 정보를 기준에 따라 평가할 수 있다. 과학이란 앎(knowing)의 과정에서 흔히 범할 수 있는 많은 오류나 실수를 줄일 수 있으며, 통제할 수 있는 체계적인 절차를 적용한다는 점이다. 과학의 궁극적인 목적은 현상을 설명할 수 있는 이론(theory)을 도출하는 데 있다. 이론은 과학의 논리적인 부분으로 인간과 사회에 대한 현상들의 관계를 묘사하거나 설명할 수 있도록 정리한 것이다. 이러한 이론을 도출하기 위해서는 과학은 경험적 증거를 수집하거나 탐구할 때 체계적인 방법론의 법칙을 따라야 한다. 그래야만 증거가 신뢰성을 갖게 되고 또한 반복적으로 연구되어야만 잘못된 결론에 도달하는 것을 막아주는 안전판이 될 것이다. 그러므로 과학의 세부적인 하위목적을 가진다.

첫째, 과학은 자연 및 사회현상에 대한 규칙성의 일반화이다. 자연현상과 인간사회 현상 속에 존재하는 논리적이고 지속적인 규칙이나 패턴을 일반화한다. 따라서 이러한 과정에서 과학은 객관성을 지녀야 한다. 이러한 객관성은 동일한 과정으로 연구를 했을 때는 동일한 결과를 경험할 수 있어야 한다.

둘째, 각 변수들 간의 관계를 설명해 준다. 여기서 설명(說明, explanation)은 각 변수 및 현상에 대한 관계의 원인 또는 인과관계(causality)를 밝혀야 한다.

셋째, 이론을 바탕으로 현상을 예측하는 데 있다. 지금까지의 관심의 대상, 경험적 사건이나 형태의 연구결과와 알려진 지식을 결합을 바탕으로 미래의 결과를 예측 및 추론하는 것이다.

2) 과학의 특징

과학은 어떠한 현상과 사건에 대해 '왜' 발생하였는지에 대한 끊임없는 질문과 의심의 특징을 가진다. 그러므로 원인에 대한 탐구는 과학에서 중요한 요소이며, 현상에 내재하는 규칙과 변수 간의 관계를 설명한다. 과학의 특징은 현상에 대해 관찰하여 그 관찰 결과를 바탕으로 보편적인 법칙 및 원리를 발견하고 발전시키는 행위로 체계적인 이론을 수립한다. 따라서 경험적 대상에 대해 과학은 논리적, 경험적 검증 방법을 통해 획득한 지식의 체계로서 과학적 절차와 방법이 매우 중요하다. 지식을 습득하는 방법으로 과학의 특징은 아래와 같이 요약할 수 있다[그림 1－1].

첫째, 논리적(logical)이다. 인간의 논리적 사고에 기반한 활동이 과학이다. 경험적 관찰을 통한다고 해서 곧바로 과학이 되는 것은 아니다. 그러므로 타당성을 입증하기 위해 논리적인 추론을 거쳐야 한다.

둘째, 확률적 결정론적(stochastic deterministic)이다. 어떤 사회적 현상 A가 발생했을 때 그 원인이 반드시 B라고 단정적으로 결정짓는 것이 아니라 개연성을 가지고 B가 원인일 확률이 높다는 것이다. 과학에서는 어떤 결과에 대해 100% 그 원인으로 단정하기는 어렵다. 그러나 모든 현상은 어떤 원인에 의해 발생하고 논리적으로 원인과 결과의 관계를 이해할 수 있어야 됨을 가정한다.

셋째, 경험적(empirical)으로 검증이 가능하다. 과학의 지식은 이론과 논리적 주장이 현상의 관찰과 증거에 의해 검증되어야 하며, 타당성을 경험적으로 입증할 수 있어야 성립된다. 또한 이론은 반복적 검증과 관찰한 후에 정립됨으로써 신뢰성을 확보할 수 있다.

넷째, 객관성(objective)을 추구한다. 연구와 관련된 연구주제의 선택, 연구결과를 해석함에 조사자들의 가치관이나 편견을 완전히 배제할 수는 없지만 적어도 연구절차나 연구과정에 있어서 영향을 미치지 않는 것을 의미한다. 이는 사회과학조사에서 큰 한계로 지적되고 있으며, 과학은 제대로 된 관찰의 과정을 통과해야만이 객관성을 담보할 수 있다. 이를 방지하기 위해 다양한 조사기술을 활용하여 객관성을 확보한다.

다섯째, 간주관성(상호주관성, intersubjectivity)을 갖는다. 연구자마다 각기 다른 주관적인 동기가 있더라도 한 연구에 대해 동일한 연구과정과 방법을 적용하였다면 동일한 결과에 도달해야 하는 것을 의미한다. 서로 의견을 달리하는 연구자들이 동의하여 같은 결론에 도달하는 것이 곧 과학적 사실이다.

여섯째, 재현(replication)이 가능하다. 과학은 한 번의 결과가 아니며, 지속적인 연구의 수행이 가능하다. 즉, 다른 사람이 다른 시간에 다른 공간에서 동일한 근거를 바탕으로 연구가 반복하는 것을 의미한다. 수정 가능성과 맥락을 같이 한다.

일곱째, 잠정적(provisional)이다. 과학적 이론은 항상 새로운 검증에 따라 수정 및 보안, 재평가될 수 있거나 폐기될 수 있어 영속적이기보다는 잠정적이고 일시적이다. 그러한 의미에서 과학적 결론은 상대성과 유한성을 내포하고 있으며, 잠정적인 것으로 반론과 수정에 대해 개방적이어야 하고 이것이 과학적 태도라고 할 수 있다.

여덟째, 체계적(systematic steps)이다. 과학적 연구가 되기 위해서는 증거를 축적하는 등의 관찰은 체계적이고 포괄적이어야 한다. 또한 연구가 어떻게 관찰되었는지에 대한 조작적 정의라는 과정을 통해 명확히 측정해야 한다. 과학적인 연구는 관찰 시 특정한 한두 개 사례에 의존한다면 과대 일반화와 선택적인 관찰의 한계가 될 것이다. 이러한 연구에서 벗어나려면 관찰할 표본의 숫자를 많게 하고 대상의 사례 유형도 다양하게 만들어 가야 한다. 체계적 단계는 문제 정의, 가설설정, 자료수집 및 분석, 결론 도출이라는 일련의 과정들을 거친다. 이것들은 사회복지실천현장에서 우리가 많이 겪고 있는 단계들과 비슷하다.

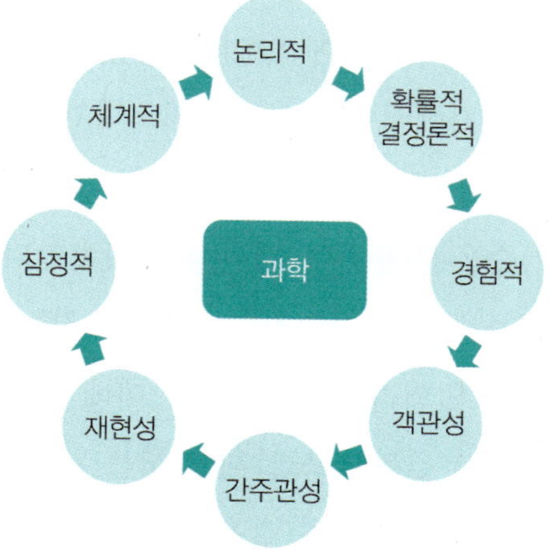

그림 1-1 과학적 접근을 위한 특징

3) 과학적 조사의 논리

이론과 조사방법을 통한 과학적 지식의 형성은 수많은 현상을 관찰해서 이론을 형성하거나 기존의 이론을 바탕으로 형성해 나가는 형식으로 두 가지의 상이한 접근 방법, 즉 연역법 체계와 귀납법 체계를 통해 이루어진다. 이러한 두 체계는 서로 구별되기보다는 연결되어 있고 또한 반복하면서 과학을 발전시키는 순환성이 있다.

(1) 연역법 체계

연역법 체계는 주로 실증주의자들에 의해 사용되는 전통적인 조사방법으로 기존에 존재하고 있는 이론으로부터 가설을 도출한 다음 조작화를 거쳐 논증하는 절차를 밟는다. 또한 일반적인 사실이나 경험, 법칙으로부터 특수한 사실이나 법칙을 도출하여 일반적인 원리를 검증하는 것으로 보편적인 이론을 특정 사례에 적용하는 형식으로 가설을 끌어내는 것이다. 하나의 이론에서 나온 연구주제인 가설을 실증적으로 검증을 통해 새로운 이론을 이끌어낼 수 있다. 그러나 연역법 체계에서 범할 수 있는 오류는 구성의 오류(fallacy of composition)로 어떤 원리가 부분적으로 성립하나 전체적으로 성립하지 않을 수 있는데도 불구하고 전체적으로 성립한다고 추론함에 따라 발생하는 오류이다.

예 연구자들이 아들러의 이론 중 형제 순위의 이론이 서로 상이한 문화에서도 유효한가라는 의문을 가지고 있다고 가정했을 때 연구자들은 여러 다양한 문화권에서 아들러의 이론을 검증해 보게 될 것이다. 이러한 연구결과를 통하여 이론을 다시 수정될 수도 있고, 더 타당한 이론으로 재구성될 것이다.

연역법 체계의 대표적인 예는 삼단논법이다. 이 삼단논법은 '모든 사람은 죽는다 → 피아제는 사람이다 → 그러므로 피아제는 죽는다'로 전개되는 세 가지 단계로 설명된다[그림 1-2].

연역법 체계	정의 : 일반적인 사실이나 경험, 법칙으로부터 특수한 사실이나 법칙을 도출하여 일반적인 원리를 검증하는 것	
	이론/가설	모든 사람은 죽는다.
	조작화	피아제는 사람이다.
	관찰과 경험	그러므로 피아제는 죽는다.
	일반적인 원리 검증	모든 사람은 죽는다는 가설을 검증

그림 1-2 연역법의 단계

(2) 귀납법 체계

귀납법 체계는 연역적 논리체계 전개와는 정반대의 전략으로 특수한 경험이나 사실을 시험하고, 관찰을 통해 현상을 설명하고, 일반적인 이론으로 발전시키는 방법이다. 그러므로 특수한 사실로부터 공통적으로 적용되는 일반적인 원리를 찾아내는 것이다. 귀납법은 관찰에서 출발하여 유형과 규칙을 발견하고, 잠정적인 결론을 도출하는 것으로 특수한 사례에서 보편적인 원칙, 즉 이론을 도출하는 형식이다. 그러나 귀납법 체계에서 범할 수 있는 오류는 인과의 오류(post hoc fallacy)로 원인과 결과를 거꾸로 해석하는 등의 오류를 말한다.

> 예 법원에서 행동장애로 인해 상담기관에 의뢰된 학생들의 먼저 공통점을 관찰한다고 하자. 이 관찰을 통해 아이들 중 대부분이 다문화 가족들이라는 사실을 관찰하게 된다면, 우리는 학생들의 문제행동이 집과 학교에서 이중적 문화환경으로부터 오는 학습의 실패와 적응의 문제로 인한 것이라고 결론을 내릴 수 있게 된다.

귀납법 체계는 주제선정 → 관찰 → 유형 및 규칙성 발견 → 이론으로 잠정적 결론의 과정을 거쳐 진리를 입증하는 논리적 절차이다[그림 1-3].

귀납법 체계	정의 : 특수한 경험이나 사실을 시험하고, 관찰을 통해 현상을 설명하고 일반적인 이론으로 발전시키는 방법	
	주제선정	인간의 죽음
	특수한 사실 경험	피아제의 죽음 관찰
	경험적 일반화	프로이트, 융, 아들러 등 다른 사람들도 죽네
	이론화	그러므로 모든 사람은 죽는다.

그림 1-3 귀납법의 단계

(3) 두 체계의 순환성

과학적인 연구를 한다는 것은 이러한 논리와 경험에 근거하여 연구를 한다는 것이고, 연구방법 또한 논리와 경험에 기초한 절차나 과정을 준수하는 접근방법이 요구된다. 이러한 이론을 도출하기 위한 연구를 수행하는 접근방법의 중심에는 연역법 체계와 귀납법 체계라는 논리체계의 순환관계가 내재되어 있다. 이 관계는 서로 대립적인 관계가 아니라 상호보완적인 과정을 거치게 된다. 연역법 체계가 기존 이론이나 보편적 사실로부터 가설을 수립하면서 출발하여 조작화를 거쳐 경험적 관찰 후 일반화를 하는 것과 다시 보편적 이론으로 순환하게 된다. 그리고 귀납법 체계는 주제선정과 경험적 관찰로부터 출발하여 유형을 발견하고 경험적 일반화 및 잠정적 결론의 이론화를 도출한다. 이러한 과정이 끊임없이 순환적으로 이루어지면서 이론을 도출한다[그림 1−4].

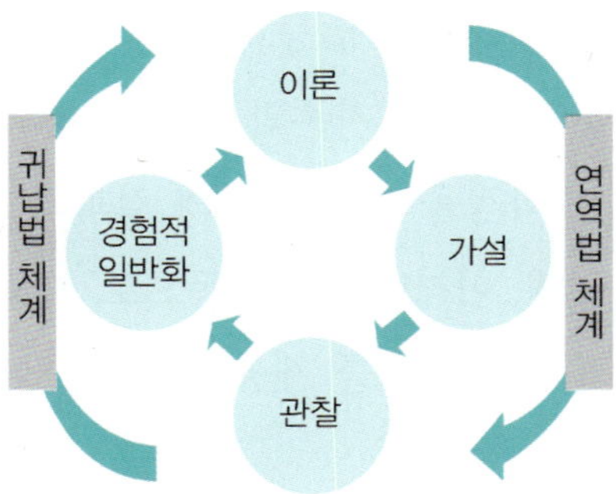

그림 1−4 두 체계의 순환성

3. 사회복지조사의 정의

1) 사회복지조사의 개념

과학에서 사회복지조사는 과학적 방법에 의해 수행되는 조사이다. 연역법 체계와 귀납법 체계를 통해 변수들 간의 관계를 경험적으로 검증의 과정을 거쳐야만 과학적 조사이다. 이것은 연구자가 관계가 있을 것으로 추론되는 변수들을 경험적으로 입증 가능하게 조작화하여 이를 체계적으로 검증하는 탐구활동이다. 그러므로 사회복지조사는 현상을 규명 혹은 해결하기 위한 방안을 마련하기 위해 합리적이고 논리적 원칙에 입각하여 기존의 지식을 경험적으로 검증 및 새로운 지식을 창출하기 위한 실천적 탐구활동이다(초의수, 2019). 따라서 사회복지조사는 사회복지의 목적인 개인의 복지욕구를 충족시키고, 사회문제를 해결하기 위한 방안을 강구하기 위해 자료수집을 하는 지식탐구 절차이다. 이러한 절차는 과학적 방법의 절차로 수행되어야 하며, 과학적 조사가 되기 위해서는 일반적인 과학적 특징을 지켜야 한다(나눔의 집, 2021).

사회복지조사의 과학적 활용을 위해서는 먼저 개념적 정의를 경험적으로 측정으로 입증 가능하도록 조작적 정의로 구체화하여야 한다. 둘째, 탐구과정에서 기존의 과학적 방법에 입각하여 논리적인 가설설정과 검증하는 과정을 거쳐 개입의 결과의 효과성을 평가 및 인과성을 증명해야 한다. 셋째, 이러한 탐구활동으로 기술과 이론을 바탕으로 사회복지 프로그램 개발과 서비스를 제공해야 한다.

2) 사회복지조사의 특징

응용과학 및 사회과학으로 사회문제와 인간관계를 연구대상으로 실천현장에서 현실문제 해결이라는 실천과학인 사회복지조사는 다음과 같은 특징을 갖는다(김기원, 2001).

(1) 응용조사적 및 순수조사로서의 특징

사회복지조사는 다른 학문 분야보다는 주로 인간의 욕구 충족과 현실문제 해결이라는 응용적 요소가 강하지만 기초조사나 순수조사로서의 성향을 동시에 갖고 있다.

(2) 사회개량적 특성

사회복지조사는 사회적 약자들에 대한 사회문제를 해결하고자 하는 특성이 매우 강하다. 또한 장애인, 노인, 노숙인, 노동자 등의 사회적 문제인 빈곤해소, 지역복지 확대 등을 다루기 때문에 사회개혁 및 실천의 의지가 강하므로 사회개량적 성격이 있다.

(3) 계획적 특성

사회복지조사의 모든 과정은 사전에 계획된다는 의미이다. 임기응변적으로 정보가 수집되는 것은 연구조사라 할 수가 없다. 사회복지프로그램 및 정책을 계획을 하기 위한 욕구조사는 대상자 선정 및 욕구의 종류와 수준 등을 정확히 파악해야 한다. 사회복지서비스에 대한 예산 등의 계획수립에 유용한 수단으로 활용될 수 있다.

(4) 평가적 특성

사회복지조사는 사회복지프로그램이나 정책 및 사업의 효과성과 효율성을 평가하기 위한 도구로 이용된다.

(5) 시험적 특성

사회복지조사는 사회복지프로그램이나 정책들이 복지욕구에 적합한지를 시험해야 한다. 이러한 시험을 보다 더 성공적으로 하기 위해 체계적인 연구조사를 통해 상호작용 및 상관관계를 적절하게 여부를 분석함으로써 간접적으로 시험할 수 있다.

(6) 과학적 특성

사회복지조사는 사회문제를 개량화하고 더불어 사회복지에 관한 현상, 경향들을 객관적, 체계적 및 통계적으로 분석하고 경험적 검증을 통해 과학적 연구를 지향하는 특성을 갖고 있다.

3) 사회복지조사의 제한성

과학적 조사인 사회복지조사 역시도 몇몇 제한성을 갖는다.

첫째, 인간의 경험적 인식 범위의 한계가 있기 때문에 동일한 문제나 현상을 다르게 인식할 수도 있다(경험적 인식의 제한성).

둘째, 조사는 제한된 시간 내에서 내용이 양적으로 제한되어 있기 때문에 연구조사에 필요한 내용이 조사종료 후에 발생하는 경우도 있다(시간적 제한성).

셋째, 사회복지연구조사는 일정한 지역 내에서 수행해야 하므로 연구대상자들의 대표성에 대한 문제가 발생할 수 있다(지리적 제한성).

넷째, 연구조사 시 조사요원 및 조사대상자 확대, 조사기간 연장 등에 대한 비용을 지불해야 된다(비용적 제한성).

다섯째, 개인의 가치와 선호에 따른 조사결과의 분석과 해석에 대한 제한성과 정치적 통제 및 사회적 사상과 이념 문화적 요인에 따른 제한성이 있다.

4. 조사에서의 윤리적 이슈

1) 사회조사와 윤리

사회복지조사는 연구자들이 인간을 대상으로 시행하는 경우가 대부분으로 이 과정에서 윤리적인 문제를 고려해야 된다. 그러나 대부분의 연구조사에 있어서 윤리적 문제가 크게 부각되지 않을 경우도 많지만, 특히 실험조사와 같이 엄밀한 연구조사의 경우 윤리적 문제가 발생할 가능성이 높다. 이러한 윤리적 기준을 충족하기 위해서는 연구를 하기 이전에 다양하게 발생할 수 있는 윤리적 문제를 해결해야 한다.

사회조사 연구에서 윤리의 문제는 조사문제에 관한 것과 조사과정 및 방법에 관한 사항으로 조사문제에 관한 사항은 연구조사 주제가 사회적,

문화적, 윤리적으로 민감한 문제가 될 수 있는 경우이다. 게다가 조사과정 및 방법에 관한 것은 연구조사에 관한 대상자들의 선택 시 방법에 관련된 사항이 민감하여 논란이 될 수 있는 경우에 발생할 가능성이 높다. 게다가 연구과정 및 연구결과가 대상자에게 피해를 발생할 수 있는지도 사전에 따지는 것이 중요하다.

2) 사회조사 연구윤리의 중요사항

인간을 대상으로 한 연구인 사회조사를 진행 시 발생하는 다양한 문제를 해결하기 위하여 미국 등 각국에서는 윤리위원회(IRB : Institutional Review Board)와 또한 여기에 대한 조사를 전문적으로 담당하는 조사팀(HSRT : Human Subjects Review Team)이 진행되고 있다. 우리나라에서도 인간을 대상으로 한 연구를 수행하기 위해서는 주요 내용에 대해 사전에 연구윤리위원회의 승인을 거쳐야 한다. 연구윤리위원회의 중요한 책무는 연구조사 참여자의 이해관계를 보호하고 권리가 위협 혹은 침해받지 않도록 관련된 기준으로 검토하며, 참여자에게 문제가 없음을 확신한 이후에 연구조사가 시작될 수 있도록 하고 있다. 그러므로 연구조사 이행 시 기관윤리위원회 등에서 제기하는 아래와 같은 사항에 유의해야 한다(Rubin & Babbie, 2014).

(1) 고지에 입각한 자발적 동의

고지된 동의(informed consent)에서 '고지(informed)'란 조사참여자가 조사에 참여하기 사전에 인지해야 할 내용들을 알리는 것을 의미한다. 연구자가 조사참여자에게 연구조사의 목적, 내용, 소요시간 및 연구에 참여할 시에 주어지는 혜택과 연구조사에서 발생할 수 있는 피해와 위험을 사전에 고지해야 한다. 또한 연구조사 참여 시 결과에 대해 이해할 수 있도록 도와주어야 하며, 연구결과를 사후 어디에 이용할 것인지에 대한 내용도 명확하게 알아야 한다. 그러므로 사전에 의사결정에 영향을 미칠 수 있는 사항에 대해서도 미리 조사대상자에게 알려준 후 이 연구조사에 참여할 것인지 아닌지를 결정하는 절차를 의미한다. 연구윤리에서도 중요한 사항 중의 하나는 연구의 참여자가 자발적으로 이루어져야 한다는 것이다. 누구에게도 참여를 강요해서는 안 된다. 그러므로 연구윤리위원회에서는 연구조사에 관련된 정보를 충분히 제공하고 연구참여자의 동의를 서면을 통해 자발적인 참여 의사에 대한 동의를 획득하도록 요구하고 있다.

동의(consent)란 서면으로 승낙을 말하는 것이다. 동의의 양식은 조사참여자의 서명과 참여자에게 무엇을 기대하고 있는지에 대해 서술되어 있어야 한다. 이것은 조사참여자들이 자발적으로 조사에 참여했음을 증명하는 것으로 연구자들이 합법적 조사를 했음을 입증해 준다. 그러므로 동의서는 연구조사의 제목 및 조사와 관련된 절차와 잠재적 불이익 또한 익명성과 비밀보장 등에 관한 정보를 제공해야 한다. 즉, 이것은 조사참여자들이 개인의 정보가 알려지는 것을 방지하는 것이며, 연구자들의 능력을 이용하여 조사참여자를 속이는 것을 사전에 예방하기 위한 것이기도 하다. 그러나 관련된 정보를 충분히 제공하지 않고 동의를 받았다면 그것은 진정한 의미의 자발적 참여라고 보기 어렵다. 또한 자발적 참여는 고지된 동의에 바탕으로 이루어져야 한다.

자발적 참여에서 '자발적'이란 의미는 강요, 협박에 의한 것이 아니라 또는 어떤 보상에 대한 기대에 의해서도 아닌 스스로의 선택을 뜻한다. 여기서 '스스로'는 참여자 동의 후에 의사 및 상황의 변화로 인해 언제라도 참여를 철회하는 권리도 포함되어 있다. 자발적이라는 표현은 쉽게 공감적 수용이 가능하겠지만 그러나 실제 적용될 경우에는 고려해야 할 여러 측면이 있다<1-1 참여 동의서 양식: 노수희, 2022>.

예 부모가 아동이 조사연구에 참여할 것이라고 동의하였더라도 아동은 참여를 거부할 수 있다. 또한 민감할 수 있는 연구조사의 핵심 의도를 숨긴 채 제목이나 설명을 포괄적으로 전달할 수도 있을 것이다.

1-1 참여 동의서 양식

베이비붐 세대의 실태에 관한 조사
참여, 자료 활용 동의서

■ 본인은 베이비붐 세대의 실태에 관한 조사의 내용을 충분히 이해하고 자의에 의해 조사에 참여하는 것을 동의합니다.

[수집 · 이용 · 제공 목적]

① 베이비붐 세대의 행복감에 미치는 원인과 영향요인

② 베이비붐 세대에 대한 효과적인 정책과 활동방안에 필요한 기초 자료를 제시, 더 나아가 베이비붐 세대에 필요한 자료를 마련하는 근거

[정보 수집 항목 : 건강 등에 관한 정보 수집은 귀하에게 약간의 불편함을 불러일으킬 수 있습니다.]

① 인구학적 특성 및 환경
- 성별, 연령, 교육수준, 월평균 소득, 건강상태

② 노화태도에 관련된 질문
- 노년기에 관한 생각, 노년기를 어떤 시기로 보는지에 관한 문제 등

③ 사회활동에 관한 정보
- 사회활동참여에 관한 빈도, 태도, 만족

④ 생성감에 관한 정보
- 사회기여, 이웃과 사회에 공헌도, 후손에게 기술전수 등

[보유 및 이용기간] 상기 '개인정보의 수집 이용 목적'을 달성하는 데 필요한 기간 동안에 한하여 보유 및 이용됩니다. 다만, 수집 및 이용 목적이 달성된 경우에도 다른 법령 등에 의하여 보관의 필요성이 있는 경우에는 개인정보를 보관할 수 있습니다. 단, 입력된 정보 외의 조사 참고자료(검증을 위해 파악한 응답자 성명, 연락 가능한 전화번호 등)는 재생이 불가능한 방법으로 파기합니다.

■ 본인이 원하지 않으면 언제든지 조사에 참여하는 것을 거절할 수 있고, 거절하더라도 아무런 불이익이 없음을 이해하였습니다.

■ 본인은 조사연구원에 자신의 개인정보에 대한 열람, 정정, 삭제, 처리정지 등의 요구를 언제든지 요청할 수 있음을 이해하였습니다.

'개인정보보호법'에 의거 위와 같이 개인정보 수집 및 이용에 동의합니다.

① 예(동의)　　　　② 아니오(비동의) ☞ 조사중단

(2) 익명성과 비밀보장

익명성(anonymity)이란 연구대상자들이 신원을 밝히지 않고 질문에 응답할 수 있는 것을 말하며, 조사연구자가 특정 응답을 누가 했는지 알 수 없도록 하는 것이다. 이것은 연구대상자의 이익을 위해서 가장 지켜야 할 부분이다. 또한 연구대상자의 신원을 잘 보호하는 것으로 연구조사에서는 필연적으로 대두된다. 그러나 조사연구에 면접조사의 경우는 신원이 알려진 응답자로부터 직접 대면으로 조사하기 때문에 익명성의 보장이 어렵게 된다. 익명성의 보장은 민감하고 말하기 어려운 내용 등은 그렇지 않을 때보다 응답을 더 높일 수도 있을 것이다. 또한 조사대상자가 제공한 정보와 조사대상자를 분리할 수 있다.

비밀보장(confidentiality)은 조사연구자가 설문조사에서 응답자의 신원과 응답을 확인할 수 있지만 이를 공개하지 않겠다는 것을 밝히는 것을 의미한다. 조사응답자 개인에게서 사적으로 수집된 정보를 공개하지 않고, 연구 외의 목적으로 사용하지 않는다는 것과 통계적 처리에만 사용하여 사회복지연구에 반영되도록 한다는 것이다. 그러나 비밀보장의 원칙은 사회적 가치와 법률과 상충되기도 할 경우에는 비밀보장을 준수하지 못하는 경우도 있다.

> 예 조사연구에서 아동이나 노인이 학대를 받고 있는 것이 발견이 되는 경우에는 적절한 기관에 알리는 조치가 필요하다.

(3) 연구대상자를 속이는 행위

조사연구자로서 연구대상자에게 연구의 목적상 연구의 모든 것을 밝히지 않는 경우도 있을 수는 있지만, 연구대상자를 속인다는 행위는 도덕적으로 바람직하지 않다는 것은 반론의 여지가 없다. 또한 이 연구는 누구를 위한 것이며, 어떤 목적으로 수행되는지를 밝혀야 한다. 그러나 실험의 경우 모든 연구의 목적이나 내용을 자세히 밝힌다면 반응성의 문제가 나타날 수 있어 불가피할 경우도 있다. 관찰의 경우도 조사연구자가 자신을 관찰하고 있다는 것을 인지한다면 평소와 다른 행동을 보일 가능성이 높기 때문이다.

조사대상자의 반응성 문제로 연구의 목적 혹은 연구 주체가 알려졌을 때 민감한 응답이 나타날 수 있기 때문에 그 내용을 고지하지 않거나 우회적으로 밝혀 연구의 정확성과 객관적인 응답을 획득할 가능성이 높겠지만 이 경우도 윤리적인 문제를 야기할 수 있어 다른 대안이 없는지 고려한 다음 조사연구의 여부와 방법을 선택해야 한다.

(4) 연구결과의 분석과 보고

모든 조사연구자는 연구에 대한 분석과 결과는 객관적으로 해석되어야 한다. 결과를 보고할 때 연구의 강점과 장점뿐만 아니라 기술적인 결점과 실패에 관한 단점에 대해서도 파악하게 될 것이다. 이러한 연구의 결과는 전반적인 내용을 독자들에게 알리도록 하는 의무가 조사연구자에게 있다. 뿐만 아니라 한계와 약점 및 미흡한 부분, 부정적인 결과, 가설이 기각되는 조사연구자의 다른 결과에 대해서도 연구에서는 밝혀야 한다. 조사연구자가 생각하고 있는 결론에 맞추어 조작하거나 자료를 가감하거나 고의적으로 제외하고 결과를 발표해서는 안 된다. 또한 긍정적인 결과뿐만 아니라 부정적인 결과도 모두 보고해야 한다. 게다가 다른 연구를 표절해서도 안 되며, 인용 부분에 대해서도 참고문헌에 철저히 내용과 출처를 명시해야 한다.

연습문제

01 과학적 방법에 관한 설명으로 옳지 않은 것은?

① 이론보다는 신념이나 철학에 기반한다.
② 잠정적인 지식을 추구한다.
③ 지식의 탐구는 경험적인 증거에 기반한다.
④ 현상의 규칙성에 관심이 높다.
⑤ 반증의 가능성에 대해 개방적이어야 한다.

02 과학적 방법의 특징으로 옳지 않은 것은?

① 재현과 반복을 요구한다.
② 체계적이고 포괄적 관찰에 기반한다.
③ 연구자의 권위와 직관에 기반한다.
④ 논리적이고 반박 가능한 지식을 추구한다.
⑤ 복잡한 사회현상을 간결하게 설명할 수 있는 지식을 제공한다.

03 연역법과 귀납법에 대한 설명으로 옳은 것은?

① 귀납법과 연역법은 상호배타성이 있다.
② 귀납법은 보편적인 이론을 특수한 사례에 적용하는 형식이다.
③ 귀납법은 전통적인 과학적 조사의 접근 방법이다.
④ 연역법에서 발생할 수 있는 오류에는 구성의 오류가 있다.
⑤ 기존의 이론이 존재할 때는 귀납법, 기존의 이론이 존재하지 않을 때는 연역법을 사용한다.

04 사회복지조사의 제한성으로 옳지 않은 것은?

① 경험의 인식에 한계가 있다.
② 시간 내에 이루어져야 한다.
③ 일정한 지역에서 시행하면 대표성에 문제가 있다.
④ 개인의 가치와 선호에 따른 조사결과의 분석과 해석에 따른 제한성이 있다.
⑤ 사상과 문화적 요인은 차이가 나지 않는다.

05 조사연구에서 지켜야 할 윤리로 옳지 않은 것은?

① 조사대상자의 신분이 노출되지 않도록 한다.
② 조사 설계상의 취약점을 발표하지 않는다.
③ 일단 조사에 참여하였더라도 중도에 그만둘 수 있다.
④ 조사과정에서 불편과 참여동기를 저해하는 정보도 고지해야 한다.
⑤ 기관의 담당자가 조사를 승낙한 경우라도 참여자에게 동의를 받아야 한다.

06 귀납법과 연역법에 대한 설명으로 옳은 것은?

① 귀납법은 가설을 검증함으로써 이론을 증명한다.
② 연역법은 '모든 사람은 죽는다'와 같은 일반적인 명제에서 시작한다.
③ 이론적 이해로부터 구체적인 가설을 도출하는 것으로 출발하는 것이 귀납법이다.
④ 연역법과 귀납법의 단절이 과학적 지식을 축적되는 과정이다.
⑤ 관찰은 귀납법에서만 요구된다.

07 사회조사 과정에서 윤리성을 유지하기 위한 방법으로 옳지 않은 것을 모두 고른 것은?

> 가. 연구대상자는 자발적으로 참여한 사람만 선정한다.
> 나. 누구인지 식별이 가능한 항목을 제거한 후 자료를 공개한다.
> 다. 조사 과정에서 드러난 문제점과 실패, 한계도 모두 보고한다.
> 라. 판단 능력이 현저히 부족한 연구대상자의 경우는 부모나 후견인의 동의를 얻는다.

① 가　　② 나, 다
③ 라　　④ 가, 나, 다
⑤ 가, 나, 다, 라

정답 01 ① 02 ③ 03 ④ 04 ⑤ 05 ② 06 ② 07 ①

02
CHAPTER

조사유형과 절차

❐ **학습목표**

- 사회복지조사의 유형을 이해하고 설명할 수 있다.
- 사회복지조사의 절차를 이해하고 설명할 수 있다.
- 사회복지조사의 분석단위를 이해하고 설명할 수 있다.
- 사회복지조사의 분석단위 오류를 이해하고 설명할 수 있다.

1. 조사의 유형

사회조사의 유형은 학자들 간에 상이하게 분류하고 있다. 따라서 이러한 유형을 조사목적, 자료수집의 시간, 조사자료의 성격, 자료수집의 방법, 조사대상자의 범위, 조사내용의 성격 등에 의하여 분류하면 다음과 같다(김태성 외, 2005 : 54-58).

1) 조사의 목적에 따른 분류

(1) 탐색적 조사

탐색적 목적의 조사는 어떤 문제 영역에 대한 선행지식이 부족하거나 문제에 대한 통찰을 얻은 후 연구문제를 형성하거나 가설을 설정하기 위해, 중요한 연구에서 사용할 방법을 개발하고자 하는 경우에 주로 사용된다. 주어진 문제에 대한 예비지식을 넓히고자 특정 조사설계를 확정하기 전에 예비적으로 시행하는 예비조사의 성격인 경우가 많고 융통성 있게 운영하여 연구문제를 확인한다. 즉, 특정한 주제, 새로운 길을 탐험하는 것 등에 사용된다.

탐색적 조사(exploratory study)는 예비조사(pilot study)라고도 하며 사회복지 분야의 조사에서 널리 사용되는 조사이다. 예를 들어 코로나-19 사태에서 병의 원인, 병의 감염경로 등의 파악 등은 탐색적 조사이다.

탐색적 조사의 주된 목적은 문제의 규명이다. 조사연구자가 문제를 정확하게 파악하지 못하고 있을 때, 탐색적 조사를 통해 연구문제를 확인하고 고려하여야 할 변수를 확인한 후 이들 변수 간의 상관관계를 파악하여 가설을 설정하는 것이다. 그러나 탐색적 조사는 연구질문에 충분한 답을 주지 못하며, 연구결과들은 다른 상황에 적용하기 힘들다는 한계를 갖는다. 이러한 방법에는 문헌조사, 전문가(경험자) 의견조사, 특례조사 등이 있다(김기원, 2001 : 84-85).

① 문헌조사

문헌조사는 조사의 대상이나 분야에 대해 잘 모르는 경우에 행하는 최초의 조사로서 과거나 현재 발행된 신문, 연구보고서, 통계자료, 예산서, 학술지 등 2차 자료들로 내용을 검토하여 원하는 정보를 찾아내는 방법이다. 문헌조사는 문제를 규명하고 가설을 정립하기 위한 가장 경제적이고 빠른 방법이다.

문헌조사를 해야 하는 이유는 ㉠ 새로운 아이디어의 발견, ㉡ 이미 알려진 자료에 대한 확신, ㉢ 주제와 관련된 개념적 틀 규명, ㉣ 연구방법론에 지식 획득(선행연구들의 연구설계, 측정도구, 자료수집 및 분석방법 등에 관한 검토), ㉤ 연구 가능성 평가(선행연구자들에게서 활용된 자원, 시간, 대상, 협조자, 도구, 분석 패키지 등의 활용가능성에 대한 평가) 등을 들 수 있다(김범종, 1988 : 50).

② 전문가(경험자 의견조사)

전문가 의견조사는 관련된 조사문제에 대하여 전문적인 지식이나 경험을 가진 전문가들로부터 필요한 정보를 수집하는 방법이다. 전문가 의견조사서는 문헌조사에 대한 보완조사방법으로 전문가들로부터 일치된 견해나 문제의 해결책을 찾기보다는 문제 성격에 대한 명확한 이해와 관련된 변수들 사이의 관계에 대한 여러 사람들의 견해를 참조하여 문제해결과정에서 조언을 구하기 위해 실시되는 조사이다.

③ 특례조사

특례조사는 사례조사의 일종으로 연구문제의 설정이 빈약하거나 가설을 설정하는 데 도움이 될 만한 기존의 이론이나 연구가 부족한 경우 사용하는 방법이다. 이때 선정된 몇 개의 실제 사례나 가상의 사례를 깊이 연구함으로써 통찰을 자극시켜 주고 가설을 설정하는 데 도움을 받는 조사를 말한다. 실제 사례는 사건의 기록이나 목격한 사실을 분석하는 경우이고, 가상의 사례는 시뮬레이션 등에 의해 만들어진 사례이다.

(2) 기술적 조사

기술적 조사(descriptive study)는 조사대상의 현상을 정확하게 기술하는 것을 목적으로 하는 조사이다. 즉, 이 조사의 목적은 조사대상의 현황이나 사건 또는 상황에 대한 객관적이고, 정확한 기술과 묘사에 초점을 둔다. 기술적 조사의 연구자는 연구를 통해 과학적 사실을 파악하고 분석한 내용을 구체적으로 기술하여 제시하는데 어떠한 현상의 모양이나 분포, 크기나 비율 등 단순통계적인 것에 한정할 수밖에 없다.

기술적 조사의 특징으로 첫째, 발생빈도나 비율 등을 파악한다. 특정 개인이나 상황, 집단이나 지역 등의 특성에 대해 정확하게 기술하는 조사로 예를 들면, 인구센서스, 클라이언트의 욕구와 문제, 서비스의 내용과 방법, 서비스 수혜자의 만족도 등에 대해 파악하려고 할 때 기술적 조사가 활용된다. 둘째, 상관성 파악이다. 이 조사는 관련 변수 간의 관계를 파악하는 조사 등이 포함된다. 기술적 조사는 상관관계를 파악하는 것이지 인과관계를 기술하는 것은 아니다. 즉, 둘 이상의 변수 간의 일정한 관계에 대한 강도를 기술할 수는 있지만, 특정 변수가 다른 변수에 영향을 미친다는 영향의 방향성에 대해서는 기술할 수 없다.

기술적 조사는 현상 자체를 이해하거나 변수들 사이의 상관관계 정도를 이해하는 데 목적을 두고 있다. 상관성 파악을 위한 기술적 조사의 예로는 청소년 가출 실태연구, 가정환경과 청소년 가출의 관계연구, 클라이언트 특성조사 등과 같은 실태조사가 여기에 포함된다.

기술적 조사의 유용성은 사회복지프로그램을 만들거나 발전시킬 수 있는 주요정보를 제공해 줄 수 있다. 탐색적 조사보다는 한 단계 발전된 수준의 지식을 개발할 수 있지만, 특정 현상에 대한 원인을 파악하여 밝혀 내 인과관계를 확인하지는 못한다.

(3) 설명적 조사

설명적 조사(explanatory study)의 목적은 사회현상에 대한 원인을 밝힘으로써 사건이나 현상을 설명하고자 하는 것이다. 즉, 여러 변수들 간의 인과관계를 밝혀내거나(진단적 조사) 미래의 사실에 대해 미리 예측하는(예측적 조사) 것을 목적으로 한다.

설명적 조사는 어떤 사건이나 현상을 설명하기 위한 조사연구의 형태로서 왜 어떤 사람이 사회복지서비스 확대를 위해 세금을 더 걷자는 의견에 찬성하고, 어떤 사항들을 반대하는지에 대한 해답을 제공한다. 조사연구자가 이미 조사대상에 대한 주요 변수들의 크기, 분포, 상호관계에 대해 상당히 알고 있는 상태에서 특정 사회현상 간의 인과관계를 밝히기 위해 엄격한 실험통계를 통해 실험상황을 통제한 특정 변수들 간의 원인(독립변수)과 결과(종속변수)를 파악하는 방법이다. 즉, 설명적 조사는 종속변수에 대한 독립변수의 설명력을 파악하고자 한다.

설명적 조사는 탐색적 조사와 기술적 조사가 이루어진 후에 실시될 수 있다. 이유는 선행지식들을 통해 현상의 원인을 유추하고 가설설정 및 측정이 가능해지기 때문이다.

설명적 조사의 예를 들면, A가 B에 미치는 영향 연구, 청소년 가출에 미치는 영향 연구, 직업재활 프로그램이 실직 탈피에 미치는 영향 연구 등이 설명적 연구에 해당된다.

2) 시간적 차원에 따른 조사

시간적 조사에 따른 조사연구는 횡단적 조사, 종단적 조사, 유사종단적 조사로 구분할 수 있다.

(1) 횡단적 조사

횡단적 조사는(cross-sectional study) 어떤 특정 현상을 연구함에 있어 어느 시점에서 나타나는 현상의 단면을 분석하는 연구로서 사회복지 분야에서 널리 사용되고 있다. 즉, 일정한 시점에서 특정 표본이 가지고 있는 특성을 파악하거나, 이 특성에 따라 집단을 분류하는 것이므로 표본의 크기가 커야 한다. 여기서 횡단(cross-sectional)이라고 하는 것은 서로 다른 연령, 교육수준, 소득수준, 인종, 종교 등 광범위한 사람들의 표본추출을 의미한다.

횡단적 조사는 한 번의 조사를 통해 해당 결과의 차이를 비교하며 탐색적, 기술적, 설명적 조사의 목적달성을 위해 활용가능하다. 횡단적 조사의 특징으로는 첫째, 일정 시점에서 특정하므로 정태적이다. 둘째, 주로 표본조사를 실시하며 측정이 반복적으로 이루어지지 않는다. 조사대상의 특성에 따라 여러 집단으로 분류하기 때문에 표본의 크기가 커져야 한다는 것이다.

횡단적 조사의 장점은 비용과 시간이 적게 들고 대부분 대규모의 표본조사로 실시되기 때문에 일정 시점에서 특성을 파악하고 집단을 분류하므로 사회복지 분야에서 가장 많이 사용되는 조사유형이다. 횡단적 조사의 단점으로는 어떤 현상의 진행과정이나 변화를 측정하지 못하는 한계를 갖는다.

(2) 종단적 조사

종단적 조사(longitudinal study)는 시간의 흐름에 따라 일정 기간에 걸쳐서 나타나는 어떤 과정에 대하여 기술하고자 하는 목적으로 여러 시점에 걸쳐서 2회 이상 조사를 반복하는 조사유형이다. 즉, 둘 이상의 시점(여러 시점)에서 동일한 분석단위를 사용하여 측정을 되풀이하는 방법으로 시계열적인 분석방법이다.

종단적 조사는 장기간에 걸쳐 조사대상자의 상황변화 또는 특정 현상의 경향(추이)을 조사・분석하기 때문에 동태적 성격이라는 성격을 갖지만 장기간 어떤 시점에서 조사가 이루어져야 하기 때문에 상대적으로 비용이 많이 든다는 단점이 있다.

종단적 조사는 양적 연구, 질적 연구 모두에서 활용 가능하다. 이를 통해 수집된 자료는 주로 변화분석에 의해 분석된다. 이는 시간의 변화에 따라 연구문제와 관련된 각종 변수의 변화상황을 도표로 작성하여 변화가 일어나는 원인을 분석하는 기법이다. 종단적 연구의 유형에는 경향연구(trend study), 동년배조사(cohort study), 패널조사(panel study) 등이 있다.

① 추이조사/경향연구/시계열 조사

추이조사는 모집단과 표본이 다르나 연구목적이 같은 연구로서, 시간 간격을 두고 실시하는 연구이다. 즉, 연구대상의 변화를 여러 시기를 두고 관찰, 비교하는 방법으로 어떠한 광범위한 인구집단 속에서 시간에 따라 일어나는 변화를 조사하는 것이다.

이때 조사대상자는 매번 동일하지 않아도 된다. 그리고 이러한 시계열 유형의 조사는 평가유형에 활용된다. 예를 들어, 1960년대 초등학생들의 신체 측정치와 2000년대 초등학생들의 신체 측정 결과를 비교한다든지, 1980년대 대학생들의 성에 대한 관념이 2000년대 대학생들에게서는 어떻게 변화하였는지를 확인하는 분석에 사용된다. 해당 연구는 동일한 집단 또는 개인을 시간에 따라 측정하는 기법이 아니기 때문에 통계분석 또한 일반적으로 횡단연구기법에서 사용하는 방법을 이용하게 되는데, 예를 들어 시점별 측정된 평균의 단순비교 등에서 사용한다.

② 동년배조사/동년배집단조사/동류집단연구

동년배조사는 보다 좁고 구체적인 범위에 속한 인구집단의 변화를 연구하기 위한 조사로 특정한 경험을 같이 한 사람들에 대해 두 번 이상의 다른 시기에 걸쳐 조사하는 것이다. 모집단은 고정되어 있으나 측정 시점마다 구성원이 다른 표본을 추출하여 그 모집단의 변화 경향성을 분석하는 연구이다.

동류집단은 특정 시점 안에서 공통적인 성격을 공유한 집단을 의미한다. 즉, 연구 시점마다 동일 대상자가 아닌 다른 대상자들에 대하여 측정을 시도하지만 이들 모두 공통된 모집단에서 무선적으로 추출되었으므로 '동일 대상자를 반복적으로 측정하는 방식'과 유사하게 모집단의 성장과 변화를 추정할 수 있다. 동일 대상자를 반복적으로 측정할 경우 추적에 실패하여 결측치가 자주 발생하는데 이는 분석상의 어려움을 증가시킬 수 있는데 해당 연구설계는 이러한 단점을 최소화할 수 있다.

동류집단연구는 다양한 사회과학 분야에서 이용되고 있으며 특히, 대단위 수준 연구에서 효과적으로 사용될 수 있다. 예를 들어, 미국 노동통계국(Department of Labor's Bureau of Labor Statistics : BLS)에서 실시한 '국가 종단연구'(National Longitudinal Surveys) 그리고 호주 교육부(Australian Department of Education)에서 수집한 '청소년 종단 설문'(Longitudinal Surveys of Australian Youth) 등에서는 동일 연령대의 개인을 측정 시점별로 무선 추출하여 종단적 조사를 시행하고 있다.

③ 패널조사/반복연구

패널조사는 시간의 흐름에 따라 조사대상이나 상황의 변화를 일정한 시간 간격을 두고 적어도 두 번 이상 반복적으로 측정하여 자료를 수집하는 조사방법이다. 즉, 동일 대상자의 특성을 반복적으로 측정하고 이의 변화가 어떻게 이루어지는지 분석하는 설계로서 진정한 의미에서 개인의 성장과 변화를 추정하는 종단연구설계이다.

패널조사는 추이조사나 동년배조사보다 개인의 변화에 대해 더 명확한 자료를 제공한다. 왜냐하면 동일인을 반복적으로 조사하기 때문에 인과관계를 해석하는 데 다른 요인들의 영향을 상대적으로 적게 받기 때문이다. 또한 패널조사는 독립변수의 시간적 우선성을 확보할 수 있어 내적 타당도를 높일 수 있다(황인옥, 2019 : 60).

- **시간적 우선성** : 시간적 우선성은 '원인이 결과보다 우선해야 한다'는 것으로 두 변수 간에 시간적 우선성이 확인되어야 인과관계가 있다고 추론할 수 있다.
- **내적 타당도** : 내적 타당도는 '종속변수가 독립변수의 변화에 의하여 일어난 것을 확신할 수 있는 정도, 즉 인과관계에 대한 확신 정도'를 말한다.

또한 종단연구 분석기법이 해당 연구설계에 기반하여 개발되었다. 다만, 대상자 추적에 실패하여 결측치가 발생하거나 비용 및 시간 집중적인 설계이기 때문에 개인 수준에서의 자료수집이나 분석이 쉽지 않다. 그렇기 때문에 대부분의 종단 패널자료들이 국가 주도 또는 연구소 주도로 대규모 인적·물적 자원이 투입된 상황에서 얻어지고 있다.

(3) 유사종단조사

유사종단조사(quasi-longitudinal study)는 현실적으로 종단조사 실시가 어려운 점을 감안하여 종단조사와 횡단조사를 결합한 조사방법이다. 즉, 반복적으로 조사하기 어려운 경우 어느 한 시점에서 횡단조사를 행하지만 그 결과는 여러 시점에 걸쳐 반복적으로 조사한 것처럼 나타날 때 이를 유사종단적 조사라고 한다. 예를 들어, 횡단조사를 실시하여 연령대별로 부모부양 의식을 조사함으로써 과거로부터 오랜 시간에 걸친 의식의 변화를 추론해 볼 수 있다.

3) 조사자료의 성격에 따른 유형

조사내용에 포함된 자료의 성격에 따라 양적 조사와 질적 조사로 구분한다.

(1) 양적 조사

양적 조사(quantitative study)는 조사대상을 계량적 척도를 적용하여 통계 숫자로 나타나는 조사로서 흔히 통계적 조사라고 한다. 일반적으로 많은 사람을 대상으로 하여 모든 사람에게 똑같은 질문을 한 결과를 분석하여 데이터를 산출한다. 객관적으로 자료를 수집하는 데 많이 쓰이는 방법으로 시청률 조사, 선거조사 등이 양적 조사의 대표적인 것이다.

(2) 질적 조사

질적 조사(qualitative survey)는 조사결과가 통계로 계량화되어 산출되는 것이 아니라 조사대상자의 감정이나 태도 등 언어의 형태로 표현되는 조사기법이다. 수량화시키기 어려운 조사대상에 대하여 실태를 파악하려는 방법으로서 조사대상의 특질을 기술하는 방법이며, 현장연구라고 불리기도 한다. 행위자의 언어, 몸짓, 행동 등 상황과 환경적 요인들을 조사하는 기법으로 심층면접법, 집단면접법 등이 있다.

실천, 이야기, 생활방식, 하위문화 등이 조사의 주체가 된다. 본격 조사를 설계하기 위한 절차로 이용하는 경우가 많다.

표 2-1 양적 조사와 질적 조사의 비교

구분	양적 조사	질적 조사
조사체계	가능한 단순화	복잡한 현상을 있는 그대로
조사자와 조사대상	• 대상자는 단지 응답자로 취급 • 조사자는 대체 가능	• 대상자와 개인적 특성이 중요 • 조사자도 대체되면 조사의 일관성이 문제됨
주관성과 객관성	객관적	주관적
일반화	일반화 가능성 높음	일반화 가능성 낮음
가설과 이론	가설설정이 연구에 앞섬	조사과정 중에 잠정적 가설이 형성, 수정될 수 있음

※ 임정문, 2006 : 339.

4) 통계(조사대상자)의 범위에 따른 유형

조사대상자의 범위를 어떻게 하느냐에 따라, 즉 표본추출의 여부에 따라 전수조사와 표본조사로 구분할 수 있다.

(1) 전수조사

전수조사(complete enumeration)는 연구대상 전체인 모집단을 대상으로 실시한다. 이때 조사의 대상은 연구대상의 범위 내에 있는 모든 요소를 조사하는 것이 아니라 문제가 되고 있는 측면만 전부 조사하게 된다. 전수조사는 경제성과 신속성이 낮다. 대표적인 전수조사는 인구조사(census)이다.

(2) 표본조사

표본조사(sampling study)는 표집과정을 거쳐 대표할 수 있는 표본을 모집단으로부터 선발하여 그 표본에 대해서만 실시하는 조사로서 부분조사라고도 한다.

표본을 대상으로 얻어진 결과를 추론함으로써 모집단의 특성을 살피는 표본조사를 하기 위해서는 선정된 표본이 모집단을 얼마나 대표할 수 있는가가 가장 중요하다. 그리고 표본을 어느 정도로 할 것인가 하는 점은 조사의 내용 및 분석방법에 따라 달라질 수 있다.

표본조사는 비용과 시간을 단축할 수 있으며 전수조사보다 정확한 자료를 얻을 수 있는데 표본오차는 있으나 비표본오차가 전수조사보다 작기 때문이다. 그리고 다량의 정보를 확보하기 용이하다는 장점이 있다.

- **표본오차** : 표본오차는 표본의 특성치에서 모집단의 특성치를 추정하는 과정에서 발생하는 오차이다. 표본조사에서만 발생한다.
- **비표본오차** : 비표본오차는 자료의 조사과정과 집계과정에서 발생하는 오차로, 전수조사와 표본조사 모두에게서 나타난다.

2. 조사의 절차

사회복지조사란 과학적 조사방법을 사용하여 사회사업의 계획 및 시행에 따르는 여러 가지 문제점들에 대한 원인 및 해결방안을 찾고 이를 토대로 사회사업의 지식과 개념을 확대하고 일반화하기 위하여 행해지는 체계적이고 평가적인 조사라고 할 수 있다.

사회복지조사는 과학적 절차를 거쳐 이루어진다. 사회복지조사의 특정 지어진 단계는 각 조사 나름의 고유성을 지니며 다루는 문제에 따라 각각 다르기도 하지만, 모든 조사는 기본적으로 동일한 몇 단계를 거친다. 조사의 단계는 사회과학자가 추구하는 과학적 활동의 전반적인 절차인데, 사회복지조사는 이와 같은 과학적 연구방법론의 절차에 따라 대체로 6단계로 수행된다.

표 2-2 사회복지조사의 절차

문제형성 – 가설설정 – 조사설계 – 자료수집 – 자료분석 및 해석 – 보고서 작성

※ 사회복지교육연구센터, 2022 : 68.

사회복지조사는 절차에 따라 이론, 사회조사방법론, 통계학이 연관되어 있다. 첫째, 이론은 연구자는 연구주제를 선정하고 가설을 설정하기 위해서 관련 이론 및 기존연구에 대한 검토를 수행한다. 둘째, 사회조사방법론은 조사를 설계하고, 이에 따라 자료수집을 진행하는 데 필요한 제반 지식들을 제공한다. 셋째, 통계학은 수집된 자료를 분석하고, 이를 해석하는 데 필요한 지식들은 통계학을 통해 얻을 수 있다.

사회복지조사의 각 단계는 상호의존적이며, 순환적 과정으로 이루어진다. 자료가 수집되기 이전에 자료를 수집할 수 없는 것처럼, 사회복지조사의 절차 가운데 한 단계에서 다음 단계로 이행할 수 있는지의 여부는 전 단계를 성공적으로 수행했는가에 달려 있으며, 다음 단계에 대해서도 적절한 지식을 가져야 한다.

1) 문제형성

문제형성(formulation of problem)의 단계는 연구자가 자신의 연구에서 다루고자 하는 주제와 연구목적, 연구의 필요성에 대한 중요성을 가지고 이론적으로 정립하는 단계이다. 문제설정은 사회복지조사의 첫 단계로서 문제를 설정하고 그 목적을 구체화한다. 연구문제가 선정되면 연구의 모형을 구상하고 구체적인 가설을 설정한다. 여기서 가설이란 제기된 연구문제에 대한 잠정적인 결론으로서 문제에 대한 해답을 의미한다.

연구문제의 선정에 있어서는 연구의 필요성, 연구주제, 연구목적, 연구질문 등이 고려되어야 한다.

첫째, 연구의 필요성은 기존에 비슷한 연구가 많이 있음에도 불구하고 왜 새로운 연구가 필요한지에 대한 당위성을 정의하는 것에서 시작된다. 연구아이디어는 동료들과의 토론, 개인의 경험, 사회적 요청, 문헌고찰을 통해 얻을 수 있다.

둘째, 연구목적은 연구의 필요성과 연구주제가 정립되고 나면 연구의 목적을 검토한다. 연구목적은 기술적 연구, 탐색적 연구, 설명적 연구, 평가연구, 척도개발연구의 5가지로 분류된다.

셋째, 연구질문을 통해 연구필요성과 연구주제, 연구목적이 구체화된다. 좋은 연구조사란 연구의 사회적 가치와 더불어 현실적으로 수행 가능성이 있어야 한다.

연구주제가 결정되면 연구문제를 서술하게 되는데 살펴보면 다음과 같다.

① 문제들은 의문의 형태로 서술되어야 한다.

② 단순명료하게 문제를 지적하는 것이 좋다.

③ 변수들 간의 관계에 대해 서술한다.

④ 문제들은 경험적 검증의 가능성이 있어야 한다.

2) 가설형성

가설형성(hypothesis formation)은 선정된 조사문제를 실증적으로 검증 가능하도록 구체화하는 과정이다. 가설형성의 단계는 양적 연구에만 포함되며, 질적 연구에서는 이 단계가 생략된다. 연구조사를 하기 전에 잠정적으로 내리는 결론이라고 할 수 있다.

가설은 조사에 필요한 대상과 자료에 대한 수집, 자료분석에 대한 검증 방법 선정에 있어 구체적인 방향을 제시해야 한다. 더불어 가설은 연구목적과 조사문제와 일관성을 유지해야 하며, 세부적, 경험적, 현실적으로 연구가 실현 가능하고, 측정 가능해야 한다.

3) 조사설계

조사설계(research design)는 조사연구를 효과적, 효율적, 객관적으로 수행하기 위한 논리적인 전략이다. 즉, 연구문제에 나타난 이론이나 가설들 또는 순수한 의문 자체들을 경험적으로 검증하는 것을 의미한다. 어떠한 자료들이 필요한지, 그런 자료들을 어떻게 수집할 것인지 등을 계획하는 전반적인 연구과정의 틀을 제시하는 과정이다.

표 2-3 조사설계의 과정

자료수집방법 결정 → 연구 모집단, 표본 수 및 표본추출방법 결정 → 설문지 작성 → 질문지의 신뢰도와 타당도 검증 → 통계기법 결정

조사설계는 이론에 기반을 둔 구체적인 관찰에 의해 가설을 검증하는 연역적 논리와 관찰된 자료를 가지고 단계적으로 추상하여 이론을 형성하는 귀납적 논리가 있다.

4) 자료수집

자료수집(data collection)은 연구자가 조사설계에 따라 자료를 수집하는 과정이다. 자료수집의 방법에는 질문지조사, 면접조사, 실험조사, 관찰, 1차 자료수집, 2차 자료수집 등이 있다.

첫째, 1차 자료는 연구자가 현재 수행 중인 조사연구의 목적을 달성하기 위해 직접 수집하는 자료, 관여적 방법, 반응적 연구, 실험, 개입, 치료, 설문지, 면접, 관찰 등을 활용하여 수집한다.

둘째, 2차 자료는 다른 조사자에 의해 수집되어 공개된 자료의 활용, 비관여적 방법, 비반응성 연구, 문헌, 논문, 신문기사 등을 활용하여 수집한다.

5) 자료분석 및 해석

자료분석 및 해석(data analysis)은 수집된 자료를 정리하여 적절한 통계적 기법을 통해 분석한 후, 그 결과를 통해 의미를 찾아내는 단계이다. 실제 통계분석은 이 단계에서 실행되지만, 사실상 '어떤 통계기법을 어떻게 사용할 것인가'는 가설의 구성과 조작화 및 조사설계 과정에서 이미 결정된다. 자료분석이 끝나면 결과에 대해 의미 있는 해석이 이루어져야 한다.

6) 보고서 작성

보고서 작성(report write)은 연구자가 연구결과를 알리기 위해 보고서를 작성하는 과정으로 조사의 최종 과정이다. 독자들의 연령, 성별, 교육수준 등을 고려하여 그들이 쉽게 이해할 수 있도록 보고서를 작성해야 한다.

연구결과의 함의는 결론에서 서술되는 부분이므로 서론에서 작성하는 연구문제는 함의에 맞춰 서술되어선 안 된다.

3. 분석단위

조사연구의 성격을 결정하는 과정에서 분석의 단위에 대한 것이 명확하게 규정되어야 한다. 분석의 단위는 개인이 될 수도 있고, 집단들을 비교할 수도 있으며, 조직이나 결혼식 등과 같은 사회적 산물 등이 될 수도 있다. 분석 단위에 대한 명확한 판단은 조사연구의 전반적인 진행 과정에서 나타날 수 있는 여러 가지 오류들을 줄일 수 있게 한다(김기원, 2001 : 142-143, 임정문, 2006 : 346, 홍봉수, 2016 : 60-66).

1) 분석단위의 개념

분석단위란 연구자가 실제로 측정하려는 개인과 사건 또는 사회구조를 말한다. 무엇을 연구할 것인가, 무엇을 조사할 것인가, 무엇을 결론 내릴 것인가 등의 조사 문제 설정과 밀접하게 관련된다.

2) 분석단위의 유형

측정을 이행하고 수행하려면 분석단위의 개념을 이해하여야 한다. 한 연구자가 전국의 노인패널을 대상으로 다년간 연구한다면 이 노인들은 전국 수십 개의 시에 흩어져 있고 각자 자기의 집에서 살고 있지만 여기서 분석단위는 가정이나 시가 아니라 바로 노인 개개인이 될 것이다.

분석단위는 가족이나 국가도 분석단위가 될 수 있으며, 다음 <표 2-4>에서와 같이 개인, 집단, 공식적 사회조직, 사회적 가공물 등으로 구분된다.

표 2-4 분석단위

분석단위	예
개인	가구 내 여성의 수
집단	저소득 빈곤가족의 소득규모
공식적 사회조직	지역사회복지관, 시설, 시민단체 등
사회적 가공물	신문의 사설, 도서, 그림, 대중음악 등

※ 홍봉수 외, 2016 : 61.

(1) 개인

개인(individual)은 사회복지조사나 사회과학에서 가장 일반적으로 선택되는 분석단위이다. 분석단위의 단위가 개인이 되는 경우는 클라이언트의 개인별 속성을 연구하거나 지역사회 주민들의 욕구를 조사하는 경우, 일반 국민들의 복지의식을 조사하는 경우 등이 이에 해당한다.

(2) 집단

집단(group)은 그 자체가 하나의 분석단위가 될 수 있다. 한 가지 이해해야 할 부분은 집단을 분석의 단위로 한다는 것과 어떤 집단의 구성원인 개인을 분석단위로 한다는 것은 다르다는 점이다. 집단구성원을 대상으로 하는 경우, 분석단위는 개인으로 미시조사에 해당하지만, 집단 자체를 대상으로 하는 경우 분석단위는 집단으로 거시조사에 속한다.

집단을 분석단위로 사용하는 경우는 부부, 또래집단, 동아리, 시·도·국가 등이 있다. 예를 들어, 장애인고용에 대해 알기 위해 장애인 개개인의 취업 시 어려운 점을 조사한다면 분석단위는 개개인이 되지만 장애유형별(지체장애, 시각장애 등) 고용률을 비교·분석한다면 분석단위는 장애인 집단이 된다.

(3) 공식적 사회조직

공식적 사회조직(formal organization) 또한 사회과학의 분석단위가 될 수 있다. 사회복지관의 예를 들어보면 사회복지관을 모집단으로 하여 직원의 수, 예산규모, 클라이언트의 수, 임상실천가들의 수, 소수 인종계 클라이언트 수 등을 기준으로 특징 될 수 있다. 이 외에도 모든 종류의 법인, 군대, 시민단체, 정치단체, 종교단체, 대학, 학회, 슈퍼마켓 등이 그 예가 될 수 있다.

(4) 사회적 가공물

사회적 가공물(social artifact)도 분석의 단위가 될 수 있다. 사회적 존재 또는 이들 행위의 산물이라고 할 수 있는 사회적 가공물들은 책이나 그림, 시, 자동차, 건물, 노래, 신문사설, 인터넷 광고물 그리고 과학적 발견과 같은 사회매체가 있다. 예를 들어, 언론사의 인터넷 여론마당에 올린 글들을 분석하면서 국민여론의 움직임을 파악하는 경우 사회적 가공물인 여론 마당에 실린 글이 분석단위가 된다.

이상과 같은 분석단위와 관련하여 주의해야 하는 점은 생태학적 오류와 개인주의적 오류, 환원주의적 오류를 범하지 않아야 한다는 것이다.

4. 분석단위의 오류

연구자가 조사를 수행하는 경우 자신의 조사 주체나 문제가 무엇을 분석단위로 하고 있는지를 명확하게 알아야 자료분석의 결과를 기초로 해석하는 과정에서 잘못된 해석을 내리는 오류를 범하지 않을 수 있다. 예를 들어, 개인을 단위로 분석해 놓고 집단단위의 추론을 한다거나(개인주의 오류) 반대로, 집단을 단위로 분석해 놓고 개인 단위의 추론을 하는 오류(생태학적 오류)는 연구자가 자기 연구의 분석단위에 대한 명확한 분별을 하지 못해 발생하는 경우가 대부분이다(홍봉수 외, 2016 : 63-65, 황인옥, 2019 : 66-67, 임정문, 2006 : 346).

1) 생태학적 오류

생태학적 오류(ecological fallacy)는 집단을 분석단위로 한 조사결과에 기초해 개인들에 대한 결론을 내리는 오류이다. 즉, 어떤 분석단위(집합적 단위)를 채택하여 연구한 결과를 통해 얻은 결론을 다른 수준의 분석단위(개인 등 하위단위)에서 적용시키는 오류를 의미한다.

예를 들어, 기독교 국가의 자살률이 불교국가의 자살률보다 높다는 가설을 검증한 결과를 근거로 기독교 신자의 자살가능성이 불교 신자의 자살가능성보다 높다는 가설을 설정하는 경우이다. 이 경우 국가를 분석단위로 해서 개인의 속성에 대해 결론을 내리는 오류를 범한 것이다.

2) 개체주의적 오류

개체주의적 오류(individualistic fallacy)는 개인주의적 오류, 개별주의적 오류라고도 불린다. 개인을 분석단위로 한 조사결과에 기초해 집단을 분석단위로 하는 결론을 내리는 오류이다. 즉, 개인들의 행위, 태도 등을 조사한 것을 바탕으로 개인들이 속한 집단의 성격이나 특성을 유추하는 오류를 말한다.

예를 들어, 개인들을 조사한 결과 복지국가에 대한 긍정적인 답변을 한 사람들이 많은 국가라고 하여 그 국가가 반드시 복지국가인 것은 아니다.

3) 환원주의/축소주의 오류

환원주의 오류(reductionism)는 사회현상의 원인은 복잡하고 다양함에도 불구하고 원인을 지나치게 제한하거나 한두 가지로 환원시켜 잘못을 범하는 오류이다. 환원주의 오류는 두 가지 의미를 가지는데, 첫 번째는 분석단위의 선정 및 해석과 관련된 오류이며, 두 번째 오류는 변수선정과 관련된 오류이다.

첫째, 분석단위의 선정 및 해석과 관련된 오류는 개체수준의 연구결과를 집단 수준의 연구결과로 환원시킬 때 발생하는 오류를 의미한다. 이러한 의미에서 생태학적인 오류와 반대되는 현상이다. 예를 들어, 어떤 요양시설에 거주하는 노인을 대상으로 노인인권보장의 가치에 동의하는 사람(분석단위가 개인)의 비율을 측정한 다음 이 비율을 이 기관의 노인인권보장 정도를 나타내는 지표로 사용할 때 환원주의적 오류를 범하게 된다. 이 기관이 노인인권을 거의 보장하지 않는데도 불구하고 그 시설 거주 노인들의 다수가 노인인권보장에 대한 가치의식을 보유할 수 있다.

둘째, 변수선정과 관련된 오류는 넓은 범위의 인간의 사회적 행위를 이해하는 데 필요한 변수 또는 개념의 종류를 지나치게 한정하거나 한 가지로 환원시키는 경향을 의미한다. 예를 들어, 모든 사회복지문제를 심리적 변수만을 가지고 설명할 수 있다고 보거나, 경제적 변수만으로 한정하여 설명하려고 하기 때문에 발생하는 단원적 인과오류가 이에 해당한다.

연습문제

01 조사의 유형에 관한 설명으로 옳은 것은? 2015년 출제

① 질적 조사는 평가연구에 활용될 수 없다.
② 시계열설계 유형은 평가연구에 활용될 수 없다.
③ 내용분석은 인간의 의사소통기록을 분석한다.
④ 코호트(cohort)조사는 구축된 패널을 매회 반복 조사한다.
⑤ 종단연구로는 특정 현상의 추이를 분석할 수 없다.

02 사회복지조사에 관한 설명으로 옳은 것을 모두 고른 것은? 2022년 출제

ㄱ. 사회복지관련 이론 개발에 사용된다.
ㄴ. 여론조사나 인구센서스 조사는 전형적인 탐색 목적의 조사연구이다.
ㄷ. 연구의 전 과정에서 결정주의적 성향을 지양해야 한다.
ㄹ. 조사범위에 따라 횡단연구와 종단연구로 나뉜다.

① ㄱ, ㄷ
② ㄴ, ㄹ
③ ㄱ, ㄴ, ㄷ
④ ㄴ, ㄷ, ㄹ
⑤ ㄱ, ㄴ, ㄷ, ㄹ

03 다음에서 설명하는 조사 유형에 해당하는 것은? 2022년 출제

• 둘 이상의 시점에서 조사가 이루어진다.
• 동일대상 반복측정을 원칙으로 하지 않는다.

① 추세연구, 횡단연구
② 패널연구, 추세연구
③ 횡단연구, 동년배(cohort)연구
④ 추세연구, 동년배연구
⑤ 패널연구, 동년배연구

04 사회복지조사를 위한 수행단계로 옳은 것은? 2021년 출제

① 문제설정 → 가설설정 → 조사설계 → 자료수집 → 자료분석 → 보고서작성
② 문제설정 → 가설설정 → 자료수집 → 자료분석 → 조사설계 → 보고서작성
③ 가설설정 → 문제설정 → 자료수집 → 조사설계 → 자료분석 → 보고서작성
④ 가설설정 → 문제설정 → 자료수집 → 자료분석 → 조사설계 → 보고서작성
⑤ 가설설정 → 문제설정 → 조사설계 → 자료수집 → 자료분석 → 보고서작성

05 종단연구(longitudinal study)에 관한 설명으로 옳지 않은 것은? 2020년 출제

① 시간 흐름에 따른 조사대상의 변화를 측정하는 연구이다.
② 일정 기간의 변화에 대해 가장 포괄적 자료를 제공하는 것은 동년배집단연구(cohort study)이다.
③ 조사대상의 추적과 관리 때문에 가장 많은 비용이 드는 것은 패널연구(panel study)이다.
④ 일정 주기별 인구변화에 대한 조사는 경향연구(trend study)이다.
⑤ 동년배집단연구는 언제나 동일한 대상을 조사하는 것은 아니다.

06 시간의 흐름에 따라 반복해서 측정하는 조사 유형 중 시간의 흐름에 따라 연구대상인 모집단 자체가 변화하는 연구 방법은 어떤 연구인가?

① 패널조사 ② 동류집단조사
③ 추이조사 ④ 현장조사
⑤ 사례조사

정답 01 ③ 02 ① 03 ④ 04 ① 05 ② 06 ③

CHAPTER 03

조사문제와 조사가설

❐ **학습목표**

- 사회복지조사의 조사문제를 이해하고 설명할 수 있다.
- 사회복지조사의 가설을 이해하고 설명할 수 있다.
- 사회복지조사의 변수를 이해하고 설명할 수 있다.

사회복지조사연구란 자료수집을 통한 모든 연구를 의미한다. 자료수집을 통해 이루어지는데 이러한 과정을 거처 연구문제를 설정하고 이러한 문제를 감정하기 이전에 정립하는 것이 가설이다.

1. 조사문제

연구문제는 일종의 의문이다. 모든 조사연구는 연구문제를 가지고 출발한다. 무엇이, 어떻게, 왜 그런지에 대해 질문을 던지고, 그 질문에 대한 답을 찾는 것이 조사연구의 목적이다. 조사연구를 위해 적절한 의문을 찾는 과정은 조사연구의 전체 과정에서 가장 중요한 일이다. 경험적 조사를 위해 필요한 방법들에 대한 설계(조사 디자인, 측정, 샘플링, 자료수집 등)와 수집된 자료들에 대한 분석 및 해석 등이 모두 연구문제와의 관련성을 통해 이루어지기 때문이다

1) 조사문제의 설정

어떠한 현상에 대한 사고나 과학적 탐구를 위해서는 현상에 대한 지식의 축적을 기초로 하여 이루어진다. 이는 현상에 대한 정확한 해답을 가지

고 있다기보다는 지식의 축적이 어느 정도는 이루어져 있으나, 문제에 대한 해결책을 제시하기에는 불충분한 경우를 의미한다. 현상에 대한 지식의 축적이 불충분한 이유는 기존의 지식이 미비하고, 기존의 연구결과들이 서로 상충되며, 새로운 사실이나 현상이 기존의 이론으로 설명이 불가능한 경우이다(황인옥, 2019 : 78).

이러한 의문이나 문제점에서 조사문제가 제기된다. 적절한 조사연구문제가 되기 위해 고려하여야 할 사항은 다음과 같다(임정문, 2007 : 343).

첫째, 연구범위의 적절성이다. 한정된 범위의 구체적인 조사문제를 찾는 것이 중요하다.

둘째, 조사의 현실적 여건을 고려하여야 한다. 연구에 소요되는 시간, 돈, 에너지뿐만 아니라, 자료수집의 용이성 등과 같은 실제적인 연구가 가능한 문제들에 고려되어야 한다. 또한 연구자 자신의 조사연구 수행능력에 대한 고려와 적절한 지원체계의 존재 여부에 대한 평가 등도 현실적 여건에 고려되어야 한다.

셋째, 검증가능성이다. 경험적으로 확인될 수 없는 문제들, 가치의 문제를 다루는 것들, 지나치게 추상적인 문제들은 과학적인 연구문제가 될 수 없다.

넷째, 효용성이다. 조사연구의 문제들은 가능한 한 사회복지의 전 과정(정책, 계획, 행정, 실천 등)에 필요한 결정들을 돕는 데 관련되어 있는 것이 좋다.

2) 조사문제의 정의

조사문제는 둘 이상의 변수 사이에 어떤 관계가 존재하는지를 의문문의 형태로 기술하는 것이다.

조사문제의 서술에 있어서 정해진 형식은 존재하지 않지만 다음과 같은 서술방식을 유지하는 것이 좋다(임정문, 2006 : 304, 김영종, 2000 : 72-73).

첫째, 문제들은 의문의 형태로 서술되어야 한다. 의문문은 조사문제를 직접적으로 나타내는 장점이 있다.

둘째, 단순명료하게 문제를 지적하는 것이 좋다.

셋째, 변수들 간의 관계에 대해 서술한다. 예를 들어 A와 B는 어떠한 관계가 있는지, A와 B는 어떻게 C와 관계가 있는지 등의 방식으로 의문을 제기하여야 한다. 설명적 조사연구는 변수들 간의 인과관계를 규명하거나 미래의 사실에 대해 미리 예측하는 조사로서 변수들 간의 관계나 잠정적 결과를 예측하는 조사문제를 제시할 수 있다. 이러한 조사문제는 정(+)의 관계뿐만 아니라 부(−)의 관계로도 서술할 수 있다. 그러나 탐색적 혹은 기술적 조사연구에서는 관계를 묻지 않고 A는 어떠한가, B는 어떠한가 등과 같은 의문문 형태로 서술하는 것이므로, 조사문제가 변수 간의 관계를 예측할 필요는 없다.

넷째, 문제들은 경험적 검증의 가능성이 있어야 한다. 서술된 관계에 대해 경험적인 검증이 가능하지 않는다면, 그것들은 더 이상 과학적인 문제가 아니다. 따라서 조사문제들에서 사실적인 관계가 서술되어야 하고, 관계에 포함된 변수들은 경험적인 조작화가 가능하여야 한다.

3) 연구문제의 선정

조사연구를 시작하는 출발점인 문제 형성의 과정은 창의성을 필요로 한다. 이 과정은 명확한 지침이나 절차가 없으므로, 연구자의 독창성과 기량에 많이 의존한다. 따라서 조사문제를 형성하는 과정은 자칫 혼란스러울 수도 있다.

연구자들이 조사문제의 형성과정에서 겪는 어려움들을 몇 가지로 요약하면 다음과 같다.

첫째, 연구자가 자신의 조사문제를 명료하게 구성한다는 것은 결코 쉬운 일이 아니다. 혼란스러운 생각들이 실타래처럼 얽혀 풀리지 않거나 추상적인 의문의 상태에서 머무는 경우들도 많다. 때로는 자신이 어떤 의문에 대한 해답을 원하는지를 찾는 것만으로 몇 년간에 걸친 생각과 연구들이 필요할 때도 있다. 심지어는 연구자가 이러한 혼란스러운 상황을 경험하지 않는다면, 명확한 문제가 설정되지 못한다고 생각하기까지 한다. 그럼에도 조사연구의 문제를 적절하게 서술하는 것은 조사연구의 가장 중요한 부분 중 하나이다. 비록 일반적이고 추상적인 의문에서 출발하지만, 구체적으로 무엇이 조사문제인지에 대한 명확한 생각에 도달하여야 한다.

둘째, 연구자들은 대개 문제해결에 대한 지나친 의욕이 앞서기 쉽다. 그래서 무엇이 문제인지조차 명확하게 규정하지 않은 채 무턱대고 조사부터 시작하는 경우들이 많다. 막연한 의문에 대해 무작정 자료 수집부터 시작하는 경우들이 그러한 예이다. 이런 식의 접근은 조사연구를 혼란한 상태로 이끌고 가는 결과를 초래한다. 비록 힘들기는 하지만 명확한 조사문제를 처음부터 설정해 두지 않는다면, 향후 진행되는 조사연구가 어디로 가게 될 것인지를 아무도 예측할 수 없다. 그것은 마치 어디로 갈지도 정하지 않고 배를 바다에 띄우는 것과 같다. 연구문제에 대한 숙고와 비교적 명확한 귀결에 도달하는 것은 그만큼 중요한 것이다.

셋째, 조사연구를 위한 아이디어는 다양한 방법으로 나타날 수 있으나, 대부분은 처음부터 명확한 연구문제로 주어지는 경우가 드물다. 보통은 광범위한 관심 영역에서부터 출발하여, 조사연구에 적절한 문제로 만들기 위해 생각과 관심 영역을 차근차근 정리해 가야 하는 경우들이 많다. 이런 과정에서는 상당한 노력과 시간이 필요하기 때문에, 이에 대한 연구자의 인내심이 필요하다. 연구문제를 형성하는 노력에 도움이 되는 것은 호기심, 새로운 아이디어와 사고방식의 개방성, 분석능력, 정보를 찾고 이해하려는 성향, 자원들을 효과적으로 이용하는 기술, 문제해결에 대한 갈망 등과 같은 지적 능력들이다. 조사연구의 문제 형성 과정 대부분은 예술적에 가깝다. 객관적인 지침이나 설명들보다는 창의성이 강조되기 때문이다. 과학적 조사연구의 출발이 과학적이 아니라 예술적이라는 것은 한편으로 아이로니컬한 사실이다. 그럼에도 그것은 연구문제들의 형성이 전적으로 무원칙적이며, 평가의 기준도 없다는 것을 뜻하지는 않는다.

사회복지 조사연구문제는 직접적이든 간접적이든 사회복지와 관련되어야 한다. 사회복지에 관련된 의문의 출발은 실천현장에서의 경험, 개인적인 경험, 동료들과의 대화, 특정한 연구지원 기관에의 연구제안서 작성, 혹은 일반적인 독서 등에서 비롯된다. 어떤 사람들이 서비스를 필요로 하는가? 왜 필요한가? 어떤 문제들을 가지고 있는가? 이러한 문제들의 본질과 과정은 어떤 것인가? 어떤 프로그램들이 적절하거나 적절하지 않는가? 풀리지 않아서 답답하게 만드는 의문일수록 그것이 계기가 되어 좋은 연구문제로 나타나는 경우들이 많다. 일반적으로 사회과학적 조사연구문제들은 크게 두 가지 부류로 나눌 수 있다.

첫째, 사회학이나 심리학 등과 같은 기초 사회과학들에서 갖는 조사문제들이다. 여기에서는 인간과 사회에 대한 보다 추상적이고 기본적인 의문들이 제기된다. 예를 들면, 빈곤이란 무엇인가? 가족의 형태는 어떻게 변화하고 있는가? 이혼이 아동 양육에 어떤 영향을 미치는가? 자유시장경제 체제로의 전환이 노동의 수급에는 어떤 영향을 미칠 것인가? 청소년기의 좌절된 욕구가 사회성 발달에 미치는 영향은 어떤 것인가? 등이다.

둘째, 사회복지와 같은 응용 사회과학들에서는 보다 직접적으로 실천현장에서 나타나는 의문들을 다루고, 조사연구의 결과들은 이러한 의문에 대해 보다 실용적인 성격의 답을 제시한다. 예를 들면, 현재와 같은 생활보호 프로그램이 빈곤의 감소에 기여할 것인가? 그렇지 않다면 어떤 식의 개선이 필요할 것인가? 미혼모 가족의 아동 양육에 대해 어떤 서비스들이 적절한가? 노숙자(homeless)에 대한 구호 위주 프로그램들이 장기적으로 노숙자 문제에 대한 해결책이 될 수 있는가? 아니라면 어떤 프로그램들이 더 효과적인가? 의료보험의 사유화 정책이 저소득층의 의료서비스 접근성에 미치는 영향은 무엇인가? 등이다.

물론 사회복지 조사연구에서도 기초지식을 위한 연구가 있으며, 사회학과 심리학에서도 응용의 성격을 가진 연구들이 있을 수 있다. 다만 사회복지 조사연구들의 보편적인 관심은 실천현장의 의문과 필요성들에 보다 치우쳐 있다는 것이다.

4) 개념적 정의와 조작적 정의

조사연구문제를 정확하게 서술하기 위해서는 그 문제에 포함된 개념과 변수들에 대한 구체적인 정의들이 이루어져야 한다. 과학적 조사연구에서 이것은 필수적인 과정이다. 한 조사연구에 대해 다른 연구자들이 평가하고 이해할 수 있으려면, 서술되는 개념들에 대한 명확한 정의가 주어져야 한다. 개념은 특정 대상의 속성을 추상화하여 의미를 부여한 것으로 그 개념 자체를 직접 측정할 수 없다. 따라서 개념들은 그 의미가 명료하게 정의되어야 하며 이 개념을 경험적 수준으로 구체화하는 과정은 다음과 같다(황인옥, 2019 : 84).

> 개념 → 개념적 정의 → 조작적 정의 → 측정

연구에서 사용되는 개념들에 대한 정의는 '개념적 정의'와 '조작적 정의'로 구분할 수 있다(홍봉수 외, 2016 : 32-34, 황인옥, 2019 : 84-85).

(1) 개념적 정의

개념적 정의(conceptional definition)는 명목적 정의(nominal definition)라고도 불리고 연구에서 사용되는 중요 용어들을 개념적으로 정의하는 것으로 연구의 관심과 초점에 맞추어 그에 합당한 측면의 개념을 규정하는 것을 의미한다.

동일한 용어일지라도 사용되는 분야나 맥락에 따라 각기 다양하게 정의될 수 있다. 빈곤에 대한 개념 규정의 경우를 예를 들면, 대부분의 연구나 학문 분야에서는 빈곤을 물질적인 박탈 상태로 규정한다. 그러나 어떤 연구 분야들에서는 빈곤을 정신적 문제와 결부시키거나 문화적인 측면으로 정의하기도 한다. 심지어는 정서적인 빈곤으로까지도 정의할 수 있다.

개념적 정의를 명확하게 내린다는 것은 다양한 정의들 가운데 어떤 정의가 더 좋은지를 구분하려는 것이 아니다. 연구의 관심과 초점에 맞추어서 그에 합당한 측면의 개념을 규정하는 것이 개념적 정의의 목적이다. 빈곤에 대해 다루는 연구들은, 그 연구에서 다루고자 하는 빈곤의 측면이 어떤 것인지를 파악하여 그에 적합한 정의를 구체적으로 내리게 된다.

개념적 정의는 개념에 대한 구체적인 묘사이기는 하지만, 그것은 여전히 추상적이다. 비록 추상적이지만 이러한 개념적 정의를 통해서 개념들은 보다 명확해지게 된다. 추상적으로 정의된 개념들로 구성된 가설은 그 자체만으로 검증될 수 없다. 따라서 추상적 개념들은 경험적으로 측정 가능하도록 실증적인 지표로 변환시켜야 한다. 이러한 작업을 조작적 정의라고 하고 이렇게 조작적 정의를 내리는 것을 '조작화'라고 한다. 개념적 정의는 조작적 정의를 위한 전 단계이다. 개념적 정의를 통해 내려진 개념에 대한 대략적 윤곽이나 틀 없이는 조작적 정의는 실현되기 어렵다.

(2) 조작적 정의

조작적 정의(operational definition)는 추상적인 개념을 실증적이고 경험적으로 측정 가능하도록 구체화한 정의이다. 즉, 개념을 지표화하는 작업이고 본래 개념을 적합하게 연관시킬수록 훌륭한 조작적 정의라고 할 수 있다. 오늘날은 개념을 측정하는 데 활용되는 보다 특정한 지표라고 이해될 수 있다. 예를 들어 사람들이 어떤 행동이나 심리상태를 구체적으로 나타내면 그것을 '고립'이나 '좌절'이라고 판단할 것인지에 대한 기준을 만드는 것이다. 개념이나 변수들로부터 조작적 정의를 만들어 내는 것은 일종의 창조적인 작업이다. 따라서 '정확한' 조작적 정의라는 것은 보통 존재하지 않는다.

그럼에도 '좋은' 조작적 정의가 되기 위해서는 최소한 다음의 두 가지 조건은 갖추어져야 한다.

첫째, 신뢰도가 있고 복제가 가능해야 한다. 정의가 명확하게 서술함에 있어서 서로 다른 조사 연구들에서도 동일한 조직적 정의를 사용하면 동일한 측정이 산출될 수 있어야 한다. 신뢰도가 있다는 것은 동일한 조작적 정의를 익힌 사람이 동일한 현상을 관측하게 되면 동일한 값이 산출될 수 있어야 한다는 뜻과 같다.

둘째, 타당하게 해야 한다. 이 조건은 신뢰도보다 더 갖추기 어렵다. 조작된 정의에 의해 측정된 결과가 실제로 측정하려고 했던 원래의 개념을 측정한 것인가?에 대한 물음이다. 즉, 좋은 조작적 정의는 신뢰도가 있고 복제가 가능해야 하며 타당해야 한다.

조작적 정의의 목적은 마음속에 있는 생각을 현실(실존) 세계와 연관시키는 것이다. 조작화의 과정에서 필수적인 것은 추리의 여러 차원에서 현상의 정의를 다루는 것이며 이들 차원이 상호 간에 어떻게 관련되어 있는지를 밝히는 것이다.

2. 가설

조사문제를 해결하기 위해서는 현실 세계에서 수집된 자료를 토대로 검증을 거쳐야 한다. 연구자는 조사문제에 대하여 해답이라고 생각되는 것을 제시하여 경험적으로 그 진위를 확인하는 절차를 거친다. 이러한 실증적 검정에 앞서 가설의 설정이 전제된다.

1) 가설의 정의

가설이란 어떤 가정을 명제화한 것이다. 가정은 어떤 현상에 있어 요인 또는 변수 간에 관계가 있음을 기대한 것이다. 즉, 가설이란 둘 이상의 변수 간의 관계에 대한 일종의 추측으로 어떤 가정(assumptions)을 명제화(statement) 한 것이다. 가설은 조사문제에 대한 예측 가능한 해답으로 정의 정의할 수 있다.

일반적으로 가설들은 두 변수 간의 관계를 나타내지만 가설이 반드시 두 변수의 관계에 한정된 것만은 아니다. 다만, 셋 이상의 변수들이 모여 있는 가설의 검증은 복잡할 수 있기 때문에 될 수 있는 한 단순한 가설들을 만들어서 검증해 보는 것이 좋다. 대부분의 연구에서는 단일한 가설로 검증하는 것이 아니라 복수의 가설을 사용하는 것이 보통이다. 따라서 다수의 단순한 가설을 만들어서 연구문제를 검증하는 것이 바람직하다(황인옥, 2019 : 87).

모든 조사연구가 가설 설정을 필요로 하지는 않는다. 예를 들어 탐색적 조사의 경우는 굳이 가설을 설정하지 않기도 한다.

2) 가설의 형식

가설의 형식은 먼저 관련된 변수의 선정과 변수들의 상태를 나타내는 두 가지 문장을 하나의 조건문 형태의 복문으로 나타낸다. 즉, '특정 변수의 조건이 어떠할 때 다른 특정 변수의 조건이 어떠하다'라는 양식으로 표현한다. 일반적으로 가설은 'If A, than B'로 표현되는데 여기서 A를 가설의 선행(원인)조건, B를 가설의 결과조건이라고 하며, 일반적으로 A가 진실이면 B도 진실이라는 관계로 가설이 구성된다. 때로는 '~할수록 ~하다'는 비교형식을 취하기도 한다(김기원, 2001 : 157). 가설은 정(+)의 관계뿐만 아니라 부(−)의 관계로도 기술할 수 있다(황인옥, 2019 : 87).

- 가설의 형태 : '만약 A이면, B이다', '~할수록 ~하다'
- 가설의 예 : 남자청소년은 여자청소년보다 더 충동적이다.

3) 가설의 조건

가설의 조건은 다음과 같다(임정문, 2006 : 344).

① 가설은 경험적으로 검증할 수 있어야 한다.

② 조사문제를 해결할 수 있어야 한다.

③ 동일 연구분야의 다른 가설이나 이론과 연관이 있어야 한다.

④ 가설의 표현은 간단명료하여야 한다.

⑤ 가설을 통해 수집되는 정보의 양이 많아야 된다.

⑥ 가설은 논리적으로 간결하여야 한다.
⑦ 너무나 당연한 관계를 가설로 세울 수는 없다.
⑧ 가설은 계량적인 형태를 취하든가 계량화할 수 있어야 한다.
⑨ 가설검증의 결과는 가능한 광범위하게 적용될 수 있어야 한다.
⑩ 가설은 동의 반복적이어서는 안 된다.
⑪ 가설은 개념적으로 명백하여야 한다.
⑫ 가설의 내용은 변수관계와 그 방향이 명백히 나타나야 하며, 타인에 의해서도 반복적으로 연구가 가능해야 한다.
⑬ 가설은 검증에 필요한 일체의 조사기술과 분석방법을 적절히 선택할 수 있도록 진술되어야 한다.

4) 가설의 기능

가설의 기능은 다음과 같다(임정문, 2006 : 345).
① 사회현상들의 잠재적 의미를 찾아내고 현상에 질서를 부여할 수 있다.
② 연구에 대한 자극으로 새로운 조사문제를 끄집어낸다.
③ 경험적 검증의 절차를 시사해 준다.
④ 관련 지식들을 서로 연결시켜 준다.
⑤ 문제해결에 필요한 관찰 및 실험의 적정성을 판단하게 한다.
⑥ 연구의 초점과 방향을 제시하여 준다.
⑦ 자료 수집의 길잡이가 된다.
⑧ 변수의 성격과 종류 등을 밝혀 필요한 자료의 내용과 범위를 규정한다.
⑨ 이미 존재하는 기존 이론을 경험적으로 검증하도록 해준다.
⑩ 동일한 연구에 대해 반복적으로 연구를 용이하게 할 수 있게 해준다.
⑪ 가설검증의 결과로서 새로운 이론이 구성될 수도 있으며, 어떤 현상을 설명할 수 있는 이론을 암시한다.
⑫ 사회문제를 해결할 수 있는 단서를 제공함으로써 사회를 개선시킨다.

5) 가설의 종류

검증과정에 따른 가설을 분류하면 연구가설, 영가설, 대립가설로 구분할 수 있다.

① **연구가설**

연구가설(research hypothesis)은 변수들 간에 관계가 있다거나 또는 집단 간의 차이가 있다는 식의 서술을 하는 것이다. 이론으로부터 도출된 가설이다. 작업가설, 실험가설, 과학적 가설이라고 불린다.

연구가설은 방향성을 나타내거나 차이성을 나타내는 형식을 가진다. 방향성이란 '무엇이 증가하면 무엇이 감소한다' 등으로 나타내거나 차이의 유무란 '무엇은 무엇과 다르다' 등의 형식을 취한다.

조사연구에서 보통 가설이라고 하면 이 조사연구를 말한다. 연구가설은 영가설과 논리적으로 반대 입장을 취하는 진술이다. 예를 들어, '남녀학생 간에 인터넷 중독에 빠질 가능성의 차이가 있다'거나 '부모의 양육태도가 학생의 학교부적응에 영향을 미친다' 등으로 나타낸다.

② **영가설**

영가설(null hypothesis, H_0)은 변수들 간에 관계가 없다거나 또는 집단들 간에 차이가 없다는 식으로 서술하는 것이다. 이를 흔히 귀무가설이라고 하는데, 연구가설에 상반되는 입장에 서 있기 때문이다. 영가설은 보통 연구가설에 대한 반증의 목적으로 활용되며, 통계학적인 분석들에서는 가설을 직접적으로 증명하기보다는 영가설을 부인함으로써 가설이 현재 건재함을 나타내는 방식을 취한다.

영가설은 2개 이상의 모집단 또는 변수 간에 차이가 없다고 가정한다. 또는 독립변수가 종속변수에 영향을 미치지 않는다고 가정한다. 예를 들어, '남녀학생 간에 인터넷 중독에 빠질 가능성에는 차이가 없다'거나 '부모의 양육태도는 학생의 학교부적응에 영향을 미치지 않는다' 등으로 나타낸다.

③ 대립가설

대립가설(hypothesis, H_1)은 대안가설이라고도 하며 영가설에 대립되는 가설이다. 즉, 영가설이 거짓일 때 채택하기 위한 가설이다.

대립가설의 형식은 'A는 B에 영향을 미칠 것이다', 'A와 B는 차이가 있을 것이다' 등으로 나타낸다.

표 3-1 검증과정에 따른 구분

대립가설(H_1)	귀무가설(H_0)
• 연구가설이라고 불림 • 이론으로부터 도출된 가설로서 검증될 때까지는 조사문제에 대한 잠정적인 해답으로 간주되는 가설 • "A는 B와 관계가 있다" 형식의 문장 • H_1 : $\mu_1 \neq \mu_2$ 또는 $\mu_1 < \mu_2$ 또는 $\mu_1 > \mu_2$	• 영가설이라고 불림 • 대립가설의 역으로서 주어진 대립가설에서 명시된 것을 부정하거나 기각하기 위해 설정하는 가설 • "A는 B와 관계가 없다"고 진술된다. • H_0 : $\mu_1 = \mu_2$ 또는 $\mu_1 - \mu_2 = 0$

μ_1 : 개별치료
μ_2 : 집단치료

3. 변수

변수란 하나의 개념을 대표하는 상징으로서 그것의 특성이 갖는 값이나 강도 또는 크기의 차이를 나타내게 된다.

1) 변수의 개념

변수(variable)란 연구대상의 속성에 계량적인 수치를 부여하는 구체적인 개념 또는 이론적으로 구성된 개념을 말한다. 개념은 직접적으로 관찰할 수 없거나 측정할 수 없는 추상적이고 관념적인 것이지만 변수는 개념을 측정 가능한 면으로 본 것이다. 즉, 변수는 둘 이상의 숫자나 값이 부여되는 일종의 기호라고 할 수 있다. 그 속성에 있어서 두 가지 이상의 값을 가질 수 있으며, 계량적 수치로 관찰할 수 있는 면에서 본 개념을 변수라 한다. 동일한 값만을 가질 경우에는 상수이지 변수가 아니다.

예를 들어 학력이라는 개념을 중졸 이하, 고졸, 대졸 이상의 3개의 특징적인 집단으로 나누고 각 집단에 1부터 3까지의 값을 부여하였다면, 이때 학력은 둘 이상의 숫자나 값이 부여되는 변수가 되고 숫자 1, 2, 3은 서로 다른 특성을 갖는 학력을 나타내며, 서로 간의 차이를 나타낸다고 할 수 있다. 이러한 변수에는 성별, 연령, 가족구성원의 수, 소득 등과 같이 관찰하기 쉬운 변수도 있고 자존감, 소진, 생활만족도, 우울, 불안 등과 같은 어렵고 복잡한 변수도 있다(홍봉수 외, 2016 : 71-72).

2) 변수의 종류

변수의 기능, 속성, 관계에 따라 다음과 같이 구분할 수 있다(김영종, 2000 : 38, 김기원, 2001 : 146-151, 김태성 외, 2005 : 64-71, 한경성, 2005 : 56-58, 황인옥, 2019 : 95-96, 임정문, 2006 : 345-346).

(1) 기능에 따른 분류

변수는 기능에 따라 독립변수, 종속변수, 매개변수, 외생변수, 선행변수, 억압변수, 조절변수 등으로 구분할 수 있다.

① 독립변수

독립변수(independent variable)는 다른 변수에 영향을 주는(미치는) 변수라고 하며 인과관계에서 원인에 해당하는 변수이다. 종속변수의 결과를 예측하거나 차이를 설명하기 위한 변수로서, 원인변수, 설명변수, 예측변수라고도 한다. 즉, 독립변수는 현상의 원인이라고 가정한 변수이며 종속변수는 독립변수의 영향을 받아 변화되리라고 가정한 변수를 말한다. 또한 조사설계에서 연구자가 변수의 값을 인위적으로 조작하는 변수를 독립변수라고 하며, 독립변수의 변화에 따라 일어난 영향을 측정하게 되는 결과변수가 종속변수가 되는 것이다.

예를 들어, '가족의 소득이 낮을수록 가족 스트레스의 정도는 더 높을 것이다'는 주장을 검증하기 위해 조사설계를 하였다면, 이때 가족의 소득은 연구자가 조작 가능한 변수이며, 가족 스트레스가 높아지는 원인이 되는 변수이므로 독립변수가 되고 가족 스트레스는 독립변수의 영향을 받아 변화하는 결과변수이므로 종속변수가 되는 것이다.

② 종속변수

종속변수(dependent variable)는 독립변수의 영향으로 나타나는 결과가 되는 변수로 주로 분석의 대상이 된다. 결과변수, 피설명변수, 피예측변수라고도 한다.

③ 매개변수

매개변수(intervening variable)는 종속결과에 영향을 미칠 수 있는 변수로 그 영향력이 일정한 독립변수와는 달리 내면적, 비지시적 역할을 하는 변수이다. 즉, 독립변수와 종속변수는 서로 직접적인 관계가 없는데 제3의 변수가 두 변수를 중간에서 연결시켜 두 변수가 간접적으로 관계를 가지는 경우 둘 사이에 놓인 변수를 매개변수라고 한다.

④ 외생변수와 통제변수

외생변수(extraneous variable)는 연구대상이 되는 현상 가운데 원인이 되는 변수와 결과변수 이외의 기타 변수, 결과변수에 영향을 미칠 수 있는 변수를 의미한다. 즉, 독립변수가 종속변수에 표면상으로는 영향을 미쳐 관계가 있는 것으로 보이지만, 제3의 변수로 인해 그렇게 보이는 것일 뿐 실제로는 관계가 없는 경우, 두 변수는 가식적 관계(허위적 관계)에 있다고 하며 이때의 제3의 변수를 외생변수라고 한다. 외생변수가 종속변수에 미치는 영향을 제거하지 못하면 독립변수와 종속변수 간의 인과관계를 정확하게 파악할 수 없다. 실험연구설계를 통해 외생변수의 영향을 제거하여야 한다.

통제변수(control variable)는 독립변수의 영향 정도를 정확히 알기 위하여 통제되는 변수이다. 독립변수와 종속변수 사이의 인과관계를 명확하게 밝히기 위해서는 매개변수, 외생변수, 조절변수 등 제3의 변수들을 통제하여야 한다. 이때 독립변수와 종속변수 사이의 인과관계에 영향을 미치는 제3의 변수 중 연구자가 조사과정에 영향을 미치지 않도록 의도적으로 통제하는 변수를 통제변수라고 한다.

⑤ 선행변수

선행변수(antecedent variable)란 독립변수보다 먼저 발생된 변수로서 독립변수와 종속변수에 직·간접적으로 관련된 변수를 말한다. 선행변수가 통제되더라도 독립변수와 종속변수 간의 관계는 계속 유지되지만 만일 독립변수가 통제되면 선행변수는 종속변수와 아무런 관계를 갖지 못하게 된다. 선행변수는 독립변수와 종속변수 간에 미치는 영향을 보다 광범위하게 이해하고자 할 때 규명된다.

⑥ 억압변수

억압변수(suppressor variable)란 하나의 변수와는 긍정적으로 상관되어 있고 다른 하나의 변수와는 부정적으로 상관되어 있어 독립변수와 종속변수 간의 관계가 없는 것처럼 둘 간의 관계를 누르는 변수를 말한다.

⑦ 조절변수

조절변수(moderating variable)는 독립변수가 종속변수에 미치는 강도나 영향력을 조절하는 변수이다. 독립변수와 종속변수의 관계를 명확히 밝히기 위해서는 조절변수가 필요하다. 이때 조절변수는 종속변수에 영향을 미치는 것이지 독립변수에 영향을 미치는 것은 아니다. 조절변수가 포함된 가설의 형태는 'A가 B에 미치는 영향은 C에 따라 다를 것이다'와 같다.

(2) 속성에 따른 분류

변수는 변수의 속성 혹은 변수값의 연속성에 따라 이산변수(비연속변수)와 연속변수로 구분할 수 있다.

① 이산변수

이산변수(discrete variable)는 정수(integer)와 같이 하나씩 따로 떼어 열거할 수 있는 유한(finite) 또는 무한(infinite)한 변수값을 갖는 변수를 말한다. 중간에 연속적인 연결성 없이 속성이 다른 범주로 구분되는 변수로서 명목척도와 서열척도로 측정되는 변수이다. 이산이란 각 값의 사이가 떨어져 있어 그 사이 값은 아무런 의미를 가지지 않는다는 뜻이다. 예를 들어, 남성을 1, 여성을 2라고 부여했을 때 1과 2의 사이 값은 존재하지 않는다.

② 연속변수

연속변수(continuous variable)란 정수뿐만이 아니라 분수와 같이 열거할 수 없는 유한 또는 무한한 수의 변수값을 갖는 변수를 말한다.

연속변수는 등간척도와 비율척도로 측정된 변수이다. 서열화되어 있을 뿐만 아니라 간격이 같아 수치 간에 가감(+, −)이 가능한 등간척도로 측정된 변수들과 수치 간의 가감승제(+, −, ×, ÷)가 가능하고 절대영점이 존재하는 비율척도로 측정된 변수들이 연속변수이다. 연속변수는 주로 양적 연구에서 많이 활용된다.

연습문제

01 **17개 시 · 도의 69개 사회복지기관에서 근무하는 사회복지사 396명을 대상으로 근무기관의 규모별 직무만족도를 설문조사할 때 독립변수와 종속변수의 관찰단위를 순서대로 옳게 짝지은 것은?** 2022년 출제

① 개인－개인
② 기관－개인
③ 지역사회－개인
④ 지역사회－기관
⑤ 개인－지역사회

02 **다음 사례에서 부모의 재산은 어떤 변수인가?** 2022년 출제

> 한 연구에서 부모의 학력이 자녀의 대학 진학률에 영향을 미치는 것으로 나타났다. 그러나 부모의 재산이 비슷한 조사대상에 한정하여 다시 분석해 본 결과, 부모의 학력과 자녀의 대학 진학률 사이에는 통계적으로 유의미한 관계가 없는 것으로 나타났다.

① 독립변수
② 종속변수
③ 조절변수
④ 억제변수
⑤ 통제변수

03 **통계적 가설검증에 관한 설명으로 옳지 않은 것은?** 2022년 출제

① 영가설을 기각하면 연구가설이 잠정적으로 채택된다.
② 영가설은 연구가설과 대조되는 가설이다.
③ 통계치에 대한 확률(p)이 유의수준(α)보다 낮으면 영가설이 기각된다.
④ 연구가설은 표본의 통계치에 대한 가정이다.
⑤ 연구가설은 경험적으로 검증이 가능하여야 한다.

04 다음 ( )에 알맞은 내용으로 옳은 것은?

2021년 출제

- 독립변수 앞에서 독립변수에 영향을 주는 변수를 (ㄱ)라고 한다.
- 독립변수의 결과인 동시에 종속변수의 원인이 되는 변수를 (ㄴ)라고 한다.
- 다른 변수에 의존하지만 다른 변수에 영향을 미칠 수 없는 변수를 (ㄷ)라고 한다.
- 독립변수와 종속변수 모두에 영향을 미치는 제3의 변수를 (ㄹ)라고 한다.

① ㄱ: 외생변수, ㄴ: 더미변수, ㄷ: 종속변수, ㄹ: 조절변수
② ㄱ: 외생변수, ㄴ: 매개변수, ㄷ: 종속변수, ㄹ: 더미변수
③ ㄱ: 선행변수, ㄴ: 조절변수, ㄷ: 종속변수, ㄹ: 외생변수
④ ㄱ: 선행변수, ㄴ: 매개변수, ㄷ: 외생변수, ㄹ: 조절변수
⑤ ㄱ: 선행변수, ㄴ: 매개변수, ㄷ: 종속변수, ㄹ: 외생변수

05 다음 ( )에 알맞은 조사유형을 모두 나열한 것은?

일정한 시간 간격을 두고 연구대상을 표본추출하여 반복적으로 조사하는 방법에는 ( ), ( ), 동년배 조사 등이 있다.

① 패널조사, 경향조사 ② 패널조사, 문헌조사 ③ 전수조사, 경향조사
④ 전수조사, 표본조사 ⑤ 문헌조사, 전문가조사

06 가설에 관한 설명으로 옳은 것을 모두 고른 것은?

2020년 출제

ㄱ. 이론적 배경을 가져야 한다.
ㄴ. 변수 간 관계를 가정한 문장이다.
ㄷ. 가설구성을 통해 연구문제가 도출된다.
ㄹ. 창의적 해석이 가능하도록 개방적으로 구성되어야 한다.

① ㄱ, ㄴ ② ㄱ, ㄷ ③ ㄱ, ㄴ, ㄹ
④ ㄴ, ㄷ, ㄹ ⑤ ㄱ, ㄴ, ㄷ, ㄹ

정답 01 ① 2 ⑤ 3 ④ 4 ⑤ 5 ① 6 ①

04 CHAPTER

조사설계와 인과관계

❐ 학습목표
- 사회복지조사의 조사설계를 이해하고 설명할 수 있다.
- 사회복지조사의 조사설계의 타당도를 이해하고 설명할 수 있다.
- 사회복지조사의 인과관계의 논리를 이해하고 설명할 수 있다.

1. 조사설계

어떤 일을 하기 전, 그 일을 정확히, 그리고 효율적으로 수행하기 위해서는 반드시 해당 과업에 대한 판단과 고민이 필요하다. 조사연구에서는 이 단계가 바로 조사설계의 단계이다.

건축물을 높이 올리기 위해서는 그 높이를 지탱할 수 있을 만큼 깊이 있게 땅을 파야 하고, 이를 지탱할 수 있는 골조가 필요하다. 조사연구 역시, 정확한 조사를 수행하기 위해서는 조사를 설계하는 과정이 필요하다.

1) 조사설계의 의미

조사설계(research design)는 연구설계, 연구디자인, 조사계획 등으로 다양하게 설명되는데 첫째, 조사목적을 달성하기 위한 논리적 전략, 둘째, 조사목적을 수행하고 통제하기 위한 전략, 셋째, 조사문제에 대한 해답을 얻거나 가설검증을 위해 자료를 수집하고 분석하는 계획, 넷째, 조사문제에 대한 타당한 해답을 얻기 위한 기획의 전 과정이라 이해될 수 있다. 즉, 조사설계란 연구목적을 수행하여 연구문제에 대한 답을 얻기 위해 자료수집방법을 비롯하여 변수의 선정과 조작화, 측정도구의 작성, 자료분석방법의 선택 등의 모든 활동에 대한 계획을 짜는 것이다.

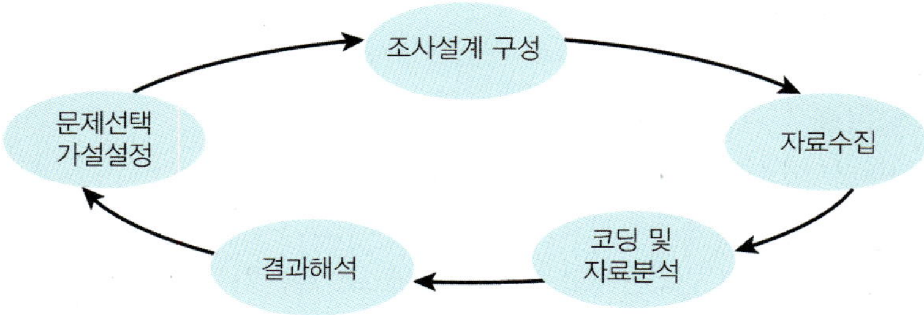

그림 4-1 조사설계단계

※ 사회복지교육연구센터, 2022 : 118.

2) 조사설계의 목적과 중요성

(1) 조사설계의 목적

조사설계는 연구문제에 나타난 이론이나 가설들 또는 순수한 의문 자체들을 경험적으로 검증하는 것을 의미한다. 어떠한 자료들이 필요한지, 그런 자료들을 어떻게 수집할 것인지 등을 계획하는 것이다. 조사설계의 목적을 살펴보면 다음과 같다.

① 조사문제의 해답을 얻기 위함이다. 조사문제에 대한 해답을 객관적이고 정확하게, 그리고 효율적으로 얻기 위해 조사설계를 활용한다.

② 사회조사에서 관찰의 대상이 되는 변수의 변량을 통제하기 위함이다. 즉, 조사설계를 통해 독립변수가 종속변수에 영향을 미치는 데 있어 외적으로 개입할 수 있는 외적변수와 오차변수를 통제하고 최소화함으로써, 다른 변수의 영향을 제거하기 위해 실험설계를 활용한다.

③ 가설상의 조사질문을 신뢰할 수 있고 타당한 해답을 구할 수 있도록 만든다.

④ 변수 간의 관계가 검증될 수 있도록 만든다.

⑤ 관찰이나 분석의 방법을 제시한다.

⑥ 가능한 결론의 윤곽을 제시한다. 조사설계가 적절하게 이루어진다면 도출해 낼 수 있는 가능한 결론의 윤곽을 파악할 수 있다.

(2) 조사설계의 중요성

조사설계의 중요성을 조사설계의 역할로 제시하면 다음과 같다(김기원, 2001 : 185-186).

① 조사설계는 조사를 수행할 때 청사진의 역할을 하기 때문에 조사가 계획적이고 체계적이며 질서 있게 수행할 수 있도록 해준다. 만약 조사설계가 없다면 본래의 의도한 조사목적을 달성할 수 없을 뿐만 아니라 사회적으로도 가치 있는 기여를 할 수 없을 것이다.

② 조사설계는 효과적이고 효율적인 프로그램이나 정책대안을 형성하는 데 필요한 기초자료를 수집하고 분석할 수 있는 절차와 방식을 제공함으로써 사회적 책임성을 이행한다.

③ 조사설계는 연구문제와 관련된 이론을 형성하는 데 중요한 역할을 수행한다. 이렇게 형성된 이론은 향후 과학적 연구를 위한 기초를 제공하고 현재의 사회적 현상을 설명하며 새로운 사실을 예측할 수 있게 한다. 뿐만 아니라 기존 지식 간의 간격을 메워주는 역할을 한다. 그리고 다른 경험적 연구를 하지 않고서도 관련된 다른 이론의 도출을 가능하게 한다.

2. 조사설계의 타당도

'잘 된 조사설계'란 '조사설계가 타당하다' 혹은 '조사설계의 타당도가 높다'라는 의미로 표현된다. 조사설계에 있어서 내적 타당도와 외적 타당도가 고려되어야 한다.

1) 내적 타당도와 외적 타당도

'타당도가 높은' 조사설계를 위해서는 두 가지 차원이 고려되어야 한다.

첫째, 가설에서 세운 독립변수와 종속변수 간 인과관계를 확실히 증명할 수 있어야 한다. 이는 종속변수의 변화가 독립변수의 변화 때문에 발생된 것인지를 확인할 수 있어야 한다는 것이다. 둘째, 그렇게 확인된 결과는 조사대상이나 범위를 넘어서도 일반화시킬 수 있어야 한다.

이 두 가지 차원을 각각 조사설계의 내적 타당도와 외적 타당도라고 말한다. 즉, 조사설계가 타당하려면 조사대상이나 범위 '내'에서도 인과관계를 잘 보여주어야 하며 조사대상이나 범위의 '외'까지도 그 결과를 일반화시킬 수 있어야 한다. 조사설계에서는 내적 타당도와 외적 타당도 가운데 우선적으로 내적 타당도를 높이는 것이 중요하다.

(1) 내적 타당도

내적 타당도(internal validity)란 종속변수(결과)에 나타나는 변이가 독립변수(원인)의 변이에 의한 것임을 확신할 수 있는 정도를 의미한다. 즉, 인과성에 대한 추론 가능성이 얼마나 높은지를 나타내는 것이 내적 타당도이다(임정문, 2006 : 347).

내적 타당도는 연구결과에 대한 대안적 설명 가능성 정도를 의미한다. 즉, 내적 타당도는 실험요인 이외의 대안적 설명에 대한 통제성(배제) 여부를 통해 판단된다. 내적 타당도를 높이려면 가능한 한 순수한 변수에 의한 효과만을 추출해 낼 수 있도록 외생변수들을 철저히 통제할 필요가 있다(황인옥, 2019 : 120).

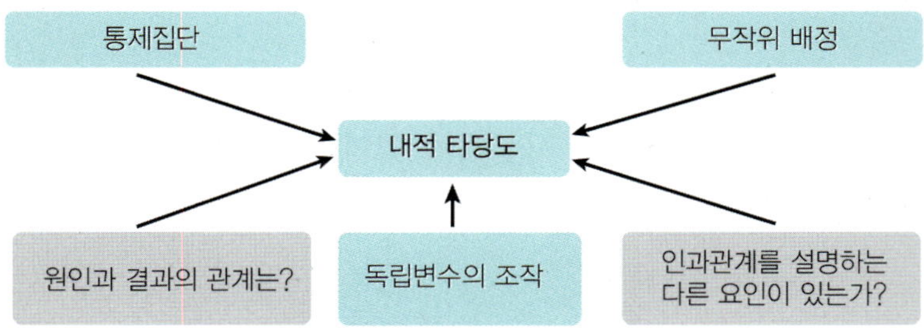

그림 4-2 내적 타당도의 개념

(2) 외적 타당도

외적 타당도(external validity)는 표본에서 얻어진 연구의 결과를 두고 연구 조건을 넘어선 환경이나 다른 집단들까지 확대해석 또는 일반화할 수 있는 정도를 의미한다. 내적 타당도의 핵심이 '인과관계'라면 외적 타당도의 핵심은 '일반화'이다.

2) 내적 타당도의 저해요인과 통제 방법

일반적으로 내적 타당도의 저해요인으로는 내적 요인과 외적 요인으로 구분하여 설명할 수 있다(김태성 외, 2005 : 162-169, 황인옥, 2019 : 121-126, 임정문, 2006 : 347-348).

(1) 내적 타당도의 저해요인

내적 요인은 실험을 진행하는 도중에 발생하는 내적 타당도, 즉 독립변수와 종속변수 간 인과관계의 판단을 어렵게 만드는 요인이다.

① 우연한 사건/역사(history)

우연한 사건/역사란 조사 중에 연구자의 의도와는 관계없이 일어나는 통제 불가능한 사건으로 결과변수에 영향을 미칠 수 있는 사건을 의미한다. 이러한 우연한 사건의 발생은 사회과학에서 아주 흔하게 나타나는 대표적인 타당도 저해요인이다. 이는 사전-사후 검사 사이에 발생하는 통제 불가능한 사건을 의미하는데 조사 기간이 길수록 우연한 사건의 영향을 받을 가능성이 커진다. 예를 들면, 직업훈련 기간 중 일어난 경기침체 등이다.

> 예 방과 후 프로그램의 담당자는 현재의 수업방식이 아동들의 성적 향상에 효과적인지를 알아보기 위해 프로그램 전후의 성적을 측정하였다. 그 결과 아동들의 성적이 향상되었음을 발견하고 수업방식이 효과적이라는 결론을 내렸다. 그러나 성적이 방과 후 프로그램 수업 때문에 향상된 것인지, 정규 수업이나 다른 사건들에 의해 향상된 것인지는 알 수 없다.

② **시간적 경과 혹은 성숙**(passage of time or maturation)

시간적 혹은 성숙의 효과는 시간의 경과에 따른 조사대상집단의 신체적 · 심리적 특성의 변화를 의미한다. 조사연구 중에 대상자의 특성이 변화함으로써 종속변수에 영향을 미치는 경우이다. 예를 들면, 아동에 대한 교육 프로그램, 노인 의료 프로그램 등이다.

예 노인을 대상으로 물리치료를 1년간 실시한 후 프로그램의 성과를 평가한 결과 노인의 신체적 건강상태에 변화가 없는 것으로 나타났다. 과연 물리치료 프로그램의 효과는 없는 것일까? 노인들의 경우 고령으로 인해 1년 후에도 건강상태가 호전되지 않거나 변화가 없을 수 있는 것이다. 오히려 노인들의 자연적인 노화로 인해 건강상태가 더 악화되지 않는 것으로 물리치료의 효과가 있는 것으로도 볼 수 있다.

③ **테스트효과/주시험효과/측정효과/검사**(testing)

검사요인은 동일한 측정을 반복함으로써 종속변화에 영향을 미치게 되어 나타나는 현상으로 사전검사가 사후검사에 영향을 미치는 경우(검사－재검사)이다. 즉, 정책 및 프로그램의 실시 전과 후에 유사한 검사를 반복하는 경우에 프로그램 참여자들이 시험에 친숙도가 높아져서 측정값에 영향을 미치는 현상을 의미한다. 동일 시험문제를 출제할 경우 점수가 높아지는 경우이다. 이는 프로그램의 효과일 수도 있지만 이전에 자신이 답한 것에 대한 기억 때문에 두 번째 답을 더 잘하는 경향 때문일 수도 있다.

예 실직자 재훈련 과정이 실직자들의 자격증 취득 시험점수를 향상시키는데 도움이 되는지 알아보기 위해 실시 전후에 유사한 시험을 실시하였다. 그 결과 훈련 후 시험성적이 향상된 것으로 나왔다면 훈련의 결과일 수도 있지만 시험문제에 익숙해진 결과일 수도 있기 때문에 훈련 없이 시험만 두 번 치른 사람이 훈련에 참가하지 않고도 높은 점수를 얻을 수도 있다.

④ **도구**(instrumentation)

도구효과는 정책 또는 프로그램 집행 전과 집행 후에 측정자의 측정기준이 달라지거나, 측정수단이 변화함에 따라서 정책효과가 왜곡되는 현상을 의미한다. 즉, 측정자의 심리적 상태, 육체적 상태, 태도, 측정기술 및 성별 등 측정자의 변화와 측정도구의 변화로 인하여 종속변수에 영향을 미치는 현상이다. 주관식 시험의 예가 될 수 있다.

예 실직자 재훈련 과정이 실직자들의 자격증 취득 시험점수를 향상시키는데 도움이 되는지 알아보기 위해 실시 전후에 유사한 시험을 실시하였다. 사전검사에서는 난이도가 높은 문제를 출제하고 사후검사에서는 난이도가 낮은 문제를 출제하면 시험점수의 향상은 검사도구 때문인지, 훈련참여 때문인지 판단하기 어렵다.

⑤ **통계적 회귀**(statistical regression)

통계적 회기는 종속변수값이 가장 높거나 가장 낮은 극단치를 근거로 실험집단을 선택했을 때 나타나는 현상이다. 극단적인 측정값을 갖는 사례들을 재측정할 때, 평균값으로 회귀하여 처음과 같은 극단적 측정값이 나타날 확률이 줄어드는 현상을 의미한다. 따라서 극단적인 측정값을 보이는 대상자를 선정하지 않도록 한다. 예를 들어, 심한 좌절에 빠져 있는 사람들에 대한 상담 등을 들 수 있다.

예 사전검사에서 우울점수가 지나치게 높은 5명의 노인을 선정하여 우울감소 프로그램을 제공한 후 동일한 도구로 사후검사를 실시하였더니 이들의 우울점수가 낮아졌다. 이 경우에도 우울점수가 지나치게 높은 극단적인 사례를 대상으로 조사하였기 때문에 통계적 회기의 결과인지를 구별할 수가 없다.

⑥ **실험 도중 탈락**(experimental mortality)

실험과정 중에 관찰대상의 일부가 탈락 또는 상실됨으로써 남아 있는 대상이 처음의 관찰대상의 집단과 다른 특성을 갖게 되는 현상을 의미한다. 일부 시험대상자가 이사, 사망, 질병, 싫증 등의 이유로 탈락하는 경우 조사대상자의 표본의 수가 줄어들면서 잘못된 실험결과가 나타날 수 있다. 예를 들어, 금연프로그램의 성공률 등이다.

예 프로그램의 효과성을 입증하기 위해 실험집단과 통제집단으로 나눠 연구를 진행하였을 때, 만일 실험집단에서 자신의 문제가 전혀 개선되지 않

> 는다고 느껴 프로그램 중도에 참여를 중단하는 사람들이 발생한다면 실험집단에는 프로그램이 효과가 있다고 생각하는 사람들만 남을 것이다. 이때 사전-사후검사에서 두 집단의 차이가 정말 독립변수에 의한 것인지는 정확히 알 수 없다.

⑦ **인과적 시간·순서**(causal time-order)

인과관계의 모호성(ambiguity about the direction of causal influence)이라고도 한다. 독립변수와 종속변수의 관계에서 종종 시간-순서가 모호한 경우가 있다. 시간적인 우선성에 대한 불확실성은 인과관계를 곤란하게 만들 수 있음을 의미한다.

> 예 약물남용 치료프로그램을 마친 클라이언트가 중도에 포기한 클라이언트보다 약물남용을 할 가능성이 낮다는 것을 발견했다. 이때 프로그램을 이수해서 약물을 남용하지 않게 된 것인지, 아니면 약물남용을 하지 않아서 치료프로그램을 이수한 것인지 인과관계의 방향이 모호할 수 있다.

⑧ **개입**(치료)**의 확산, 혹은 모방**(diffusion or imitation of treatment)

개입의 확산 또는 모방은 집단들 간에 통제되지 않은 상황에서 교류와 상호작용으로 인해 집단 간의 차이에 대한 설명이 불분명해지는 경우를 의미한다. 실험집단에 실시되었던 프로그램이나 특정한 자극에 의해서 실험집단의 사람들이 효과를 얻게 되고, 그 효과들이 다른 집단의 사람들(통제집단)에게 전파될 수 있음을 의미한다.

> 예 자아존중감 향상집단에 참여하는 중학생과 집단프로그램에 참여하지 않고 정기적인 서비스만 받고 있는 통제집단의 중학생이 친구이다. 이들은 프로그램 시간 외에는 함께 다니면서 여러 가지 정보를 교환하여 실험집단의 학생이 통제집단의 학생에게 자신이 받고 있는 프로그램에 대하여 알려주게 되었다. 따라서 통제집단의 학생은 통제집단에 있음에도 불구하고 실험집단에서 하는 프로그램 내용 등을 같이 경험하게 되었다.

(2) 외적 요인

외적 요인은 실험연구 설계의 실행과정과 관계없이 발생하는 요인으로 실험을 시작하기 전 실험대상자를 실험집단과 통제집단으로 나눌 때 나타나는 내적 타당도 저해요인이다. 즉, 실험 시행 이전에 실험집단과 통제집단을 나눌 때 문제되는 요인을 의미한다. 내적 타당도를 저해하는 외적 요인에는 편향된 선별(선택의 편의/선정상의 편견)이 있다.

편향된 선별이란 조사대상을 실험집단이 통제집단으로 나눌 때 종속변수에 영향을 미칠 수 있는 요인이 어느 한 집단에 편향되는 경우를 말한다. 즉, 정책이나 프로그램 집행 후에 실험집단과 비교집단 간의 결과변수에 대한 측정값의 차이가 정책집행의 차이라기보다는 단순히 두 집단구성원들이 다르기 때문에 나타나는 경우이다. 예를 들어, 자원자에 의한 직업훈련프로그램 등을 들 수 있다.

> 예 노인학대 예방프로그램의 효과성을 알아보기 위하여 자발적인 참여자 집단과 그렇지 아니한 집단을 비교할 때, 자발적 참여집단의 효과성이 높게 나타났다 할지라도 이는 프로그램의 효과라기에는 의문의 소지가 있다. 이는 자발적 참여자 집단은 노인학대에 대한 관심과 의식이 높아 효과성이 더 나타날 수 있다고 볼 수 있기 때문이다.

(3) 내적 타당도를 높이는 방법

내적 타당도를 높이기 위해서는 내적 타당도 저해요인들이 실험과정에 개입되지 않도록 적절한 통제가 필요하다(임정문, 2006 : 347-348, 홍봉수, 2016 : 130-131, 황인옥, 2019 : 120-129).

① 내적 요인 통제방법

내적 타당도를 저해하는 내적 요인들은 대부분 실험집단과 병행해서 통제집단을 설정함으로써 제거할 수 있다. 통제집단을 실험집단과 유사한 속성으로 무작위화(무작위 할당)하면 내적 요인의 영향을 두 집단이 비슷하게 받음으로써 역사, 성장, 도구, 통계적 회기 등의 영향을 같은 정도로 받게 된다.

② 외적 요인 통제방법

내적 타당도를 저해하는 외적 요인들은 무작위 할당, 배합, 혹은 사후에 통계적으로 통제하는 방법 등을 통해 통제할 수 있다.

첫째, 무작위 할당(random assignment)/무작위화(randomization)/난선화이다. 무작위화는 연구대상자들을 실험집단과 통제집단에 무작위로 배치하는 것이다. 실험집단과 통제집단이 동질적인 집단이 될 가능성을 높이는 가장 효과적인 방법으로 사전에 알려진 변수는 물론 알려지지 않은 변수도 통제할 수 있어 배합의 방법보다 더 효과적이다. 즉, 내적 타당도 저해요인들(독립변수와 종속변수 간 관계에 영향을 미쳐 둘 간의 인과관계를 헷갈리게 만드는 제3의 변수, 즉 외생변수)을 통제하는 가장 효과적인 방법이다. 무작위 방법을 우선적으로 적용할 수 있는지를 검토하고 불가능하면 차선의 방법으로 배합의 방법을 적용할 수 있다. 무작위 방법을 사용할 경우에는 표본의 절대적 크기가 클수록 나뉘는 두 집단이 동질적이 될 가능성이 높아진다.

둘째, 배합/균형화/짝짓기(matching)이다. 배합은 통제집단과 실험집단을 동일하게 만들기 위한 방법으로 종속변수에 영향을 미칠 외생변수를 단계별로 적용하여 단계적으로 조사대상자를 분류하고 이들을 실험집단과 통제집단에 무작위로 배정하는 방법이다. 즉, 난선화가 모든 변수를 두 집단 간에 동등하게 하려는 데 반해, 배합은 한정된 수의 변수만을 동등하게 하는 과정으로 연구주제에 영향을 미칠 것이라고 여겨지는 속성을 실험집단과 통제집단에 동일하게 포함되도록 하는 것이다. 배합은 무작위 할당과 병행해서 사용될 경우 실험 내적 타당도를 더욱 높일 수 있다.

예 ① 만일 30대 전문대 졸업 여성이 실험적 연구대상이 되었다면, 통제집단에도 30대 전문대 졸업 여성으로 이루어져야 한다.

② 조사대상이 A 대학교의 학생 20명, 이 중에는 남학생 12명 여학생 8명이고, B 대학교의 학생 20명, 이 중에는 남학생이 8명, 여학생이 12명이라고 하면, 40명 전체를 무작위로 하여 실험집단과 통제집단으로 나눌 수도 있지만, A, B와 남녀라는 속성을 고르게 하기 위해서는 각 특성이 동일한 사람들을 무작위로 두 집단에 다음과 같이 배정할 수도 있다.

구분	남학생	실험집단	통제집단	여학생	실험집단	통제집단
A 대학교	12	6	6	8	4	4
B 대학교	8	4	4	12	6	6

셋째, 통계적 통제(statistical control)이다. 통계적 통제는 일종의 사후 통제의 방법으로 실험이 종료된 후 이루어진다. 통제해야 할 변수들을 독립변수로 간주하여 실험설계에 포함하고 실험을 실시한 후 결과를 분석하는 데 통계적으로 그 영향을 통제한다. 배합과 무작위 할당과는 달리 실험설계 자체에서 통제를 시도하는 것이 아니라 통계적인 방법으로 외부요인을 배제하는 방법이다. 실험설계에서는 배합과 무작위 할당으로도 해결할 수 없는 외부요인들의 가능성을 통계적 방법을 활용하여 통제한다.

3) 외적 타당도 저해요인과 통제방법

외적 타당도는 연구결과로 기술된 인과관계가 다른 대상에도 적용가능한, 즉 일반화가 가능한 정도를 나타낸다. 즉, 실험을 통해 나타난 과정과 결과가 일반적인 상황에 적용이 가능한 정도를 의미한다. 외적 타당도를 저해하는 요인은 다음과 같다(임정문, 2006 : 347-348, 홍봉수, 2016 : 130-131, 황인옥, 2019 : 120-129).

(1) 외적 타당도의 저해요인

① 연구 표본, 환경, 절차 등의 대표성(representativeness)

연구결과를 실제 상황에 일반화할 수 있으려면 연구대상이 모집단을 대표할 수 있어야 한다. 즉, 표본에서 발견된 특정한 사실들이 일반화될 수 있기 위해서는 표본이 모집단을 적절하게 대표하는 것이어야 하며, 표본뿐만 아니라 연구환경이나 절차들도 모집단을 대표할 수 있어야 한다. 대표성이 떨어지면 외적 타당도가 낮아질 수밖에 없다.

② 조사 반응성

조사대상자들이 자신들의 특정한 조사연구의 대상이 되고 있음을 인식한다면, 일반 조사대상자들에게서 나타나는 결과들과는 다를 가능성이 커진다.

실험이 수행되는 동안 피실험자들이 자신에게 기울이는 특별한 관찰과 관심에 대해 반응하는 것을 반응효과/반동형성(reactive effects) 또는 호손효과(hawthorne effects)라고 한다. 예를 들어, 자율학습시간에 선생님이 있을 때와 없을 때 공부하는 태도가 다른 것을 의미한다. 이러한 반응성 또한 외적 타당도를 떨어뜨린다.

③ 플라세보 효과(placebo effects)

플라세보 효과는 일종의 조사반응 효과로서, 실제로는 실험에서 처치나 개입이 이루어지지 않았는데도 불구하고 처치, 개입을 받은 것과 유사한 효과가 나타나는 것을 의미한다.

위약효과라고도 하며 약물실험 등에서 종종 문제가 되는 효과이다. 원래의 의미는 환자에게 가짜 약을 투여하면서 진짜 약이라고 하면 환자가 좋아질 것이라고 생각하는 믿음 때문에 효과가 발생하는 현상으로 조사대상자가 스스로 조사에 대해 반응하고 있기 때문이다. 이러한 효과를 제거하기 위해서 진짜 약을 먹는 집단(실험집단), 아무 약도 먹지 않는 집단(통제집단), 이 외에도 아무 성능이 없는 가짜 약을 먹는 집단(위약 집단)을 만들어서 세 집단을 비교설계를 한다.

④ 후광효과(halo effect)

후광효과는 사전에 알고 있는 정보나 선입견 등으로 긍정적인 방향으로 과장되게 일반화하는 경우를 의미한다. 예를 들어, 조사원이 조사대상자의 학력이나 배경이 좋은 것을 알고 그 사람에 대한 평가에서 선입견에 의해 좋은 방향으로 받아들여 평가할 수 있다.

(2) 외적 타당도를 높이는 방법

외적 타당도를 높이기 위해서는 확률표집방법으로 연구대상을 선정하거나, 표본 크기를 크게 함으로써 표본의 대표성을 높이거나, 가실험효과(플라세보효과)를 제거하기 위해 가실험 통제집단 설계 등의 방법을 사용할 수 있다(임정문, 2006 : 347-348, 홍봉수, 2016 : 130-131, 황인옥, 2019 : 120-129).

3. 인과관계의 논리

실험조사연구는 실험을 통해 자료를 수집하고 분석하는 연구이다. 이러한 실험조사연구는 연구대상인 변수들 사이의 인과관계를 알고자 하는 연구방법이다. 어떠한 경우에 인과관계가 성립하는가를 이해하는 것은 조사설계의 기본이 된다(임정문, 2006 : 347, 황인옥, 2019 : 103-106).

1) 실험조사연구와 인과관계

(1) 인과관계의 개념

인과관계란 어떤 변수가 원인(cause)으로 작용해서 다른 변수에 영향을 미치는 결과로 나타나는 관계를 의미한다. 사회복지조사의 대부분은 인과관계의 검증을 통해 이루어진다. 사회현상과 사회구성원의 문제를 발견하고, 원인-결과 관계를 규명함으로써 사회복지조사의 목적인 정책의 수립 또는 실천이론의 형성이 가능하다.

(2) 인과관계의 확인

사회과학에서 사용하는 인과관계는 결정론적(deterministic)으로가 아니라 확률적으로 표현된다. 종속변수에 영향을 미칠 수 있는 독립변수는 특정한 것 이외에도 여러 가지가 있을 수 있으며 더욱이 이러한 독립변수의 영향을 통제할 수도 없으므로 인과관계를 명확하고도 결정론적으로 밝히기 어렵기 때문이다. 많은 경우 인과관계는 과학적인 조사방법을 통해서 수집된 자료들을 바탕으로 논리적으로 추론하여 확률적으로 표현한다.

(3) 인과적 추론조건

인과적 추론조건은 다음과 같이 설명할 수 있다.

첫째, 공동변화의 원칙(비교)으로 원인이 되는 현상이 변화하면 결과적인 현상도 항상 변화한다는 것이다(사전검사와 사후검사의 값을 비교).

둘째, 시간적 선행성의 원칙(조작)으로 독립변수를 의도적으로 조작해서 도입한 후, 반드시 종속변수의 변화가 발생해야 한다. 독립변수의 의도적인 조작을 통하여 종속변수와의 시간상의 차이를 보일 수 있다.

셋째, 경쟁가설배제의 원칙(통제)으로 결과변수의 변화가 추정된 원인이 아닌 제3의 변수 또는 외재적 변수에 의해 설명될 가능성이 없어야 한다는 것이다. 이는 제3의 변수로의 개입 가능성이 있는 변수들을 통제함으로써 성립될 수 있다.

2) 인과관계의 성립

사회과학에서 인과관계가 성립되기 위해서는 다음과 같은 요건들이 성립되어야 한다.

(1) 공변성(covariation)

공변성은 함께 변한다는 것이다. 원인으로 추정되는 변수와 결과로 추정되는 변수가 동시에 존재하며, 상호 연관성을 가지고 '함께 움직이는' 경향을 보여야 한다. 즉, 관찰된 변인 A가 변화할 때 관찰된 변인 B도 함께 변화해야 하는 것이다. A가 변화했는데 B는 감감무소식이거나, A는 가만히 있는데 B가 갑자기 저 혼자 변화하거나 하는 상황에서는 인과관계를 의심하기 힘들다. 일단 공변성이 드러난다면, 물론 여전히 인과관계가 없을 가능성도 있지만, 일단은 인과관계를 의심할 수 있다.

(2) 선후관계(time order)

선후관계는 시간적 우선성이라고 설명되는데 원인이 결과보다 시간적으로 우선해야 한다는 것이다. 시간적으로 어느 하나가 먼저 변화했을 때 다른 하나가 뒤따라 변화하는 관계여야 한다. 즉, 변인 A의 변화에 변인 B의 변화가 수반(contingent)되어야 한다. 이 경우 먼저 변화한 쪽의 변인이 원인이 되고, 나중에 변화한 쪽의 변인이 결과가 되리라는 의심을 할 수 있다. 물론 이것만으로는 무엇이 원인이고 무엇이 결과인지 확신하기는 어렵다. 서로가 서로에게 원인이면서 결과인 관계도 많기 때문이다.

(3) 개방체계의 전제

사회현상은 폐쇄체계보다는 개방체계를 전제로 하기 때문에 어떤 원인에 노출된 실험 대상이 다른 사회현상과도 접촉해서 결과에 영향을 미친다는 것이다. 따라서 결과를 발생시키는 원인은 여러 가지가 있을 수 있다.

(4) 확률적 계산

사회과학의 연구가 개방된 시스템에서 이루어지고 외생변수가 존재하기 때문에 여러 가지 원인이 작용하여 확률적일 수밖에 없다.

(5) 외생변수의 통제

인과관계를 확인하기 위해서는, 즉 다른 원인이나 독립변수로 인해 종속변수에 변화가 발생했다는 것을 확인할 때 외부의 영향력, 즉 외생변수를 배제한 상태에서 독립변수와 종속변수라는 두 변수 간의 공변성과 시간적 우선성을 확인할 수 있어야 한다.

(6) 원인의 조작화

사회과학에서 인과관계는 원인이 조작 가능할 때, 이론의 가치는 높아질 것이다. 예를 들어, 암을 치료할 수 있는 방법이 이론적으로 존재하는 경우에도 이에 대한 조작이 불가능하면 치료방법은 인간의 생명을 구하는 데 도움이 되지 않는다.

(7) 비대칭적인 관계

A변수가 변하면 B변수도 변하지만 역의 성립은 되지 않는다.

3) 인과관계를 추리하는 근거

인과관계를 입증하는 논리적 근거를 제시하는 방법은 다음과 같다.

(1) 일치법

주어진 현상에 관한 두 개 또는 그 이상의 사례들이 공통된 하나의 조건을 가지고 있을 때, 그 조건을 현상의 원인 또는 결과를 간주하는 방법이다.

> 예 사례 1에서 ABC가 Z를 발생시키고,
> 사례 2에서 CDE가 Z를 발생시킨다고 할 경우,
> C는 Z를 발생시키는 원인 또는 원인의 일부분일 것이다.

(2) 공변법

어떤 현상이 특정한 방식으로 변화할 때마다 다른 현상도 특정한 방식으로 변화하면 이들 두 현상은 인과적으로 관련되어 있다고 간주하는 방법이다.

> 예 ABC → abc, A+BC → a+bc, A−BC → a−bc.
> 그러므로 A와 a는 인과적으로 관련되어 있다.

(3) 차이법

둘 이상의 사례에서 한 가지 조건만 차이가 있고 다른 조건들은 공통적일 때, 두 사례의 결과에서 차이가 나타난다면, 그 한 가지 조건이 결과에서의 차이를 설명하는 원인이라고 간주하는 방법이다.

예 사례 1에서 ABC가 Z를 발생시키고,
사례 2에서 ABE가 Z를 발생시키지 않는다고 할 경우,
C는 Z를 발생시키는 원인 또는 원인의 일부분이다.

(4) 잔여법(잉여법)

어떤 현상의 일부에 대해서 다른 선행요건이나 원인이 밝혀졌다면, 그 현상의 잔여 부분이 나머지 조건이나 사실의 원인이 되는 방법을 말한다.

예 ABC → abc,
B는 b의 원인임을, C는 c의 원인임을 알고 있다면
A는 a의 원인이 된다.

(5) 일치차이병용법

일치법과 차이법을 함께 적용하는 것이다. 어떤 현상이 나타난 둘 이상의 사례에서 한 가지 공통된 요소가 존재하고, 그 현상이 나타나지 않은 둘 이상의 사례에서는 그러한 요소가 없을 때 그것들의 차이점인 요소를 원인으로 간주하는 것이다.

예 ABCD가 Z를 발생시키고
CDEF가 Z를 발생시킨다고 한다면
일치법에 의해 CD가 Z를 발생시키는 원인이라고 볼 수 있다.
하지만, C와 D 중 어느 것이 정확한 원인인지는 알 수 없다.
한편, ABCD가 Z를 발생시키고
ACEF가 Z를 발생시키지 않는다면
차이법에 의해 BD가 Z를 발생시키는 원인이라고 볼 수 있다.
하지만, B와 D 중 어느 것이 정확한 원인인지는 알 수 없다.
두 방법을 함께 분석해 보면, Z를 발생시키는 공통의 원인은 D라는 것을 알 수 있다.

연습문제

01 순수실험설계에서 인과성 검증에 관한 설명으로 옳지 않은 것은? 2022년 출제

① 사회복지 프로그램의 실행 여부가 독립변수로 설정될 수 있다.
② 사전조사에서 실험집단과 통제집단의 종속변수 측정치는 통계적으로 유의미한 차이가 없어야 한다.
③ 사전조사와 사후조사에서 통제집단의 종속변수 측정치는 통계적으로 유의미한 차이가 있어야 한다.
④ 실험집단과 통제집단의 동질성 확보가 필요하다.
⑤ 실험집단과 통제집단의 차이는 독립변수의 개입 유무이다.

02 다음 ( )에 알맞은 내용으로 옳은 것은? 2021년 출제

> • 내적 타당도를 높이기 위해서는 (ㄱ) 이외의 다른 변수가 (ㄴ)에 개입할 조건을 통제하여야 한다.
> • 외적 타당도를 높이기 위해서는 (ㄷ)으로 연구대상을 선정하거나 표본 크기를 (ㄹ) 하여야 한다.

① ㄱ : 원인변수, ㄴ : 결과변수, ㄷ : 확률표집방법, ㄹ : 크게
② ㄱ : 원인변수, ㄴ : 결과변수, ㄷ : 무작위 할당, ㄹ : 작게
③ ㄱ : 원인변수, ㄴ : 결과변수, ㄷ : 확률표집방법, ㄹ : 작게
④ ㄱ : 결과변수, ㄴ : 원인변수, ㄷ : 확률표집방법, ㄹ : 크게
⑤ ㄱ : 결과변수, ㄴ : 원인변수, ㄷ : 무작위 할당, ㄹ : 작게

03 다음 사례에서 측정하고자 하는 타당도로 옳은 것은? 2021년 출제

> 연구자는 새로 개발한 우울척도 A의 타당도를 확인하기 위하여 자아존중감 척도 B와의 상관계수를 산출하였다. 그 결과, A와 B의 상관관계가 매우 낮은 것을 확인하였다.

① 동시타당도(concurrent validity)
② 판별타당도(discriminant validity)
③ 내용타당도(content validity)
④ 수렴타당도(convergent validity)
⑤ 예측타당도(predictive validity)

04 외적 타당도와 내적 타당도에 관한 설명으로 옳지 않은 것은? 2019년 출제

① 사전검사의 실시가 내적 타당도에 부정적으로 영향을 미칠 수 있다.
② 외적 타당도를 높이는 중요한 전력 중 하나는 연구를 반복적으로 실시하여 결과를 측정하는 것이다.
③ 내적 타당도가 높으면 외적 타당도 또한 높다.
④ 자신이 연구대상자라는 인식이 외적 타당도를 낮출 수 있다.
⑤ 내적 타당도는 인과관계를 추론할 수 있는 정도를 의미한다.

05 조사대상자의 선정편향(selection bias)이 영향을 주기 어려운 것은? 2018년 출제

① 내적 타당도
② 실험집단과 통제집단의 동질성
③ 표본의 대표성
④ 측정의 정확성
⑤ 결과의 일반화 정도

06 사전-사후검사에서 서로 다른 척도를 사용해서 발생하는 타당도 저해요인은?

① 성숙효과
② 테스트효과
③ 조사반응성
④ 도구효과
⑤ 통계적 회귀

07 실험설계에서 무작위할당으로 예방할 수 있는 문제는?

① 낮은 응답률
② 과다한 연구비용
③ 과다한 표본추출오차
④ 연구 일정의 지연
⑤ 우연한 사건의 영향

정답 01 ③ 02 ① 03 ② 04 ③ 05 ④ 06 ④ 07 ⑤

05
CHAPTER

조사설계의 유형

❒ **학습목표**

- 실험조사설계의 개념과 목적을 이해하고 설명할 수 있다.
- 실험조사설계의 의의를 이해하고 설명할 수 있다.
- 실험조사설계의 설계 시 유의점을 이해하고 설명할 수 있다.
- 실험조사설계의 기본요소를 이해하고 설명할 수 있다.
- 실험조사설계의 유형을 이해하고 설명할 수 있다.

인과관계를 규명하는 가장 좋은 방법은 실험이며 따라서 조사설계의 유형은 얼마나 실험에 가까운 방식으로 조사설계를 하였는지에 따라 순수실험설계, 유사실험설계, 전실험설계, 비실험설계의 네 가지로 구분할 수 있다.

1. 실험조사설계의 개념과 목적

실험조사설계는 조사문제가 선정되고 이에 따른 가설을 세운 후 가설에 포함된 개념과 변수를 정의하면 그 다음에는 설정된 가설을 어떻게 실제로 검증할 수 있는지 그 방법을 계획하여야 한다. 가설의 방법을 계획하는 것을 조사설계라고 한다.

실험조사의 목적을 살펴보면 다음과 같다. 실험이란 이론이나 현상을 파악하고 측정하는 방법을 의미한다. 실험은 앞으로 일어날 변수관계에 대한 파악으로서 미래지향적이고 문헌조사, 경험조사, 사례조사 등과 같은 사후조사와 구별된다. 사후조사는 이미 발생한 변수관계를 파악하는 것이라는 점에서 과거지향적이고 변수를 조작할 수 없다. 실험은 자연과학의 주요 수단으로 자연과학에서의 실험은 현상의 재현가능성을 매우 중요시하며 자연현상을 인위적인 조건을 사용하여 실험실 안에 재현해 놓은 것을 말한다.

실험은 효율적이고 효과적으로 변수를 조작하고 통제하기 위한 수단이다. 실험은 여러 변수 간에 인과관계를 파악하고자 하는 것으로 독립변수의 분산을 최대화하며 외생변수를 통제하고 오차분산을 최소화하기 위한 조사이다. 실험은 독립변수를 의식적으로 조작하고 보다 체계적이며 정밀하게 인과관계를 파악한다는 특징을 가진다.

실험을 통해 순수하게 통제된 조건하에서 독립변수(X)와 종속변수(Y) 간의 관계를 파악하고자 한다. 또한 기존의 이론이나 조사결과로부터 도출된 명제나 가설에 대한 검증을 시도하며 이론체계를 정립하는 데 궁극적인 목적이 있다. 따라서 실험조사는 새로운 가설이나 조사문제를 발견하는 데 기여한다(홍봉수 외, 2016 : 267-268).

2. 실험조사설계의 의의

실험조사설계에서는 실험변수의 노출 시기 및 대상이나 실험결과의 측정 시기 및 대상의 통제가 조사자의 의도에 따라 가능하다. 즉, 실험대상자는 누가 되며, 언제 실험변수에 노출이 되고, 언제 누구를 측정할 것인가를 조사자의 임의대로 할 수 있다. 그러나 유사실험조사설계에서는 실험결과의 측정 시기 및 대상에 대한 통제는 가능하나 실험변수의 노출 시기 및 대상은 조사자의 임의대로 안 되는 경우가 있다. 선실험조사에서는 조사자의 실험변수 노출 시기 및 대상이나 실험결과의 측정 시기 및 대상에 대한 통제가 거의 불가능하다.

가능한 다른 변수들이 영향을 끼치지 않는 환경을 만들어 그 속에서 독립변수와 종속변수의 인과관계를 알고자 하는 것이 대표적인 실험이다. 자연과학에서는 주로 실험실 내에서 이루어지지만 사회과학은 실험실 내 실험보다 자연적인 상황에서 이루어지는 현지실험인 경우가 더 많다. 사회과학에서의 실험도 자연과학의 원리를 적용하여 그와 유사한 논리로 진행된다.

사회과학이나 의학, 약학 등에서 이루어지는 실험은 일반적으로 두 집단으로 나누어 한 집단에서는 독립변수를 도입하고(실험집단), 다른 집단(통제집단)에는 독립변수를 도입하지 않은 상태에서 두 집단 사이를 비교함으로써 독립변수가 종속변수에게 주는 효과를 평가한다. 이때 실험에서 실험집단에게만 독립변수가 발생하도록 하는 것을 조작이라고 한다.

행복한 지역사회가 집단응집력에 미치는 영향
독립변수 종속변수

그림 5-1 실험조사연구의 예

※ 사회복지교육연구센터, 2022 : 147.

S복지관에서 지역사회주민 50명을 대상으로 사회사업 프로그램인 '살기 좋은 우리 동네'가 집단응집력에 어떤 영향을 미치는지 알아보려고 한다. 각각 25명씩 실험집단(프로그램 실시)과 통제집단(프로그램을 실시하지 않음)으로 배치하고 조사자는 '살기 좋은 우리 동네'가 집단응집력을 향상시킬 것이라고 예측한다(홍봉수 외, 2016 : 269).

3. 실험조사설계의 설계 시 유의점

실험조사설계에서 유의해야 할 점은 다음과 같다. 실험집단과 통제집단을 무작위 할당(내적 타당도에 대한 위협을 통제)한다. 둘째, 독립변수를 실험집단에 제공하고 통제집단에 제공하지 않는다. 셋째, 종속변수와 관련해 실험집단과 통제집단이 나타내는 차이의 정도를 비교한다.

실험조사설계의 기본절차를 도식화하면 다음과 같다(최성재, 2005 : 173).

단계	내용
대상선정	연구대상자의 표본 선정
실험환경	실험환경을 선정(실험실, 현장 등)
무작위 표집	연구대상자를 무작위로 표본 추출
무작위 할당	추출된 표본을 무작위로 실험집단과 통제집단에 배치
사전검사	종속변수에 대한 사전검사를 실험집단과 통제집단에 실시
실험처치	실험집단에 대해서만 실험처치를 실시
사후검사	실험집단에 대한 사후검사를 실험집단과 통제집단에 실시
비교-검증	사전-사후검사에서 측정한 종속변수의 측정값 사이에 통계적으로 의미 있는지 비교 검토

※ 사회복지교육연구센터, 2022 : 147.

4. 실험조사설계의 기본요소

실험조사설계는 가능한 한 내적 타당도를 위협하는 요인들을 제거하여 인과관계를 보다 명확히 규명하고자 하는 설계방법이다. 실험조사설계의 기본요소를 독립변수의 조작, 외생변수의 통제, 종속변수의 비교, 무작위 할당으로 살펴보면 다음과 같다.

1) 독립변수의 조작

독립변수가 먼저 발생하고 종속변수가 나중에 발생하는 시간상의 차이를 보여야 하는 것을 독립변수의 조작(manipulation)이라고 한다. 즉, 조사자가 의도적으로 어떤 한 집단에는 독립변수를 발생시키고 다른 집단에는 발생시키지 않도록 한 후, 독립변수의 조작이 종속변수에 미치는 영향을 관찰하는 것이다. 따라서 실험조사설계에서는 독립변수의 발생 또는 도입을 의도적으로 적절한 시기에 하여 전·후 관계를 확인할 수 있도록 해야 한다. 실험조사설계에서는 독립변수를 종속변수보다 앞서도록 의도적으로 조작하는 것이 필수적이다.

2) 외생변수의 통제

외생변수란 종속변수에 영향을 미칠 수 있는 변수로서 이 영향을 제대로 제거하지 못하면 독립변수와 종속변수 사이의 인과관계를 정확히 파악하는 데 문제가 생기게 된다. 즉, 종속변수의 변화가 나타났더라도 이것이 제3의 변수들에 의한 것이라면 인과관계를 왜곡해서 이해하게 되므로 두 변수 이외의 변수들의 영향을 제거해야 하는데 이것을 외생변수의 통제(control)라고 하는 것이다.

실험조사설계에서 통제하는 방법은 외부적인 요인을 통제하는 방법과 내부적인 요인을 통제하는 것으로 나뉜다. 외부적 요인들이란 비교대상으로 선택한 집단들이 서로 다른 경우에 나타나며 그로 인해 실험개입의 효과에 대한 설명이 불명확해질 수 있다. 내부적 요인들은 주로 실험 내부의 사건들에 의해 개입효과가 흐려지는 것을 말한다.

3) 종속변수의 비교

종속변수의 비교(comparison)란 실험집단과 통제집단 간의 종속변수를 비교하거나 실험 전후에 검사를 통하여 종속변수에 차이가 있는지 알아보는 것이다. 따라서 종속변수의 비교는 비교의 방법을 통하여 두 변수가 공변관계(상관관계)가 있는지를 알 수 있는 방법이다.

프로그램 등의 독립변수가 종속변수에 어떤 영향을 미치는지를 알아보기 위해 실험개입이 끝난 후에 실험집단과 통제집단에서 각기 종속변수를 측정하여 두 집단의 차이를 비교한다.

4) 무작위 할당

실험대상자들을 실험집단과 통제집단으로 무작위로 배분할 수 있어야 한다. 무작위적인 할당방법(randomization)은 두 집단을 동등한 조건으로 만들기 위한(동질성 확보) 방법이다. 실험설계에서 독립변수가 도입되기 이전의 두 집단(실험집단과 통제집단)은 가능한 한 집단이 동질적일수록 실험의 내적 타당도가 높아진다. 따라서 연구대상자를 두 집단으로 나눌 때에는 가능한 두 집단의 차이가 적도록 무작위 할당/난선화(random assignment)하는 것이 필요하다.

5. 실험조사설계의 유형

1) 순수실험설계

순수실험설계는 그냥 실험설계라고 쓰이기도 하고 진실험설계라고도 불린다. 이 설계는 실험의 기본요소인 무작위 할당, 통제집단, 독립변수의 조작, 종속변수에 대한 사전-사후검사 및 비교 등을 갖추고 있어 내적 타당도 및 저해요인들을 최대한 통제한 설계유형이다.

실험조사설계는 통제집단 전후 비교설계, 통제집단 후 비교설계, 솔로몬 집단 비교설계, 플라세보 집단 설계, 요인설계 등으로 구분할 수 있다(김영종, 2000 : 97-107, 김태성 외, 2005 : 185-190, 임정문, 2006 : 349, 황인옥, 2019 : 154).

(1) 통제집단 전후 비교설계

통제집단 전후 비교설계(The Pretest-Posttest Control Group Design)는 인과관계의 추정을 위한 가장 전형적인 설계로서, 실험집단과 통제집단을 난선화에 의하여 설정하고 실험처치 전에 양 집단을 검사하고 실험처치 후에 양 집단을 다시 검사하여 전후 검사의 차이를 비교하는 방법이다. 이 설계에서 내적 타당도에 대한 위협이 많이 통제된다. 통제집단 사전사후검사설계가 검사, 재검사가 미칠 수 있는 효과를 통제하는 것은 아니다. 단지 내적 타당도의 저해요인과 저해요인의 영향을 통제하는 능력을 가진다.

통제집단 전후 비교설계는 다음과 같은 특징을 가진다.

첫째, 선정편향으로 연구참여자를 두 집단으로 무작위 할당하였기 때문에 선정편향을 통제한다. 무작위 할당은 두 집단이 동등하다는 확신을 제공한다.

둘째, 우연한 사건, 성숙, 회귀에서 실험집단과 통제집단의 사전사후 검사를 비교 시 실험집단의 사후결과가 컸을 때 우연한 사건, 성숙, 회귀에 대한 결과가 아니라는 설득력이 약해진다.

셋째, 도구화에서 사전검사와 사후검사에 대한 동일한 측정도구를 사용한다면 크게 문제가 되지 않는다.

넷째, 검사에서 동일한 조사도구를 가지고 두 번 조사하므로 검사의 영향을 배제할 수 없다. 그러나 검사의 영향이 이 설계의 우수성을 크게 손상하지는 않는다.

다섯째, 상실의 문제에서 연구참여자의 탈락률이 5% 이하이거나 두 집단의 탈락률이 비슷하다면 상실의 영향은 문제되지 않는다. 그러나 두 집단 간 탈락률의 차이가 크면, 집단비교는 불가능하다.

통제집단 전후 비교설계는 유사실험설계인 비동일 통제집단설계와 무작위 할당에 의한 집단구성이라는 조건을 제외하고는 동일한 구조를 가지고 있다.

실험집단	R	O_1	×	O_2	$de=O_2-O_1$
통제집단	R	O_3		O_4	$dc=O_4-O_3$ ∴ $D=de-dc$

R = 무작위화(randomization), $O_{1,3}$ = 사전검사(observation)
$O_{2,4}$ = 사후검사(observation), X = 치료(treatment)

그림 5-2 통제집단 전후 비교설계

※ 황인옥, 2019 : 131. 편집인용.

통제집단 전후 비교설계는 사전검사 효과의 영향을 받을 수 있다. 또한 사전검사와 실험처치가 상호작용을 일으켜 생기는 상호작용시험효과(interaction-testing effect)로 인해 실험결과를 다른 상황에 일반화시키기 어려운 외적 타당도상의 문제가 나타날 수도 있다. 상호작용시험효과란 실험대상자가 사전 측정을 한 후 실험처치를 받아들이는 강도가 달라지는 것을 의미한다. 예를 들어, 우울증 완화의 효과를 알기 위해 우울증 사전 측정을 한다면, 측정대상자들이 사전 측정과정에서 자신의 우울증의 심각성을 자각하게 되므로 우울증 완화 프로그램에 더 적극적인 참여가 나타나고 이러면 우울증이 경감될 가능성이 높아지는데, 과연 우울증 경감이 프로그램 때문인지 사전 측정의 영향인지를 구분할 수 없다. 따라서 이 프로그램을 우울증 완화에 좋은 프로그램이라고 일반화시키기 어려운 것이다.

(2) 통제집단 후 비교설계

통제집단 후 비교설계(The Posttest-Only Control Group Design)는 통제집단 전후 비교설계의 단점을 제거하기 위하여 실험 대상자를 무작위로 할당하고 사전조사 없이 실험집단에는 실험적 조작을 가하고, 통제집단에는 그것을 가하지 않았다가 그 결과를 서로 비교하는 방법이다. 즉, 사전검사를 시행하는 것이 개입효과에 영향을 미친다거나 사후검사 반응을 왜곡할 수 있다고 생각하는 것이다. 통제집단 후 비교설계는 통제집단 전후 비교설계와 솔로몬식 4집단 비교설계의 변형으로서, 솔로몬식 4집단 비교설계의 마지막 2개 집단의 형태와 같이 전조사가 없다.

통제집단 후 비교설계는 실험집단과 통제집단 사이에 중요한 차이가 처음부터 존재하면 그 차이가 무작위 할당과정에서 제거된다. 그리고 두 집단이 처음부터 동일하다고 가정한다. 사후검사에서 두 집단 사이에 차이가 있게 되면 그 차이는 독립변수의 인과적 영향을 반영한다. 내적 타당도 저해요인과 저해요인의 영향을 통제하는 능력이 있다.

통제집단 후 비교설계는 다음과 같은 특징을 가진다.

첫째, 우연한 사건, 성숙, 회귀에서 통제집단을 가지고 있고, 연구참여자를 실험집단과 통제집단으로 무작위 할당하므로 내적 타당도 저해요인을 통제한다.

둘째, 사전검사를 시행하지 않기 때문에 검사효과와 상호작용효과는 발생하지 않는다.

셋째, 검사에서 사전검사를 실시하지 않기 때문에 검사의 영향을 통제한다. 단, 사전검사결과와 사후검사결과의 차이를 파악하지 못하는 한계가 있다.

넷째, 상실의 문제에서 연구참여자의 탈락률이 5% 이하이거나 두 집단의 탈락률이 비슷하다면 상실의 영향은 문제되지 않는다. 그러나 두 집단 간 탈락률의 차이가 크면, 집단비교는 불가능하다.

실험집단	R	×	O_1	
통제집단	R		O_2	$\therefore D=O_1-O_2$

R = 무작위화(randomization), $O_{1,2}$ = 사후검사(observation), X = 치료(treatment)

그림 5-3 통제집단 후 비교설계

※ 황인옥, 2019 : 133. 편집인용.

(3) 솔로몬식 4집단 비교설계

솔로몬식 4집단 비교설계(The Solomon Four Group Design)는 통제집단 전후 비교의 단점인 전검사로 인한 영향을 통제하기 위하여, 통제집단 전후 비교방법에 전 조사를 실시하지 않은 한 조의 실험 및 통제집단을 추가한 형태이다. 즉, 무작위 할당을 통해 실험집단과 통제집단을 구분하고 사전검사를 한 실험집단과 통제집단, 사전검사를 하지 않은 실험집단과 통제집단, 이렇게 4개의 집단을 비교하는 형태로 인과관계를 가장 잘 설명해 주는 가장 이상적인 실험설계이다.

집단					산식	
실험집단	R	O_1	×	O_2	$de_1=O_2-O_1$	
통제집단	R	O_3		O_4	$dc_1=O_4-O_3$	$\therefore\ D=de_1-I$
실험집단	R		×	O_5	$de_2=O_5-(O_1+O_3)/2$	$\therefore\ I=de_1-(dc_1+de_2+dc_2)$
통제집단	R			O_6	$dc_2=O_6-(O_1+O_3)/2$	

R = 무작위화(randomization), $O_{1,3}$ = 사전검사(observation)
O_2, O_4, O_5, O_6 = 사후검사(observation), X = 치료(treatment)

$de_1 = O_2 - O_1$(검사효과+ 상호작용시험효과+ 주효과+ 외생변수효과)
$dc_1 = O_4 - O_3$(검사효과+ 외생변수효과)
$de_2 = O_5 - (O_1 + O_3)/2$(주효과+ 외생변수효과)
$dc_2 = O_6 - (O_1 + O_3)/2$(외생변수효과)

$(O_1+O_3)/2$: 두 번의 사전검사의 평균값으로 사전검사를 하지 않은 실험집단과 통제집단에서 추정치로 사용
D(주효과) = $de_1 - dc_1 - I$[(검사효과+ 상호작용시험효과+ 주효과+ 외생변수효과) −(검사효과+ 외생변수효과)] −(상호작용시험효과)
I(상호작용효과) = $de_1 - (dc_1 + de_2 - dc_2)$(검사효과+상호작용시험효과+주효과+외생변수효과) −[(검사효과+ 외생변수효과)+(주효과+ 외생변수효과)−(외생변수효과)]

그림 5-4 솔로몬식 4집단 비교설계

※ 황인옥, 2019 : 134. 편집인용.

솔로몬식 4집단 비교설계는 내적 타당도가 가장 높으며 주시험효과, 상호작용시험효과, 기타 외생변수로 인한 효과를 배제하여 개입의 순수한 주효과를 밝힐 수 있다는 장점이 있다. 그러나 4개의 집단을 무작위로 선정하는 어려움과 복잡성, 비용적 문제 등으로 인해 현실적으로 이용하는 데 어려움이 있다.

(4) 요인설계

요인설계(Factorial Design)는 두 개 이상의 독립변수가 있는 경우 각각의 독립변수의 분류항목 결합(조합)에 따른 특성을 가질 수 있는 모든 집단의 수만큼 난선화 방법에 의하여 실험집단으로 설정하고 그 각각에 대하여 독립변수의 각각 다른 분류항목의 특성을 가진 실험처리를 한 후 각 집단의 종속변수에 있어서의 특성을 비교하는 것이다. 즉, "A는 B와 C에 의해 영향을 받을 것이다"와 같은 가설에서처럼 독립변수가 두 개 이상일 때 적용되는 설계이다.

<table>
<tr><th colspan="4">"청소년에게 미술프로그램과 악기프로그램을 실시하면 청소년의 감성지수가 향상된다"</th></tr>
<tr><th colspan="2" rowspan="2">구 분</th><th colspan="2">미술프로그램</th></tr>
<tr><th>참 여</th><th>불 참</th></tr>
<tr><td rowspan="2">악기프로그램</td><td>참 여</td><td>G_1</td><td>G_3</td></tr>
<tr><td>불 참</td><td>G_2</td><td>G_4</td></tr>
</table>

G_1 : R X_1 O_1
G_2 : R X_2 O_2 미술프로그램 효과 = $O_2 - O_4$
G_3 : R X_3 O_3 악기연주프로그램 효과 = $O_3 - O_4$
G_4 : R O_4 두 프로그램 상호작용효과 = $O_1 - O_4$

그림 5-5 요인설계

※ 황인옥, 2019 : 136. 편집인용.

이 설계는 한 번의 실험으로 여러 개의 독립변수의 주효과를 검증할 수 있고 상호작용을 앎으로써 독립변수가 종속변수에 미치는 영향을 보다 정확히 알 수 있다. 조사결과의 일반화 가능성(외적 타당성)이 높다. 그러나 고려해야 할 독립변수의 수가 많을 경우 시간과 비용적인 면에서 비효율적이다.

(5) 플라세보 통제집단 설계

플라세보 통제집단 조사설계(Placebo Control Group)는 전형적인 실험 조사설계나 통제집단 후 비교설계에 플라세보 효과를 측정할 수 있는 한 집단을 추가로 결합하여 만들어진 설계이다. 플라세보 효과가 강하게 의심되는 실험연구들에서 많이 활용되는 방법이다. 예를 들어 신약의 효과를 실험할 때 약효는 없고 모양만 약과 유사한 것을 먹도록 하는 것이다.

실험집단	R	×	O_1	실험효과 $E = O_1 - O_2$
통제집단	R		O_2	플라세보효과 $E_p = O_3 - O_2$
플라세보 집단	R	X_p	O_3	순수실험효과 $E - E_p = O_1 - O_3$

R = 무작위화(randomization), p = 위약(placebo)
$O_{1,2,3}$ = 사후검사(observation), X = 치료(treatment)

그림 5-6 플라세보 통제집단 설계

※ 황인옥, 2019 : 136. 편집인용.

2) 유사실험조사설계

유사실험조사설계(quasi-experimental design)는 의사실험 혹은 준실험설계라고도 하며 실험설계의 기본 요소인 무작위 할당, 통제집단, 독립변수의 조작, 사전-사후검사 중 한 두 가지가 결여된 설계이다. 내적 타당도에서는 실험설계보다 조금 떨어지지만, 순수실험설계를 위해 인위적인 통제와 조작을 한다는 것이 현실적으로는 어렵다는 한계가 있어 실제 연구에서는 유사실험설계를 더 많이 이용한다.

유사실험조사의 특징은 첫째, 내적 타당도가 떨어지기는 하지만 그래도 상당한 정도의 인과적 추론을 이끌어낼 수 있는 다른 유형의 연구조사설계를 시행할 수 있는 경우가 있는 설계이다. 둘째, 사례를 실험집단과 통제집단으로 무작위로 할당하지 않는다는 면에서 주로 '진정한' 실험과 차이를 보인다. 셋째, 무작위 할당을 하지 않지만 잘 설계된 유사실험은 높은 내적 타당도를 가질 수 있다. 넷째, 무작위 할당은 내적 타당도를 높이지만 비윤리적이거나 비현실적인 경우가 존재한다. 다섯째, 특히 사회복지연구에서는 더욱 그렇기 때문에 사회복지프로그램과 정책을 평가하는 과정에서 가장 널리 쓰인다.

(1) 비동일 통제집단 설계

대상자들을 무작위로 집단에 할당할 수는 없지만 실험집단과 유사한 점을 가져서 비교될 수 있는 기존의 집단을 찾을 수 있다면, 비동일 비교집단 설계를 사용할 수 있다. 사회조사에서 가장 빈번하게 사용되는 설계이다. 비동일이라는 용어에는 무작위 할당을 사용하지 않았다는 의미가 담겨 있다.

일반적으로 통제집단이 무작위 할당에 의해 구성되기 어려운 경우, 실험집단의 구성원과 가장 유사한 성격을 가지고 있다고 가정되는 집단을 임의로 선정하여 두 집단을 비교해 보는 방식으로 전실험설계의 단점을 크게 보완한 설계형태이다.

실험집단	O_1	×	O_2	$de=O_2-O_1$
통제집단	O_3		O_4	$dc=O_4-O_3$ ∴ $D=de-dc$

$O_{1,3}$ = 사전검사(observation), $O_{2,4}$ = 사후검사(observation), X = 치료(treatment)

그림 5-7 비동일 통제집단 설계

※ 황인옥, 2019 : 138. 편집인용.

R(무작위화)이 없다는 것을 제외하고는 통제집단 사전사후검사 설계와 같다. 비동일 비교집단 설계를 사용한 연구의 보고서를 접할 경우, 그 연구에서 선정편향의 개연성이 높아 보인다면 두 집단이 동등하다는 견해는 상당한 손상을 받게 된다. 연구자가 집단의 동일성을 제공하는 정도에 따라서 이 설계를 사용하는 연구가 실천을 선도해 낼 수 있을 정도로 충분히 강력할 수 있거나 매우 약할 수도 있다. 이 설계를 실제 활용하는 경우에는 외부요인을 통제하기 위해 대상 집단에 대해 연구자가 미리 이해하고 있어야 한다.

(2) 단순시계열 설계

단순시계열 설계(simple time series design)는 프로그램 따위의 개입 이전에 3회 이상의 연속적 관찰로 성향을 파악한 후, 개입 후의 변화된 성향을 분석하는 설계이다. 통제집단을 별도로 두지 않고 그 대신 실험처치로 인한 효과 확인을 위해 동일집단 내 여러 번에 걸쳐 실시된 사전검사 점수와 사후검사 점수를 비교한다.

비교적 높은 내적 타당도를 가지지만 통제집단을 사용하지 않기 때문에 종속변수의 변화가 우연한 사건들의 영향을 받았을 가능성을 배제하지 못한다. 독립변수의 효과성은 사전검사 측정치의 합을 비교하거나 각각의 평균치를 비교해서 계산한다.

$$O_1\ O_2\ O_3\ O_4 \times O_5\ O^6\ O^7\ O^8$$

그림 5-8 비동일 통제집단 설계

※ 황인옥, 2019 : 139. 편집인용.

각 O는 오랜 기간에 걸쳐 종속변수를 측정하는 여러 다른 관측점을 나타낸다. 종속변수를 개입 전에 4회, 개입 후에 4회 측정하는 것을 나타내고 있다. 프로그램 제공 전과 후에 종속변수를 여러 차례 측정하기 때문에 단 한 차례씩 측정하는 설계에 비해 종속변수의 수준을 정교하고 정확하게 측정하는 장점을 가진다.

(3) 복수시계열 설계

복수시계열 설계(multiple time series design)는 단순시계열 설계보다 더 강력한 시계열 분석형태이다. 즉, 비슷한 특성을 지닌 두 집단을 선택하여 실험집단에 대해서는 실험변수를 도입하기 전에 여러 번 관찰하고 실험변수를 도입한 후 다시 여러 번 관찰하는 조사설계이다. 단순시계열 조사설계의 우연한 사건 등에 의한 내적 타당도의 문제점을 개선하기 위해 단순시계열 설계에 통제집단을 추가하였다.

복수시계열 설계는 통제집단을 사용함으로써 내적 타당도 저해요인을 크게 감소시킬 수 있으나, 무작위 할당이 이루어지지 않기 때문에 실험집단과 통제집단이 이질적일 가능성이 크다. 실험집단의 반복된 사전검사로 주 시험효과가 발생할 수 있어 외적 타당도가 저해되기도 한다.

$O_1\ O_2\ O_3\ O_4 \times O_5\ O^6\ O^7\ O^8$ (실험집단)

$O_1\ O_2\ O_3\ O_4 \quad O_5\ O^6\ O^7\ O^8$ (통제집단)

그림 5-9 복수시계열 설계

※ 황인옥, 2019 : 140. 편집인용.

(4) 분리표본 사전·사후검사 조사설계

분리표본 사전·사후검사 조사설계는 실험집단에 대해 사전검사를 실시하지 않고 독립변수를 도입한 후 사후검사를 실시하고 통제집단은 사전검사만 실시하는 조사설계이다. 이 조사설계는 실험집단과 통제집단에 사전

· 사후검사를 동시에 실시할 수 없어 통제집단에 사전검사 후 독립변수가 도입되는 것을 배제할 수 없는 상황에서 채택되는 설계이다.

무작위화 방법으로 집단을 나누었지만 사전검사나 사후검사가 동시에 이루어지지 않고 통제집단에서 독립변수를 조사자가 의식적으로 배제할 수 없는 점 등이 실험조사와 차이를 보인다(홍봉수 외, 2016 : 286).

실험집단	R	O_1	(×)		
통제집단	R		×	O_2	∴ $D=O_2-O_1$

R = 무작위화(randomization), O_1 = 사전검사(observation)
O_2 = 사후검사(observation), X = 치료(treatment)

3) 전실험설계

전실험설계는 원시실험설계라고도 한다. 무작위 할당이 이루어지지 않고, 비교집단이 선정되지 않거나 선정되어도 집단 간의 동질성이 확보되지 않으며, 관찰이 한두 번 정도로 제한되는 설계를 의미한다. 일회성 사례연구, 단일집단 전·후 시험디자인, 고정집단 비교디자인 등이 있다(임정문, 2006 : 350).

(1) 일회성 사례연구/단일사례연구

일회성 사례연구는 단일집단 사후설계(one shot case study)라고도 불린다. 어떤 단일집단에 실험처치를 하고 그 후에 그 집단의 종속변수의 특성을 검사하여 결과를 평가하는 방법이다. 비교 관찰도 없이 단 한 번으로 독립변수의 효과를 판단해야 하므로 인과관계를 추론하는 데 문제가 있다.

X	O

그림 5-10 일회성 사례연구

※ 사회복지교육연구센터, 2022 : 161.

(2) 단일집단 전 · 후시험디자인

단일집단 전 · 후시험디자인은 단일집단 전후비교설계(one group pre-post test design)라고도 불린다. 일회성 사례연구에 전실험을 추가한 것이다. 조사대상자에게 사전검사를 실시하고 독립변수를 도입한 후 사후검사를 실시하여 인과관계를 추론한다. 통제집단을 확보하기 어려울 때 사용할 수 있는 설계이다.

이 설계는 내 · 외적 타당도 저해요인들이 작용할 수 있기 때문에 인과관계를 추론하거나 다른 상황에까지 일반화시키는 데는 많은 한계가 있다.

O_1	X	O_2	$\therefore D = d = O_2 - O_1$

그림 5-11 단일집단 전 · 후시험디자인

※ 사회복지교육연구센터, 2022 : 161.

(3) 고정집단 비교디자인

고정집단 비교디자인(static group comparison design)은 정태적 집단 비교설계라고도 하며, 이 설계에는 비교를 위한 두 집단이 존재하며 두 집단 중 한 집단(실험집단)에는 실험적 처치 또는 독립변수의 조작을 가하고 다른 한쪽에는 그것을 시행하지 않고 사후 실험집단에서 나타난 결과를 고정값에서 결과와 비교하는 방법이다.

고정집단 비교디자인은 상관관계 설계와 매우 유사한 성격을 지닌다. 상관관계 설계란 실험설계의 유형으로 횡단분석연구에 해당하며 한 특정 시점에 행해진 연구이다. 따라서 인과관계의 시간적 우선성을 파악하기 어렵고, 상관관계의 확인에 초점을 두기 때문에 고정집단 비교디자인은 상관관계 설계와 유사성을 지닌다는 것이다.

이 설계의 문제점은 실험집단과 고정집단이 무작위로 할당되지 않아 두 집단 간 동질성 보장이 어렵다는 점이다. 이로 인해 개입효과가 이미 두 집단 간에 존재하고 있었던 상이한 특성들이 종속변수에 영향을 미친 것인지의 여부를 확인할 수 없다. 따라서 내적 타당도와 외적 타당도가 낮고, 외부 변수들의 개입 여부를 확인할 수 없는 것이 단점이다. 그러나 실험의 간결성과 시간과 조사비용의 절감 등으로 인해 사회과학조사에서 많이 활용되고 있다(황인옥, 2019 : 144).

실험집단	×	O_1	
통제집단		O_2	∴ $D=d=O_2-O_1$

O_1 = 사전검사(observation), O_2 = 사후검사(observation), X = 치료(treatment)

4) 비실험조사설계

비실험조사설계(non-experimental design)는 실험적인 조사연구방법을 동원하지 못하는 상황에서 사용되며 시간적 우선성과 통제 등이 조사과정에서 결여되어 있는 연구설계이다. 비실험조사설계에는 횡단분석연구와 종단분석연구가 대표적인 예이다(임정문, 2006 : 349-350).

(1) 횡단분석연구

횡단분석연구는 한 특정 시점에서 독립변수와 종속변수에 관한 모든 자료를 얻는 조사방법으로 일원적 설계와 상관관계 설계가 있다.

첫째, 일원적 설계(univariate design)는 주어진 현상의 특성을 기술하려고 할 때 이용될 수 있다. 즉, 어떤 사회적 현상의 특성들을 한 번의 관찰로써 조사하여 개개 변수들의 값의 분포(비율, % 등으로)를 알아보는 데 이용되며, 두 변수 이상의 관계를 규명하는 것은 아니다. 인구조사, 욕구조사, 서베이조사, 각종 설문조사 등이 여기에 해당한다.

둘째, 상관관계 설계(correlational design)는 독립변수로 간주되는 변수가 도입된 집단과 그렇지 않은 집단을 구분하여 모두 표본에 포함해 동시에 관찰한다. 자료를 분석할 때 독립변수로 간주되는 변수가 도입된 집단과 그렇지 않은 집단의 특성을 통계적 기법을 통하여 비교하려는 것이다.

(2) 종단적 설계

종단적 설계는 여러 시점에 걸쳐 반복하여 조사하는 방법으로 경향연구 설계, 동년배집단연구 설계, 패널연구 설계 등이 있다.

첫째, 경향연구 설계(trend study design)는 연구의 일차적 목적이 일정한 집단의 태도나 행동의 변화를 기술하려고 할 때, 전쟁 또는 정책의 변화 등 자연적 · 인위적인 상황의 효과를 분석 · 평가할 때, 어떤 일정 기간 동안 어떤 집단을 반복조사해서 변천경향을 알아보려는 연구에 적합하다.

둘째, 동년배 집단연구 설계(cohort study design)는 일정한 연령 범위의 사람들(동년배집단)을 모집단으로 설정하고 일정한 시간 간격을 두고 같은 모집단에서 각각 다른 표본을 선정하여 관찰하는 설계를 말한다.

셋째, 패널연구 설계(panel study design)는 모집단에서는 어떤 일정한 표본(패널)을 선정하여 그들로부터 상당히 긴 시간을 두고 지속적으로 연구자가 필요한 정보를 얻어내는 조사방법이다.

연습문제

01 다음과 같은 절차로 진행된 유사(준)실험설계의 특징으로 옳지 않은 것?

2022년 출제

• 우울예방 프로그램에 참여할 하나의 집단을 모집함 • 우울검사를 일정한 간격으로 여러 차례 실시함 • 우울예방 프로그램을 진행함 • 우울검사를 동일한 측정도구를 이용해 일정한 간격으로 여러 차례 실시함

① 통제집단을 두기 어려울 때 사용할 수 있다.
② 검사효과가 발생할 수 없다.
③ 정태적 집단비교설계(static-group comparison design)보다 내적 타당도가 높다.
④ 개입효과는 사전검사와 사후검사 측정치의 평균을 비교해서 측정할 수 있다.
⑤ 사전검사와 개입의 상호작용 효과가 발생할 수 있다.

02 실험설계의 유형에 관한 설명으로 옳지 않은 것은? 2021년 출제

① 다중 시계열 설계(multiple time-series design)는 통제집단을 설정하지 않는다.
② 단일집단 사전사후검사 설계(one-group pretest-posttest design)는 검사효과를 통제하기 어렵다.
③ 통제집단 사후검사 설계(posttest-only control group design)는 사전검사의 영향을 배제할 수 있다.
④ 시계열 설계(time-series design)는 검사효과와 외부사건을 통제하기 어렵다.
⑤ 정태적 집단 비교설계(static group design)는 두 집단의 본래의 차이를 확인하기 어렵다.

03 다음 연구설계에 관한 설명으로 옳지 않은 것은? 2020년 출제

> 노인복지관의 노노케어 프로그램 자원봉사자 40명을 무작위로 골라 20명씩 두 집단으로 배치하고, 한 집단에는 자원봉사 교육을 실시하고 다른 집단에는 아무런 개입을 하지 않았다. 10주 후 두 집단 간 자원봉사 만족도를 비교·분석하였다.

① 사전조사를 실시하지 않아 내적 타당도를 저해하지 않는다.
② 무작위 선정으로 내적 타당도를 저해하지 않는다.
③ 통제집단을 확보하기 어려울 때 사용할 수 있는 설계이다.
④ 사전검사를 하지 않아도 집단 간 차이를 어느 정도 통제할 수 있다.
⑤ 통제집단 전후비교에 비해 설계가 간단하여 사회조사에서 많이 활용된다.

04 다음에 해당하는 설계로 옳은 것은? 2019년 출제

> 학교폭력 예방프로그램의 효과를 평가하기 위하여 ○○시 소재 중학교 중에서 학교와 학생들의 특성이 유사한 A학교와 B학교를 선정하였다. 두 학교 학생들을 대상으로 사전검사를 실시한 다음 A학교에서 학교폭력 예방프로그램을 실시한 후 다시 한 번 두 학교 학생들을 대상으로 사후검사를 실시하였다.

① 비동일 통제집단
② 통제집단 사후검사
③ 정태적 집단(고정집단) 비교설계
④ 일회검사사례연구
⑤ 솔로몬 4집단 설계

05 요인설계(factorial design)에 관한 설명으로 옳지 않은 것은? 2018년 출제

① 집단 비교 결과의 일반화 가능성이 높은 편이다.
② 독립변수의 속성에 따라 할당행렬을 만들고 행렬 상의 각 범주에 따라 집단을 설정한다.
③ 독립변수가 많을수록 요인설계를 활용하기 쉽다.
④ 주효과와 상호작용효과를 동시에 확인할 수 있다.
⑤ 분산분석(ANOVA)의 통계적 기법을 활용할 수 있다.

06 다음 연구에 관한 설명으로 옳지 않은 것은?

2017년 출제

> 요가가 노인의 우울감에 미치는 영향을 조사하기 위해 우울감을 호소하는 노인 100명을 모집하였다. 이들 중 50명을 무작위로 선정하여 화요일에 요가강좌를 실시하고 이틀 후인 목요일에 100명을 대상으로 우울감 척도를 측정하였다.

① 요가강좌가 실험자극이다.
② 통제집단이 존재한다.
③ 요가강좌에 참여한 50명과 참여하지 않은 50명의 동질성을 확보하는 것이 중요하다.
④ 유사실험설계에서 사전조사가 생략되었다.
⑤ 내적 타당도 저해요인이 존재한다.

07 다음이 의미하는 조사설계는?

2015년 출제

> - 비교를 위한 두 개의 집단이 있다.
> - 외부요인의 설명 가능성을 배제하기 어렵다.
> - 상관관계 연구와 유사한 성격을 지닌다.
> - 집단 간 동질성 보장이 어렵다.

① 정태(고정)집단 비교(static group comparison) 설계
② 다중 시계열(multiple time-series) 설계
③ 일회검사 사례(one shot case) 설계
④ 플라세보 통제집단(placebo control group) 설계
⑤ 통제집단 사후검사(posttest control group) 설계

정답 01 ② 02 ① 03 ③ 04 ① 05 ③ 06 ⑤ 07 ①

06
CHAPTER

단일사례연구

❐ **학습목표**

- 단일사례연구의 전반적인 개요를 이해하고 설명할 수 있다.
- 단일사례연구의 유형을 이해하고 설명할 수 있다.
- 단일사례연구의 개입과 평가에 대해 이해하고 설명할 수 있다.

단일사례연구는 관계규명을 위한 것이라기보다는 연구자의 의도적인 개입이 표적행동에 바라는 대로 효과를 나타내었는가를 평가하기 위해 적용하는 설계이다.

1. 단일사례연구의 개요

단일사례설계는 시계열설계 논리를 개인, 가족 및 소집단을 대상으로 사회사업적 개입이 어떠한 효과를 가져오는지 과학적으로 입증한 것이다.

1) 단일사례연구의 개념

단일사례연구(single case study)는 개인, 가족, 조직, 집단, 지역사회 등을 대상으로 문제를 해결하기 위한 개입 효과를 과학적으로 입증하는 것이다. 여기서 개입이란 문제가 되는 조사대상자의 표적행동을 변화시키는 것이다. 즉, 개입은 독립변수에 해당되고, 조사대상자의 표적행동은 종속변수에 해당된다고 볼 수 있다. 즉, 단일사례연구는 시계열 설계의 논리를 개별사례나 체계에 대한 개입 또는 정책변화의 영향을 평가하는 데 적용된다.

이 설계는 표적문제의 결과를 나타내는 특정한 지수로 클라이언트의 체계를 반복적으로 측정해 나간다. 개입이 도입되기 전에 반복적으로 측정하는 단계를 기초선이라 한다. 기초선은 통제단계인데 기초단계에서 수집된 자료유형은 개입단계 동안에 수집된 자료유형과 비교한다.

최근 들어 단일사례연구는 심리학이나 정신의학 분야의 행동수정 연구에서뿐만 아니라 사회복지서비스 개입의 효과성을 평가하는 데에도 유용하게 활용될 수 있다는 인식이 증가하였다. 1970년대 말에 이르러 일부 사회복지 전문가들은 연구조사와 실천을 통합하고, 실천지향적인 연구조사를 수행하기 위해서는 단일사례연구를 적극적으로 활용해야 한다고 주장하였다. 사회복지 분야에서 단일사례연구를 활용하여 소규모 표본을 대상으로 비교적 융통성 있는 탐색적 연구를 수행할 경우, 향후 대규모 확률표본을 이용해 가설을 검증하고 이론을 형성하기 위한 연구의 토대가 되는 데 기여할 수 있다. 또한 단일사례실험의 결과를 축적하는 것은 특정 개입의 과학적 기반을 발전시키는 데 있어서뿐만 아니라 전체 기관이나 프로그램을 평가하는 데에도 가치가 있다(김기원, 2001 : 475-476).

2) 단일사례연구의 특성

단일사례연구는 사회복지실천의 효과성을 평가하기 위해 가장 많이 사용되는 설계방법이다. 단일사례연구는 단일대상에 대한 개입의 효과를 평가하기 위한 과학적인 방법으로 받아들여지고 있다. 클라이언트에 대한 즉각적인 연구가 필요할 때나 통제집단을 구하기 어려운 경우 사용될 수 있는 가장 효과적인 방법으로 클라이언트가 가지고 있는 문제에 대해 실제로 변화가 일어났는지 아닌지에 관계없이 사회복지실천가와 클라이언트가 문제를 점검하여 피드백을 주고받을 수 있고, 개입과 관찰된 변화 사이의 관계를 점검하기 위해 특별히 개입된 기술이나 서비스 프로그램의 단독효과 시험이 가능하다는 장점이 있다.

단일사례연구는 다른 조사방법의 설계와 구별되는 독특한 특징이 있다(남세진 · 최성재, 1996 : 134-135, 성숙진 외, 1998 : 165-175, 임정문, 2006 : 360).

① 단일사례연구설계는 하나의 대상 또는 사례를 가지고 개입의 효과를 평가한다. 집단연구설계의 경우 효과성을 평가하기 위해 실험집단 외에 비교집단으로서 통제집단을 설정하고 외생변수들을 통제하는 장치를 마련한다. 그러나 단일사례연구설계는 단 하나의 사례 또는 대상을 놓고 그것을 반복해서 관찰한다. 단일사례연구설계에서 단일사례 또는 단일대상이란 분석단위가 1개인, 1가족, 1지역사회 또는 1조직 등 표집요소의 수는 하나임을 의미한다.

② 조사대상 사례는 개인 또는 집단이다. 단일사례연구설계의 조사대상이 되는 사례는 개인이나 집단 모두 해당될 수 있다. 집단이 조사대상 사례가 되는 경우에는 집단구성원들의 개별적인 정보들을 개별적으로 취급하는 것이 아니라 집단 전체의 평균이나 전체빈도 등으로 요약하여 단일한 사례로 취급된다. 즉, 집단 전체를 하나의 사례로 취급하는 것이다.

③ 반복측정이다. 단일사례연구설계는 통제집단을 갖지 않고, 비교의 대상을 사례내부에 갖고 있다. 한 사례를 반복적으로 측정함으로써 나타나는 조사대상자의 표적행동의 변화를 관찰해 그 결과를 가지고 개입효과를 파악한다. 즉, 반복해서 측정함으로써 개입 이전의 관찰대상으로 하여금 통제집단이 수행하는 역할을 하도록 하고, 개입 도중이나 그 이후의 관찰대상으로 하여금 실험집단이 수행하는 역할을 하도록 함으로써, 마치 실험집단과 통제집단을 가지고 집단비교를 한 것과 같은 유사한 효과를 나타낼 수 있도록 한다.

이와 같이 단일사례연구설계에서는 단일대상을 가지고 통제집단과 실험집단을 선정한 것과 유사한 논리적인 효과를 가질 수 있으므로 개입(실험변수, 독립변수)과 표적행동의 변화(결과변수, 종속변수) 사이의 인과관계를 추정할 수 있는 탐색적 근거를 제공할 수 있다.

④ 즉각적인 환류이다. 단일사례연구설계는 사례를 진행하는 도중이나 종료 이후에 도출되는 환류정보를 가지고 개입효과를 증진시키기 위해 노력한다. 단일사례연구설계에서는 반복적으로 연속해서 자료를

수집하기 때문에 개입으로 인한 조사대상자의 변화상태를 주기적으로 파악할 수 있다. 따라서 단일사례연구가 진행 중인 도중에 수집된 자료를 검토하여 문제점을 발견하고, 이를 해결하거나 개선할 수 있으며, 이를 위해 새로운 이론과 실천기술들을 도입해 실행하고 그 결과를 평가할 수 있다.

⑤ 개입효과의 규명이다. 단일사례연구설계의 주된 목적은 변수 간의 관계를 규명하기 위한 것이라기보다는 개입방법의 효과를 규명하려는 것이다. 즉, 집단연구설계에서는 가설상에 설정된 변수 간의 관계를 검증하는 것이 주된 목적인 데 반해, 단일사례연구설계에서는 조사대상자의 문제행동을 명확히 규정하고, 연구자가 사용한 개입방법이 조사대상자의 문제행동을 해결하는 데 얼마나 효과적이었는지를 평가하기 위해 적용되는 조사설계이다.

⑥ 사례가 하나이다. 개인 한 명이 될 수도 있고 한 집단 또는 한 가족이 될 수도 있다. 사례수는 항상 '1'이며 이로 인해 외적 타당도가 낮다.

3) 단일사례연구의 수행과정

단일사례연구의 수행과정은 다음과 같은 절차를 따라 진행한다(홍봉수 외, 2016 : 248-252, 김태성 외, 2005 : 300-305).

문제확인 규정 → 변수선정 → 측정대상 → 개입목표 설정 → 조사설계 → 조사실시 → 개입평가

(1) 문제의 확인-규정

문제는 조사대상자가 갖고 있는 해결되어야 할 문제이다. 이 문제는 조사대상자 자신, 가족, 성직자, 친구집단, 상사 등에 의해서 확인될 수 있다. 문제는 가능한 구체적이고 명확하게 정의되지 못하면 개입의 목표를 명확히 설정할 수 없고, 문제를 성공적으로 수행할 수 없다.

(2) 변수의 선정

문제가 규정되면 문제를 경험적으로 인식할 수 있는 실험에 사용될 변수를 선정해야 한다. 실험에 사용되는 변수는 측정 가능해야 한다. 또한 정의된 문제를 합리적으로 대표할 수 있는 타당한 지표이어야 한다. 또한 실험에 도입할 변수의 수를 적절히 결정하여야 한다.

(3) 측정대상

선정된 변수의 속성 가운데 어느 측면을 측정할 것인가를 결정해야 한다. 측정대상은 여러 번 반복관찰이 가능해야 하기 때문에 정기적으로 측정하기에 충분할 정도로 자주 나타나는 것이어야 한다. 예를 들어, 자살방지 프로그램의 경우 자살시도 횟수와 같이 매우 드물게 일어나는 사건을 매일 또는 매주 기록하려 하기보다는 자아긍정, 횟수, 우울증 증상, 수면시간 등에 관해 측정하는 것이 바람직하다.

(4) 개입목표의 설정

개입목표는 조사대상자가 갖고 있는 문제 그 자체를 완전히 해결할 것인가 아니면 어느 정도 해결할 것인가, 또는 문제로 인해 파생되는 영향들을 감소시킬 것인가, 아니면 문제의 원인을 제거할 것인가, 어느 정도 제거할 것인가 등에 관해 결정해야 한다. 개입의 목표는 구체적이고 명확할수록 문제해결이 용이하다.

(5) 조사설계

개입의 목표가 설정되고 나면 실제로 문제를 해결하기 위해 구체적으로 어떻게 사례연구를 수행할 것인가에 관한 조사설계를 수립한다. 사례연구에 관한 계획을 수립함에 있어서 포함될 내용은 구체적인 설계형태, 관찰의 시기 및 횟수, 자료의 출처, 자료수집방법(관찰, 면접 등), 자료기록방법(시간 간격, 빈도, 지속시간, 정도 등) 등에 관한 계획과 전략을 수립한다.

(6) 조사실시

선택된 설계형태에 따라서 개입하기 전에 자료를 수집한다. 수집된 자료는 그래프로 표시하고 그래프에 나타난 변화추세를 정리한다. 조사 실시과정에서 측정대상에 대해 측정을 할 때 가능한 다각적 측정을 행하는 것이 바람직하다. 다각적 측정이란 연구조사자가 몇 개의 척도를 사용하여 대상의 속성을 측정하는 것을 말한다.

(7) 개입의 평가(자료분석)

자료수집이 완료되고 이에 따른 그래프가 완성되면 일차적으로 그래프에 나타난 변화의 파동, 변화의 경향, 변화의 수준 등을 검토하여 개입효과를 판단하게 되면 개입효과의 유의미성을 판단하기 위하여 후속적으로 통계기법을 활용할 수 있다.

4) 단일사례연구의 기본 구조

단일사례연구의 구조는 기초선국면, 개입국면, 독립변수(개입), 종속변수(표적행동)로 구성되어 있다(김기원, 2001 : 482-483).

(1) 기초선 단계

기초선 단계(baseline phase)는 개입하기 전의 단계이다. 기초선이란 연구자가 개입활동을 실시하기 전에 표적행동의 상태를 관찰하는 기간을 의미하기도 하고, 때로는 관찰된 표적행동의 상태를 나타내는 자료를 의미하기도 한다. 단일사례설계의 구조를 설명하는 데 있어 기초선을 일반적으로 'A'로 표시한다. 기초선 단계를 설정하는 목적은 개입을 하기 전에 클라이언트의 표적문제의 정도를 파악하고 이러한 문제가 외생요인에 기인한 것인지, 어떠한 경향을 보이고 있는지를 파악하기 위해서이다.

기초선 단계에서 표적문제에 영향을 미치는 외생적 사건들이 단지 개입 시작과 우연히 일치할 가능성이 없음을 확실히 하기에 충분한 측정점 내지 관찰점을 갖고 있을 때, 즉 충분히 관찰이 이루어질 때 단일사례연구의 내적 타당도가 향상된다. 요구되는 이상적인 측정점의 수는 얼마나 빨리 안정적인 경향이 나타나느냐에 달렸지만 약 5~10번 정도의 기초선 측정을 계획하는 것이 합리적이다. 기초선이 상당히 안정되어 있으면 3~5번의 적은 수의 측정점으로 전반적인 경향을 발견할 수 있다. 그러나 더 많은 측정점을 가질수록 관찰된 경향의 안정성에 대해 확신을 가질 수 있다.

안정된 경향이란 표적문제가 예상할 수 있고 질서 있는 형태로 발생하고 있다는 것을 보여주는 것이다. 기초선의 전반적인 경향은 그래프에 시간 순서대로 측정점을 표시하고, 각 측정점을 줄로 연결한 후에 전체적인 유형이 명백히 증가하고 있는지, 감소하고 있는지, 상대적으로 변화가 없는지 등을 관찰하여 확인한다.

기초선의 증가나 감소추세는 표적문제에 대한 조작적 정의에 달려 있다. 만일 조작적 정의가 바람직한 지표라면 기초선의 증가는 개선을, 기초선의 감소는 악화를 나타낸다. 반면 조작적 정의가 바람직하지 않은 지표라면 반대로 기초선의 증가는 악화를, 기초선의 감소는 개선을 의미한다.

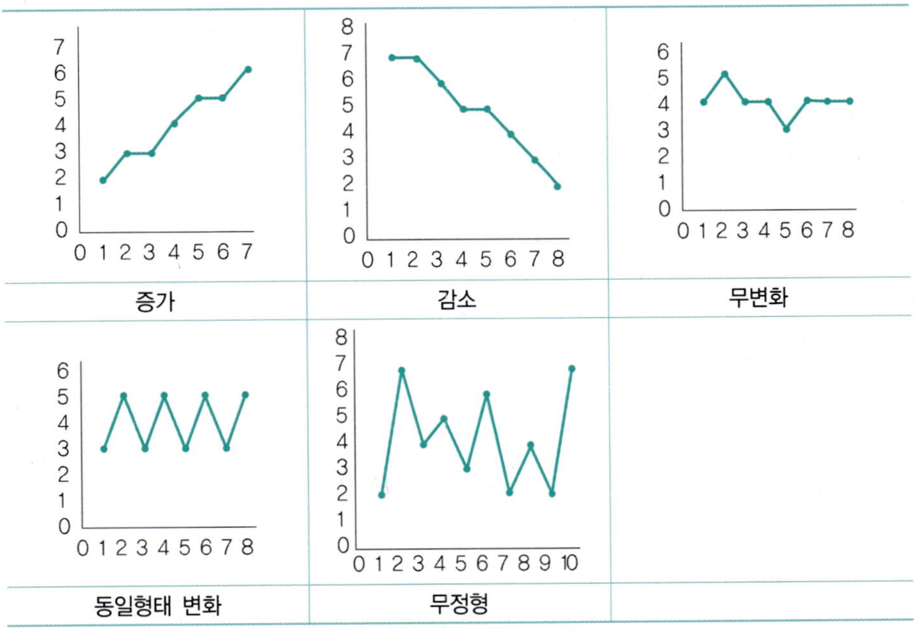

그림 6-1 기초선의 패턴

(2) 개입단계

개입단계(intervention phase)는 표적행동에 대한 개입활동이 이루어지는 기간이다. 이 기간 동안 표적행동의 상태에 대한 관찰이 병행되어야 한다. 관찰의 횟수나 기간은 기초선과 같은 정도로 하는 것이 바람직하다. 단일사례연구의 구조를 설명하는 데 있어서 개입국면을 일반적으로 'B'로 표시한다.

개입단계에서는 측정하는 사람, 장소, 측정방법, 기타 조건을 기초선 단계와 동일하게 하여야 한다.

5) 단일사례연구의 자료기록방법

표적행동의 자료들을 측정하는 기록방법은 조사연구에서 요구되는 자료의 성격에 따라 적절한 것을 선택하여 사용하여야 한다(김영종, 2000 : 413-415, 남세진 외, 1996 : 152-155).

(1) 자료기록 준비

① 행동관찰규정 준비

피험자의 행동은 표준화된 양식에 의해 관찰되고 기록되어야 한다. 행동관찰규정은 표적행동에 관한 구체적인 판단기준과 자료기록에 관한 규정으로 이는 조사가 시작되기 전에 준비하여야 한다. 행동관찰규정에는 표적행동에 대한 조작적 정의, 기록원칙, 기록의 예 등에 포함되어 있다.

② 관찰기록자의 선정

모든 기록방법은 표적행동의 직접적인 관찰에 의하여 기록되어야 한다. 관찰자는 다양할 수 있지만 단일사례연구의 경우 실천현장에서 활동하는 사람들이나 연구자가 관찰하고 기록하는 것이 바람직하다. 때로는 경험자만이 알 수 있는 개인적 생각이나 느낌은 피험자가 스스로 기록하도록 하는 것이 바람직하다.

(2) 자료관찰 및 기록방법

① 시간간격기록

시간간격기록은 일정한 관찰기간을 같은 간격의 짧은 시간으로 나누어 조사대상자의 표적행동을 직접 관찰-기록하는 것인데 시간간격이 짧을수록 더 정확히 관찰될 수 있다.

시간간격기록은 정해진 시간간격 내에 처음 일어나는 행동만 기록하고, 그 후에 일어나는 것은 기록하지 않는다. (시간간격기록은 정해진 시간간격 내에 표적행동이 일어났느냐를 기록) 시간간격기록은 빈도가 아주 높은 행동의 관찰에 적합하다.

② 빈도기록

빈도기록은 정해진 관찰기간 동안에 일어난 표적행동의 빈도를 기록하는 것이다. 이는 빈도가 높은 행동이나 낮은 행동의 관찰에 적합하며 관찰기간을 길게 할 수 있는 것이 특징이다.

③ 지속기간기록

지속기간기록은 정해진 관찰기간 동안에 일어난 모든 단위행동의 지속시간을 직접 관찰하여 기록하는 방법이다. 이는 문제행동의 지속기간이 관심의 대상이 될 때 사용되며 일반적으로 빈도와 같이 관찰된다.

④ 정도기록

정도기록은 정해진 관찰기간 내에 발생한 표적행동의 양, 수준 또는 정도 등을 관찰하여 미리 설정한 정도 측정 척도에 의하여 판단하여 정도를 나타내는 수치를 기록하는 것이다.

⑤ 간헐점검기록(순간체크기록)

간헐적으로 특정의 관찰시간을 정하여 관찰하는 순간에 표적행동을 하고 있는지 아닌지를 기록하는 것이다. 예를 들어, 오전 9시에서 12시 사이에 관찰시간을 정하고 그때마다 표적행동을 하고 있는지 아닌지를 기록한다.

⑥ 영구생산물기록

영구적 생산물기록은 반드시 직접관찰을 필요로 하지 않으며 표적행동에 의하여 만들어진 것을 관찰하여 표적행동이 일어났음을 확인함으로써 이루어진다. 영구적 생산물기록의 예는 사회복지서비스 이용의 기록, 또는 교사의 기록 등을 검토하는 것, 비워진 쓰레기통, 청소된 방 등을 점검하는 것이다. 영구적 생산물기록방법은 환경을 변화시키는 행동(청소, 일 등) 또는 기록이 남는 행위 등의 관찰에 적합하다. 학교출석기록, 성적기록, 경찰의 범죄행위기록 등은 직접 행위를 관찰하지 않고 그 기록을 보고 행위를 판단할 수 있는 좋은 예이다.

2. 단일사례연구의 유형

개입이 이루어지기 이전과 이후에 있어서 표적행동의 변화를 살펴보고 개입으로 인한 효과성을 판단하는 것이 단일사례연구의 목적이다. 가장 일반적인 유형은 AB설계이다. 이와 관련하여 여러 변형된 유형인 ABA설계, ABAB설계, 복수기초선설계, ABC설계, ABCD설계 등이 있고, 기초선 없이 개입부터 시작하는 BAB설계도 있다(김영종, 2000 : 416-428, 김태성 외, 2005 : 312-324, 임정문, 2006 : 361).

1) AB설계

AB설계는 의사실험설계의 시간연속설계를 단일대상에 적용한 것이라는 의미에서 기본시간연속설계라고도 하며 가장 단순한 단일사례연구설계형태이다. A국면에서는 아무런 개입이 없는 상태에서 단순히 표적행동빈도 등에 대한 관찰만 이루어지고, B국면에서는 표적행동에 대한 개입활동이 이루어지고 표적행동의 변화에 대한 관찰이 이루어진다. 이와 같이 A, B의 순서로 이루어진 설계구조의 형태를 AB설계라고 한다.

실천현장에서 서비스 우선순위와 갈등이 적어 인기 있고 유용한 설계이다. 개인수준 조사설계는 무작위 할당과 통제집단을 사용하지 않기 때문에 집단수준 조사설계만큼 내적 타당성의 저해요인을 통제하는 능력은 뛰어나지 않다.

내적 타당도 저해요인을 통제하는 효과는 다음과 같다.

① **우연한 사건**: 가장 문제시되는 내적 타당도 저해요인이다. 기초선 단계의 마지막 측정시점과 개입단계의 첫 번째 측정시점 사이에 발생한 사건의 영향력을 통제하기가 어렵다. 특히 두 시점이 멀어질수록 우연한 사건의 발생이 결과에 미치는 가능성은 증가한다.

② **성숙, 도구화, 회귀, 검사**: 반복측정을 통해 수집된 기초선 단계의 자료가 안정적 패턴을 보일 경우 저해요인의 영향은 어느 정도 통제된다. 회귀나 검사의 영향은 기초선 단계 초기에 발생할 가능성이 높기 때문에 초기단계의 자료패턴에 주목해야 한다.

③ **선정편향, 상실**: 개인수준 조사설계에서는 이슈가 되지 않는다.

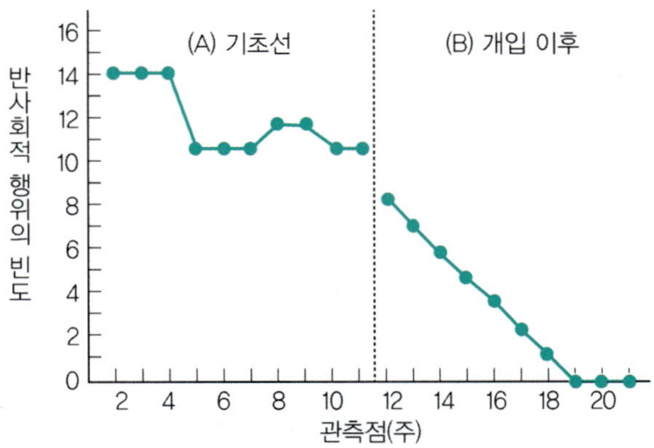

그림 6-2 AB설계

AB설계는 다른 변수의 통제를 전혀 알 수 없는 상황에서 조사를 실시하는 것이므로 표적행동의 변화가 반드시 개입에 의한 것이라고 확신할 수 없다. 개입 전과 후에 문제상태의 변화를 여러 번 관찰했다고 해도 이러한 변화가 개입 때문에 일어났다고 확신할 수가 없다. 다른 요인들이 변화를 일으켰거나 개입 없이도 문제행동이 개선될 수 있었는데 단지 개입기간에 개선되었을 가능성도 있다.

2) ABA설계

ABA설계는 AB설계에 개입을 중단하는 제3의 국면 A를 추가하여 AB설계의 약점을 보완한 것이다. 개입을 하지 않는 제3의 국면에 있어서 표적행동이 악화되는 현상을 보이면 B국면에서의 변화(개선)된 행동은 개입 때문이라는 확신을 더 높일 수 있다. 여기서 두 번째의 A기간은 개입기간 중에 나타난 성과를 확인하기 위하여 개입을 일시 중단하고 처음 기초선과 같은 상태로 돌아간다는 의미에서 반전기간 또는 제2기초선이라고도 한다. 즉, 이 설계의 가정은 개입이 진정 클라이언트를 변화시켰다면 개입이 없어지면 다시 클라이언트의 행동이 원래대로 되돌아올 것이라는 것이다. 실험설계에서 통제집단 없이 실험하는 것과 비슷한 형태이다.

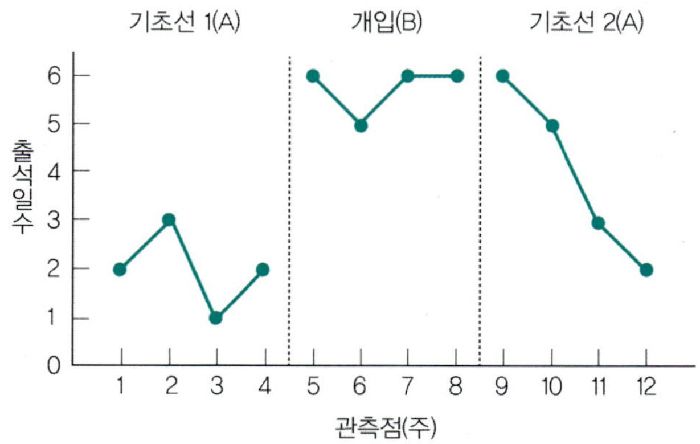

그림 6-3 ABA설계

ABA설계에는 몇 가지 제한점이 있다. 첫째, 윤리적인 이유 때문에 실제상의 적용이 문제된다. 즉, 충분한 개입의 기간을 갖지 못하고 개입 도중에 중단하는 것과 개입을 중단한 상태로 있다가 문제해결을 위한 관계를 종결하는 것은 윤리적으로 온당치 못하다는 것이다. 둘째, 반전기간 동안에 문제가 다시 악화되지 않는 상태가 되는 경우 ABA설계의 적용은 불가능해진다. 반전기간 동안에도 상태가 악화되지 않는다면 문제해결의 면에서 다행스러운 일이지만 개입이 없는데도 문제가 악화되지 않는 것은 개입 이외의 다른 요인이 변화를 일으켰거나 아니면 개입의 효과가 지속적이어서 원상태로 돌아갈 수 없다는 것을 의미한다. 여기서 이러한 두 가지의 경우 중 어느 것이라고 판단하기는 불가능하다.

3) ABAB설계

ABAB설계는 ABA의 개입을 중단한 국면에다 다시 개입을 재개하는 B의 국면을 추가한 것으로도 볼 수 있고 AB설계를 동일 대상에 대해 한 번 더 반복해 보는 것이라고 볼 수도 있다. 이로써 AB설계나 ABA설계의 약점을 보완한 것이라고 할 수 있고 반전설계 또는 철회설계라고도 한다. 이 설계는 기초선(A) 측정 후 일정 기간 동안 개입(B)을 하고 일정 기간 동안 개입을 중단(A)한 후 다시 개입(B)을 하는 것이다. 이 설계에서는 개입을 하지 않은 상태와 개입을 한 상태를 두 번 관찰함으로써 개입이 변화를 일으켰다는 확신을 가질 수 있다. 이 설계에서는 개입 이외에 다른 요인 때문에 변화가 일어났을 가능성은 거의 배제된다.

ABAB설계의 장점은 AB설계보다 개입효과를 명확하게 제시할 수 있다. 두 번째 기초선의 반전이 없는 경우 효과가 없거나 우연의 일치로 볼 수 있지만 재현을 통해 점검할 수 있다.

ABAB설계에서 내적 타당도 저해요인을 통제하는 효과를 살펴보면 다음과 같다.

① **우연한 사건**: AB설계 시 가장 문제시되는 것은 내적 타당도 저해요인이다. ABAB설계에서는 어느 정도 통제가 가능하다.

② **성숙, 도구화, 회귀, 검사**: 반복측정을 통해 수집된 기초선 단계의 자료가 안정적 패턴을 보일 경우 저해요인의 영향은 어느 정도 통제된다.

③ 회귀나 검사의 영향은 기초선 단계 초기에 발생할 가능성이 높기 때문에 초기단계의 자료패턴에 주목해야 한다.

④ **선정편향, 상실**: 개인수준 조사설계에서는 이슈가 되지 않는다.

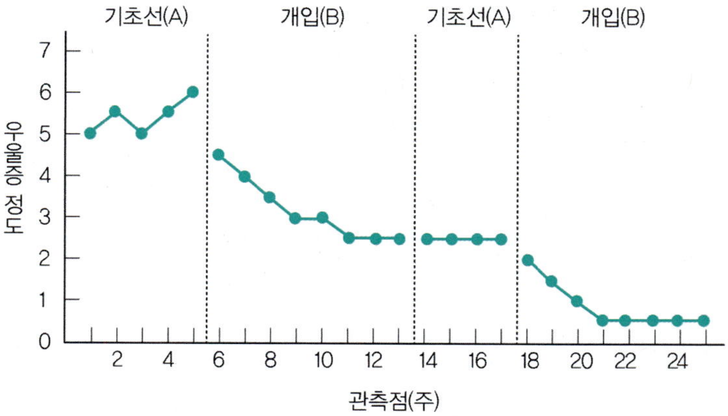

그림 6-4 ABAB설계

이러한 ABAB설계는 개입(치료)의 효과를 가장 높이 확신할 수 있는 설계이지만 역시 몇 가지의 문제점이 있다. 첫 번째 문제로 반전기간(두 번째의 A기간) 동안에 표적행동의 상태가 다시 악화되지 않고 첫 번째 개입과 같은 상태가 반전기간 및 2차 개입기간에도 계속되는 경우가 나타나는 경우 ABAB설계는 무의미하게 된다는 것이다. 즉, 첫 번째 개입으로 나타난 효과가 개입을 철회한다고 해도 쉽게 없어지지 않기 때문이다. 이를 개입지속효과라고 한다. ABAB설계의 두 번째 문제로 설계대로 시행하기 불가능하거나 그대로 시행하는 것이 비윤리적이라는 것이다. 즉, 개입을 일단 시작한 후 그것을 중지하기가 불가능하거나 개입을 중지하는 것은 속히 계속적으로 치료를 바라는 클라이언트의 욕구에 반하는 것이므로 비윤리적이라는 것이다.

4) BAB설계

BAB설계는 처음에는 기초선기간을 설정하지 않고 바로 개입단계(B)에 들어가고, 그다음에 개입을 중단하는 기초선단계(A)를 갖고 다시 개입을 재개하는 단계(B)를 갖는 설계이다. 이 설계의 장점은 첫째, 개입국면에서 치료관계를 종결함으로써 치료를 완료되게 하는 점이다. 둘째, 기초선 설정을 한 시간적 여유가 없이 시급히 치료를 요하는 경우에 적절한 설계라는 것이다. 사회사업적 치료에 있어서 클라이언트의 문제가 심각하고 위기적인 상황이어서 기초선기간을 설정할 시간적 여유가 없는 경우가 많으므로 이런 경우에는 우선 치료(개입)를 시작하고 기초선의 관찰은 뒤로 미루어야 한다.

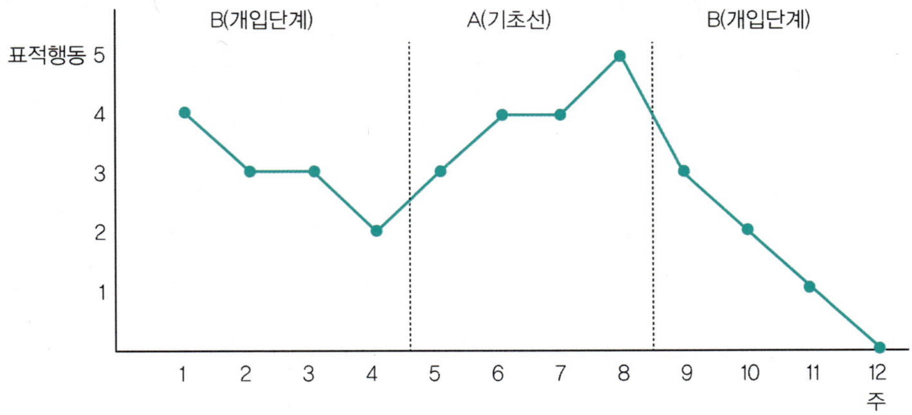

그림 6-5 BAB설계

※ 사회복지교육연구센터, 2022 : 182.

이 설계에서는 ABAB설계보다는 약하지만 상당한 정도 개입의 효과에 대한 확신을 얻을 수 있다. 그러나 반전국면에 있어서 개입 이외의 다른 요인이 변화를 일으키거나 아니면 개입의 효과가 지속적이어서 기초선과 같은 상태로 돌아갈 수 없게 되는 경우 이러한 BAB설계는 적용하기 힘들게 된다.

5) ABCD설계

ABCD설계는 다중요소설계(multi-component design), 복수요소설계라고 한다. 이 설계는 하나의 기초선 자료에 대해서 여러 개의 각기 다른 개입방법들을 연속적으로 도입해 보는 것이다.

여기서 A는 기초선이고, B, C, D는 각기 다른 개입방법들이다. 이 설계는 개입의 변화가 미치는 영향을 분석하기 위해 여러 설계를 사용한다. 클라이언트에게 도움이 되지 않는 개입을 수정하려 하거나, 개입의 어느 부분이 실제로 표적문제에 변화를 가져오는지를 설명하고자 할 때 다중요소 설계는 유용하다. 이 가운데 하나는 강도변화설계이다. 이 설계는 여러 단계에 동일한 개입을 도입하지만 각 단계에서 개입의 양이나 실행수준을 증가시킨다.

ABC설계나 ABCD설계는 융통성이 있어서, 이 두 설계를 사용함에 있어서 실천가는 각 연속적인 단계에 의해 옳다고 입증된 대로 개입계획을 변경할 수 있다. 그러나 이 두 설계는 이월효과, 순서효과, 우연한 사건과 관련된 제한점들이 있기 때문에 사용함에 있어 주의를 요한다.

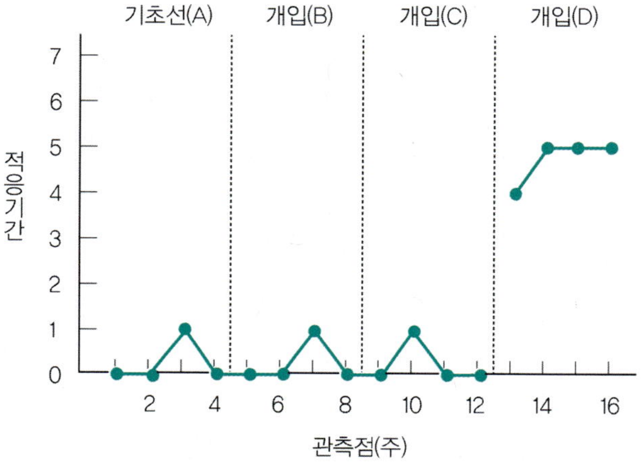

그림 6-6 ABCD설계

6) 복수기초선 설계

복수기초선 설계(multiple-baseline design)는 하나의 동일한 개입방법을 여러 문제, 여러 상황, 여러 사람들에게 적용하여 같은 효과를 얻음으로써 표적행동에 대한 개입효과를 추정하는 데 신빙성을 높이려는 것이다.

복수기초선 설계도 둘 이상의 기초선과 개입단계를 사용하여 외생요인들을 통제하려 한다. 그러나 둘 이상의 기초선을 설정하기 위해 개입을 중단하는 대신에 복수기초선 설계에서는 둘 이상의 기초선을 동시에 시작한다. 이는 각 기초선에서 서로 다른 표적행위를 측정하거나 각각의 기초선에서 서로 다른 표적행동을 추정함으로써 복수기초선 설계는 수행된다. 복수기초선 설계는 적용대상에 따라 문제 간 복수기초선 설계, 상황 간 복수기초선 설계, 대상자 간 복수기초선 설계로 구분할 수 있다.

둘 이상의 문제가 똑같은 방법으로 치료되거나(문제 간 복수기초선 설계), 같은 문제가 둘 이상의 사람이 치료되거나(상황 간 복수기초선 설계) 혹은 개입이 표적행동을 변화시키는 데 효과가 있다고 신빙성 있게 추정할 수 있다.

(1) 문제 간 복수기초선 설계

하나의 특수한 개입방법이 같은 상황에서 같은 대상자의 다른 문제해결에 효과가 있는지를 평가하기 위한 것이다. 여기서 문제는 서로 간에 상호독립적인 것이어야 하고 상관된 것이어서는 안 된다. 상관된 경우 한 행동의 변화는 자동적으로 다른 행동의 변화에 영향을 미치게 되기 때문이다.

(2) 상황 간 복수기초선 설계

이 설계는 하나의 특수한 개입방법이 같은 대상자의 같은 문제를 두 가지 이상의 다른 상황에서 치료하는 데도 효과가 있는지를 평가하기 위한 것이다.

(3) 대상자 간 복수기초선 설계

이 설계는 특정 개입방법이 같은 상황에서 같은 문제를 가진 두 명 이상의 다른 대상자에게 적용될 때 그 개입방법은 효과가 있는지를 평가하기 위한 것이다.

단일사례연구에서 재현은 모호한 결과연구를 향상시킬 뿐 아니라 연구결과의 외적 타당도에 대한 의구심을 줄인다. 다양한 개별연구의 총합은 전체 프로그램의 효과성을 평가할 수 있고 특정유형에 대한 일반화를 할 수 있다는 자신감을 연구자나 실천가가 가질 수 있다.

3. 개입의 평가

개입의 결과를 평가하는 데 있어서 다음 세 가지 면을 기본적으로 고려하여야 할 것이다. 첫째, 변화의 파동(variability), 둘째, 변화의 경향(trend), 셋째, 변화의 수준(level) 등이다. 또 개입의 유의성을 분석하여야 한다. 개입의 유의성 분석에는 첫째, 시각적 유의성, 둘째, 통계적 유의성, 셋째, 실용적 유의성 등이 고려되어야 한다.

1) 개입평가 기준

단일사례연구에서 기초선과 개입단계의 변화과정을 표현한 그래프상에 나타난 시각적인 변화의 양상을 표현할 때, 세 가지가 고려되어야 한다(남세진 외, 1988 : 191).

(1) 변화의 파동

변화의 파동은 관찰된 표적행동의 특성이 시간의 경과에 따라 파동을 일으키며 변화되는 정도를 말한다. 변화의 파동이 심한 경우는 관찰의 횟수가 많아야 변화의 일정한 유형을 판단할 수 있다. 따라서 표적행동의 변화의 파동이 심할 경우에는 관찰의 횟수를 4회 이상 어떤 안정적인 유형을 파악할 수 있을 때까지 늘리는 것이 바람직스럽다.

기초선과 개입 기간에 있어서 변화의 파동이 심하면서 관찰의 횟수가 적은 조사의 결과를 가지고는 개입의 효과를 판단하기 힘들다. 설계의 각 국면(단계) 내에서 변화의 파동이 적을수록 그리고 관찰의 횟수가 많을수록 개입의 효과를 확실히 알 수 있다.

(2) 변화의 경향

개입의 효과를 평가하는 데 있어서 기초선의 변화의 경향을 개입기간에 있어서의 변화의 경향과 연결하여 검토해야 한다. 기초선기간과 개입기간 동안에 점진적인 증진이나 감퇴가 일어날 수 있다. 이러한 경향이 있는 중에 개입이 이루어졌다면 개입기간 중의 증진이나 감퇴가 개입의 영향인지 불확실해진다. 또한 기준선기간의 변화경향과 개입기간의 변화경향이 다른 형태로 연결되어 개입의 효과를 알 수 있는 경우와 없는 경우가 있다.

(3) 변화의 수준

변화의 수준은 관찰된 행동특성의 점수 위치를 말한다. 기초선에 있어서의 점수의 수준과 개입기간에 있어서의 점수의 수준 사이에 차이가 클수록 개입의 효과에 대한 확신이 높아진다.

2) 개입의 유의성 분석

단일사례실험에서 개입결과를 분석하면서 제기되는 개입의 유의성 문제는 다음과 같다.

(1) 시각적 유의성

시각적 유의성(visual significance)은 개입이 도입되거나 중단된 후에 표적문제의 수준과 경향이 변화하는 일련의 사건들을 보여주는 시각적 유형이 그래프상에 나타나 있는가를 분석하는 것이다. 즉, 기초선의 수준과 개입선의 변화들을 시각적으로 분석하는 것이다.

(2) 통계적 유의성

통계적 유의성(statistical significance)은 개입단계에서 관찰된 자료가 변화의 파동과 어떻게 다른지를 통계적으로 분석하는 것이다. 평균비교, 경향선 접근, 비율-빈도 계산 등을 사용한다.

- **평균비교** : 기초선 단계와 개입단계의 평균비교
- **경향선 접근** : 기초선 단계에서 자연스럽게 진행될 것으로 예상되는 선

(3) 실질적 유의성

실질적 유의성(substantive significance)은 임상적 유의성이라고도 불린다. 만일 표적문제의 변화가 시험적으로 시도된 개입과 관련되었다면, 개입으로 인한 표적문제의 변화 양이 실질적이거나 임상적 관점에서 볼 때 중요한가를 평가한다. 그러나 시각적으로나 통계학적으로 의미 있는 변화라고 해서 그것이 변화의 질적인 중요성을 뜻하는 것은 아니다.

연습문제

01 단일사례연구에 관한 설명으로 옳지 않은 것은? 2014년 기출

① 단일사례로서 개인, 가족, 단체 등이 분석대상이다.
② 여러 명의 조사대상들에게 개입 시기를 다르게 하면 우연한 사건효과를 통제할 수 있다.
③ 기초선으로 성숙효과를 통제할 수 있다.
④ 측정을 위한 비관여적 관찰도 가능하다.
⑤ 비반응성 연구의 한 유형이다.

02 단일사례설계방법에 관한 설명으로 옳은 것은? 2021년 출제

① ABCD설계는 여러 개의 개입효과를 개별적으로 증명하기 위한 설계이다.
② AB설계는 외부요인을 충분히 통제할 수 있기 때문에 여러 유형의 문제에 적용 가능하다.
③ 복수기초선설계는 기초선 단계 이후 여러 개의 다른 개입방법을 순차적으로 적용한다.
④ ABAB설계는 외부요인을 통제할 수 있어 개입의 효과를 확인할 수 있다.
⑤ 평균비교는 기초선이 불안정할 때 기초선의 변화의 폭과 기울기까지 고려하여 결과를 분석하는 방법이다.

03 단일사례설계의 개입효과에 관한 설명으로 옳지 않은 것은? 2020년 출제

① 개입 후 변화의 파동이 심하면 효과 판단이 어렵다.
② 기초선이 불안정할 경우 기초선의 경향선을 이용하여 통계적으로 개입효과를 판단한다.
③ 기초선에서 개입 기간까지의 경향선을 통해 시각적으로 개입효과를 판단한다.
④ 기초선과 개입 기간 두 평균값의 통계적 검증을 통해 개입효과를 판단한다.
⑤ 개입 후 상당한 기간이 지나 최초의 변화가 발생할 경우 개입효과가 있다고 판단한다.

04 **단일사례설계 중 다중기초선설계에 관한 설명으로 옳지 않은 것은?**

2019년 출제

① 내적 타당도 저해요인을 통제하기 위한 주요수단으로 개입의 철회를 사용한다.
② 일부 연구대상자에게 개입의 제공이 지연되는 문제를 갖는다.
③ 연구대상자의 수가 증가할수록 내적 타당도는 증가한다.
④ 동일한 개입을 특정 연구대상자의 여러 표적행동에 적용하여 개입의 효과를 평가할 수 있다.
⑤ 수집된 자료의 분석을 위해 통계적 방법이 사용되기도 한다.

05 **다음에서 설명하는 것은?**

2017년 출제

단일사례설계에서 기초선이 불안정하게 형성되어 있는 경우, 기초선의 변화와 축과 기울기까지 고려하여 결과를 분석한다.

① 평균비교　② 시각적 비교　③ 경향선 접근
④ 임상적 분석　⑤ 이론적 분석

06 **단일사례설계에 관한 설명으로 옳지 않은 것은?**

① 기초선 국면에 개입 국면이 있다.
② 연구대상과 개입방법은 여러 개가 될 수 있다.
③ 조사연구 과정과 실천 과정의 통합이 가능하다.
④ 경향과 변화를 파악하도록 반복 관찰한다.
⑤ 통계적 원리를 적용하여 분석할 수 있다.

정답 01 ⑤ 02 ④ 03 ⑤ 04 ① 05 ③ 06 ②

07
CHAPTER

측 정

❐ 학습목표

- 측정의 개념과 기능을 이해하고 설명할 수 있다.
- 측정수준을 이해하고 설명할 수 있다.
- 측정의 신뢰도와 타당도를 이해하고 설명할 수 있다.
- 측정오류를 이해하고 설명할 수 있다.

측정이란 추상적인 개념들을 현실의 경험과 연결해 주는 수단으로 조작적 정의와 자료수집을 위해 중요한 단계이다.

1. 측정의 개념과 기능

측정(measurement)이란 어떤 현상을 묘사하거나 기술하는 방법으로 정의되기도 하나 일정한 규칙에 따라 대상 또는 사건에 수치를 부여하는 과정이라고 할 수 있다. 즉, 이론적 개념을 계량화하는 과정이라 할 수 있다.

측정의 개념은 학자마다 다르게 정의한다. 스티븐(Steven)은 측정이란 대상, 사건 또는 사람들에게 어떤 규칙에 따라서 숫자를 부여하는 것이라고 정의한다(Steven, 1951 : 1-49). 디렌조(Direnzo)는 측정이란 설명되어야 할 현상과 개념을 기호로 표시할 수 있게 하는 경험적 관찰의 절차를 말하는 것이라고 정의한다(Direnzo, 1996 : 79). 따라서 측정이란 측정하고자 하는 대상이 가진 속성에 따라 일정한 규칙에 의해 숫자나 기호를 부여하는 과정으로 측정을 통해 추상적인 개념들이 경험적으로 관찰가능하게 된다(Kerlinger, 1986 : 427). 즉, 자료의 특성을 나타내는 수단으로 일정한 규칙에 따라 변수의 속성에 수치를 부여하는 것이다(황인옥, 2019 : 180).

1) 측정의 개념

실제 측정은 측정대상자나 대상물 자체를 측정하는 것이 아니라 측정대상이 지닌 속성에 수치를 부여하게 된다. 예를 들어, 우리가 신체 치수를 재기 위해서는 줄자를 이용하고 물건의 무게를 측정하기 위해서는 저울을 사용하게 되는데, 줄자는 인치(inch)나 센티미터(cm)를 기준으로 만들어졌고 저울은 그램(g)을 기준하여 만들어진 것과 같은 논리이다. 따라서 측정이란 대상, 사건, 사람들의 속성에 일정한 규칙에 근거하여 수치를 부여하는 과정이라고 할 수 있다(홍봉수 외, 2016 : 89).

측정은 다음과 같은 의미가 있다(임정문, 2006 : 351).

① 일정한 규칙에 따라 측정대상에 숫자나 수치를 부여하는 것이다.

② 관념적, 추상적 수준과 경험적, 관찰적 수준의 연결과정이다.

③ 측정을 위해 척도(scale)를 사용하는데 일정한 규칙에 따라 관찰된 현상에 대해서 수치나 기호를 부여하기 위해 사용되는 도구이다.

④ 현실동형의 원칙으로 측정은 연구자가 측정하고자 하는 실제현상과 가능한 한 같은 형이 되어야 한다.

2) 측정의 기능

측정의 기능은 일치화, 객관화와 표준화, 계량화, 반복과 의사소통의 기능을 갖는다(임정문, 2006 : 351, 홍봉수 외, 2016 : 91).

(1) 일치화

추상적 개념을 경험적으로 인식할 수 있도록 해줌으로써 관념적 세계와 경험적 세계와의 교량의 기능을 한다. 조사문제에 대한 해답을 제공하고 가설검증에 중요한 역할을 한다.

(2) 객관화와 표준화

개념에 대한 정확한 측정이 없다면 경험적 검증이 어려울 뿐만 아니라 객관적인 검증이 어려워질 경우 이론을 일반화시키는 것도 정확히 할 수 없다.

(3) 계량화 기능

계량화의 기능은 사건이나 현상을 세분화시키고 분석에 활용할 수 있는 정보를 제공한다. 또한 수(number)를 가지고 있는 속성에 따라 다양한 수준에서 이루어지기 때문에 변수를 일정한 범주, 수준, 정도, 빈도 등으로 기술할 수 있도록 해준다. 숫자는 통계적 분석에 활용될 수 있도록 수치로 옮겨주고 변수를 계량화해 준다.

(4) 반복과 의사소통 기능

연구결과를 다른 사람들이 반복할 수 있도록 하기도 하고 연구결과를 반증할 수 있도록 하기도 한다. 측정은 이러한 연구결과를 다른 사람들에게 정확히 전달하는 의사소통기능을 가진다.

2. 측정수준

현재 사회조사방법론에서 사용하고 있는 측정의 수준은 명목수준/명목척도, 서열수준/서열척도, 등간수준/등간척도, 비율수준/비율척도의 네 가지이다. 측정을 할 때 정한 규칙에 따라서 대상의 특성이나 속성에 부여될 수치나 기회의 의미가 달라진다. 이때 측정하고자 하는 대상에 부여하는 숫자들의 체계를 척도(scale)라고 하며 측정의 수준에 따라 척도값의 의미가 달라진다(김태성 외, 2006 : 81-86, 김기원, 2001 : 201-2017, 남세진 외, 1996 : 210-216, 황인옥, 2019 : 182-187, 임정문, 2006 : 351-352).

1) 명목수준/명목척도의 측정

명목척도(nominal scale)는 단순히 분류하기 위하여 측정대상의 속성에 부호나 수치를 부여하는 것으로 성, 인종, 결혼 여부 등이 있다. 명목등급(nominal level)의 측정은 일명 분류화(classification)라고 불리기도 한다.

명목척도는 가장 단순한 형태의 측정으로 어느 하나의 범주를 갖는다. 단지 측정대상의 특성을 분류할 목적으로 양적 의미가 없는 숫자를 부여하는데 이를 범주화라고 한다. 즉, 명목수준에서 측정하여 사용하는 숫자의 크기는 아무런 의미가 없고 단지 부여된 숫자가 다르면 그 대상의 특성이 다르다는 것을 의미할 뿐이다.

명목척도는 상호배타적인 카테고리를 갖는다. 모든 대상은 하나의 범주에만 속하지 동시에 두 가지 범주에 속할 수는 없다. 예를 들어 성별에는 남자 또는 여자의 범주에만 들어야 하는 것이다.

명목척도는 가장 낮은 수준의 측정이므로 가장 적은 양의 정보만을 제공한다. 명목수준의 측정으로는 범주들의 상대적 서열이나 범주들 간 간격을 알 수 없다.

명목수준의 변수 분석 시 빈도와 백분율을 구할 수 있다. 명목수준의 측정을 위해 숫자를 부여할 경우 포괄성의 원칙과 상호배타성의 원칙을 충족하여야 한다.

2) 서열수준/서열척도의 측정

서열척도(ordinal scale)는 명목등급에 하나의 정보가 더 추가된 것으로, 분류된 속성들에 대해 서열을 매길 수 있는 수준을 말한다. 즉, 측정대상을 그 특징이나 속성에 따라 일정한 범주로 분류하고 범주들 간의 상대적 순서관계를 밝히는 것이다. 측정대상 간의 대소, 고저, 전후, 상하 등에 따라 서열화할 수 있으며 상호배타적인 특성과 함께 순서의 의미도 지닌다. 정확하게 정량화하기 어려운 응답자의 태도, 선호도, 사회계층 등의 측정에 이용된다.

서열 간 간격이 동일하지 않고 절대량의 크기를 나타내지는 않는다.

서열척도는 다음과 같은 특징을 가진다.

① 어떤 차원에 따라 서열(순위)을 정할 수 있다.

② 서열 간의 차이는 측정이 불가능하다.

③ 변수의 범주들 사이의 간격이 동일하지 않다.

④ 서열수준에서 측정된 자료는 가감승제를 할 수 없다.

서열척도의 예로는 노인장기요양등급, 사회계층(상, 중, 하), 선호도, 서비스 평가 등에서 활용할 수 있다.

3) 등간수준/등간척도의 측정

등간척도(interval scale)는 서열등급의 측정에 '거리' 개념이 더해진 것이다. 속성들 간의 서열뿐만 아니라 개별 속성들 사이의 거리에 대한 것도 측정이 가능하고 범주 사이의 간격이 동일한 척도이다. 개별 속성들 간에 거리가 일정하다는 것을 등간등급(interval level)이라고 한다.

등간척도의 특징은 다음과 같다.

① 응답속성이 서열화되어 있고 속성들 사이의 간격이 같다.

② 등간수준의 측정은 변수의 범주들 사이의 간격이 동일하므로 산술적 계산이 가능하다(동간격).

③ 절대영점이 없어 덧셈과 뺄셈은 가능하나 곱셈과 나눗셈은 가능하지 않다.

> • **절대영(0)** : 0이 '없다'라는 실제적인 의미를 가질 때, 이를 절대영이 성립한다고 말한다. 즉, 0이 '아무것도 없다'라는 의미를 가진 0이면 진짜 0이지만, 그런 의미가 성립되지 않은 0은 진짜 0이라고 볼 수 없다.

등간척도의 예로는 시험점수, 온도, 도덕지수(MQ), 지능지수(IQ), 화씨온도 등이 있다.

4) 비율수준/비율척도의 측정

비율척도(ratio scale)는 등간급의 모든 특질들에 절대영점(true zero point) 정보가 추가된 것이다. 측정대상의 특징이나 속성에 현실과 일치하는 절대적 영을 가진 척도를 가지고 수치를 부여하는 것이다. 비율등급 측정이 되면 수의 본질적인 측면에 가까운 측정구조를 나타낸다.

비율척도의 특징을 살펴보면 다음과 같다.

① 명목, 서열, 등간수준의 측정이 지니는 모든 특성이 존재하고 절대값 0이 존재한다.

② 비율척도의 숫자는 실제 양을 나타낸다.

③ 비율수준의 측정은 모든 사칙연산이 가능하다.

비율척도의 적용 예는 TV 시청률, 자녀 수, 가격, 길이, 나이, 소득, 연령, 무게, 출생률, 사망률 등이 있다.

5) 측정수준별 특성 비교

측정을 할 때 정한 규칙에 따라서 대상의 특성이나 속성에 부여될 수치나 기호의 의미가 달라진다. 이때 측정하고자 하는 대상에 부여하는 숫자들의 체계를 척도(scale)라고 하며, 측정의 수준에 따라 척도값(숫자)의 의미가 달라진다.

변수는 속성에 따라 이와 같은 명목척도, 서열척도, 등간척도, 비율척도 수준에서 측정될 수 있으며 이 측정수준에 따라 분석방법이 달라지게 된다. 흔히 명목척도나 서열척도로 구성된 변수는 이산변수(discrete variables) 또는 비연속변수/단속적 변수, 등간척도나 비율척도로 구성된 변수는 연속변수(continuous variables)라고 불린다.

네 가지 측정의 수준은 명목에서 비율로 갈수록 높은 비중의 측정이며 높은 수준의 측정일수록 많은 정보를 담고 있다. 또한 높은 수준의 측정은 낮은 수준으로 변경이 가능하지만 낮은 수준의 측정은 높은 수준으로 전환할 수 없다.

표 7-1 측정수준별 특성 비교

구분	목록-범주	순위	등간격	절대영점	비교방법	수학적 연산 (숫자부여방법)	통계분석 (평균의 측정)	자료
명목척도	○	×	×	×	확인, 분류	=	최빈값	비계량적
서열척도	○	○	×	×	순위비교	=, >, <	중앙값	
등간척도	○	○	○	×	간격비교	=, >, <, ±	산술평균	계량적
비율척도	○	○	○	○	절대력 크기 비교	=, >, <, ±, ×, ÷	기하평균 모든 통계	

※ 사회복지교육연구센터, 2022 : 161. 황인옥, 2019 : 186. 재인용.

3. 측정의 신뢰도와 타당도

어떤 척도가 좋은 척도인지 아닌지 혹은 특정한 척도를 이용하여 측정한 값이 과연 믿을 만한 것인지 아닌지를 판단하기 위해서는 해당 척도의 질을 객관적으로 평가할 수 있는 적절한 도구가 필요하다. 이러한 목적을 위하여 사용될 수 있는 개념이 척도의 타당도와 신뢰도이다.

1) 신뢰도

(1) 신뢰도의 개념

신뢰도(reliability)란 측정도구가 측정하고자 하는 것을 일관성 있고 정확하게 측정해 주는 정도를 말한다. 즉, '측정의 일관성'을 의미한다. 이는 반복되는 측정에서 어느 정도 동일한 결과를 얻어내는지, 그 정도를 의미하는데 어떤 조사결과가 부정확한 측정 자료에서 우연히 발견된 것이 아니라는 확신을 주어야 하는 것이다. 측정된 결과치의 일관성, 정확성, 의존가능성, 안정성, 예측가능성 등으로 표현할 수 있는 개념이다.

(2) 신뢰도의 측정방법

널리 사용되는 신뢰도 측정방법에는 검사－재검사법, 반분법, 유사양식법, 내적 일관성 분석법 등이 있다(김태성, 2006 : 99-104, 김기원, 2001 : 황인옥, 2019 : 188-190, 임정문, 2006 : 343).

① 검사-재검사법

검사－재검사법(test-retest method)은 신뢰도의 개념에 가장 근접한 방식으로 신뢰도를 평가하는 방법으로 한번 측정이 이루어진 후에 동일 측정도구, 동일 상황, 동일 대상에서 서로 다른 시간(2주 간격이 적당)에 측정한 결과를 비교한다. 이는 도구의 안정성을 평가하는 것으로 측정결과의 일관성 정도를 나타낸다.

이 방법은 척도를 2번 이상 사용하여 두 결과 간의 상관관계를 측정하여 높으면 측정의 신뢰도가 높다고 할 수 있다. 재검사 측정방법의 장점은 첫째, 개념 자체가 이해하기 쉽고 적용이 쉬우며 둘째, 측정도구 자체를 직접 비교할 수 있다는 점이다.

단점으로는 첫째, 기억력 통제의 어려움이다. 두 측정 사이의 간격을 잘 조정하여야 한다. 예를 들면, 두 측정 사이의 간격이 너무 짧은 경우는 검사효과(testing effect)가 나타나 응답자가 지난번에 응답한 답을 기억해 그대로 응답할 수가 있다. 그러므로 검사효과를 제거하기 위해 보통 2주 간격을 두고 측정을 한다. 즉, 검사－재검사법은 첫 번째 조사가 두 번째 조사에 영향을 미치는 것을 통제할 방법이 없다. 둘째, 첫 번째 조사와 두 번째 조사 중 응답자, 즉 조사대상자에게 특정 변화가 일어날 수 있음을 간과하고 있다. 셋째, 동일한 검사 문항을 대상으로 일정한 시간 간격을 두고 두 번 조사한다는 것은 현실적으로 어려운 일이라는 한계점이 존재한다.

② 대안법

대안법(alternative-form method)은 동형검사법, 복수양식법, 유사양식법, 평행양식법이라고도 한다. 재검사법의 시간적 간격문제를 해결하고 거의 동시에 측정한다. 측정수단이나 관찰방법은 비슷하지만 서로 다른 두 가지 형태의 측정도구로 동일한 대상을 차례로 측정하고 그 점수들 사이의 상관관계를 통해 신뢰도를 검증하는 방법이다. 즉, 동일한 측정대상을 독립된 두 개의 척도를 사용하여 이들의 상관관계를 통하여 각각 신뢰도를 측정하는 방법을 의미한다. 예를 들어, 5문항을 만들어 검사할 때 각각의 문제에 유사한 한 문제씩을 더 만들어 모두 10문제를 만든다. 그 결과 유사한 5문항에 대한 점수를 상관시켜 두 점수가 높게 상관되었다면 신뢰도가 있다고 할 수 있는 것이다.

대안법의 장점은 첫째, 재검사 방법의 시간간격문제(검사효과)를 극복하는 데 어느 정도 유용하고 둘째, 신뢰도계수 측정이 쉽다. 단점으로는 동일한 현상을 측정하는 데 사용될 비슷한 측정도구를 찾는 것이 어렵다. 둘째, 검사효과를 어느 정도 방지할 수 있지만 배제할 수 없다는 것이다.

③ 내적 일관성 신뢰도법

검사-재검사법은 두 번에 걸쳐 측정이 이루어지지만 대안법은 유사한 두 개의 측정도구를 함께 적용하기 때문에 신뢰도를 평가하기가 번거로울 수 있다. 이와 달리 하나의 측정도구를 한 번에 적용하여 측정한 후 그 안에서 신뢰도를 평가하는 방법을 내적 일관성 신뢰도법이라 하며 여기에는 반분법과 크론바하 알파계수가 있다.

- 반분법

반분법(split-half method)은 측정도구의 질문들을 내용적으로 무작위로 반으로 나누어 둘로 만든 후 피조사자들에게 동시에 적용한 다음 두 부분의 결과를 비교하여 상관계수를 산출함으로써 신뢰도를 측정하는 방법이다. 즉, 다수의 측정항목을 서로 대등한 두 개의 그룹으로 나누고 두 그룹의 항목별 측정치 사이의 상관관계를 조사하여 신뢰도를 측정하는 방법이다.

반분법의 유형으로는 기우법(짝, 홀수번 문항으로 반분), 전후법(문항순서에 따라 전후로 반분), 단순무작위법(무작위로 반분)이 있다.

- **기우법** : 직무만족도 척도가 총 14개 항목으로 구성되어 있을 때, 이를 짝수, 홀수로 나누어 각기 7개 항목으로 구성된 두 개의 직무만족도 척도를 별도로 시행하였을 때 동일한 결과가 나오거나 상관관계가 높다면 신뢰도는 확보되었다고 볼 수 있다.
- **단순무작위법** : 부모 자식 간의 친밀도를 측정할 것으로 기대하는 20개의 질문항목을 무작위로 10개씩 나누어 두 개의 척도로 만들고 이것을 동일한 대상에 대해 측정한 뒤 두 개의 측정값이 거의 동일한가를 확인하는 방법이다.

반분법의 장점으로는 첫째, 반분된 측정도구로 동시에 측정이 가능하기 때문에 재검사 방법의 단점을 보완한다. 둘째, 서로 측정시간이 다를 때의 시간 간격으로 인해 파생되는 외생변수의 영향을 배제한다. 셋째, 동일 대상의 속성을 한 번만 측정하므로 반복검사에서 나타나는 검사효과도 배제할 수 있다. 단점으로는 첫째, 반으로 나누는 과정에서 각각의 측정문항들을 완전히 동등하게 만들기 어렵다. 둘째, 측정문항이 적은 경우는 사용할 수 없다. 즉, 신뢰도를 정확히 파악할 수 없다.

반분법을 이용하기 위한 전제조건으로는 첫째, 측정도구가 경험적으로 단일적이어야 한다. 둘째, 양분된 각 측정도구의 항목 수는 그 자체가 각각 완전한 척도를 이룰 수 있도록 충분히 많아야 하는데 반분된 항목 수는 적어도 8~10개 정도가 있어야 한다.

반분법은 한 측정도구 내에서의 상관관계에 기초해 신뢰도를 판단하기 때문에, 다음의 크론바하 알파계수와 더불어 내적 일관성 분석법에 해당한다. 그러나 반분법은 크론바하 알파와 차이가 있는데 반분법은 반분을 어떻게 하느냐에 따라 다양한 상관계수(신뢰도계수)가 산출될 수 있다. 크론바하 알파계수는 단일한 신뢰도계수 값을 산출한다는 점에서 차이가 있다.

• 크론바하 알파계수

문항들을 반으로 나눌 때 신뢰도가 달라지는 반분법의 문제를 해결하기 위해 척도를 구성하는 각각의 항목에 대하여 그 항목과 다른 항목들 간의 상관관계를 계산하여 그들의 평균치를 구하는 신뢰도를 측정하는 방식이다. 내적 일관성 신뢰도계수를 산정하는 가장 일반적인 방법으로 크론바하 알파계수(Cronbach's alpha coefficient) 계산법이 널리 사용되고 있다.

크론바하 알파계수의 특징으로 첫째, 0에서 1까지의 값을 가진다. 둘째, 척도를 구성하는 문항들 간의 상관계수가 증가할수록 신뢰도계수 값이 커진다. 셋째, 문항의 수가 증가할수록 신뢰도는 커진다. 넷째, 보통 크론바하 알파계수가 0.6 이상이면 척도의 신뢰도가 있는 것으로 간주된다. 다섯째, 측정도구의 응답을 받는 횟수를 1회로 끝낼 수 있다.

크론바하 알파계수의 장점으로 첫째, 단일한 신뢰도계수를 산출할 수 있다. 둘째, 신뢰도를 저해하는 문항을 찾아내어 이를 제외시킴으로써 척도의 신뢰도를 높이는 데 사용된다. 셋째, 컴퓨터 통계프로그램을 이용하여 간단히 산출할 수 있다는 것이다.

표 7-2 각 신뢰도 측정(평가)방법 비교

구분	측정(평가)방법
검사-재검사법	한 척도를 2번 측정한 값의 상관관계로 판단
대안법(동형검사법)	유사한 척도 2개를 1번 측정한 값의 상관관계로 판단
반분법	한 척도를 1번 측정한 뒤, 문항을 반으로 나누어 두 부분 측정값의 상관관계로 판단
크론바하 알파계수	한 척도를 1번 측정한 뒤, 있을 수 있는 모든 반분법 상관계수들의 평균으로 판단

2) 타당도

(1) 타당도의 개념

타당도(validity)는 원래 의도했던 개념을 측정하고 있는가에 관련된 개념이다. 즉, "측정하고자 하는 개념을 얼마나 정확히 측정하였는가?"를 의미한다. 측정도구 자체가 측정하고자 하는 개념이나 속성을 정확히 반영하는 정도이며 신뢰성보다 상위수준으로 측정하려고 하는 개념에 대한 조작적 정의와 관련된다. 예를 들어 지능을 측정하기 위해 사용된 도구가 글로 된 시험지라면 그 결과가 지능을 측정한 것인가, 글 읽는 속도를 측정한 것인가를 의심하게 되는 것이다. 측정도구의 적절성이 필요한데 몸무게를 측정하는 데 저울, 허리 사이즈를 측정하는 데는 줄자, 우울증 정도를 측정하는 데 우울증 척도 등을 사용하는 것은 타당도가 있는 것이다.

(2) 타당도의 유형

타당도의 유형에는 내용타당도, 기준타당도, 구성타당도로 구분할 수 있다(김기원, 2001 : 208-212, 김태성 외, 2005 : 92-97, 임정문, 2006 : 352, 황인옥, 2019 : 191-195).

① 내용타당도

내용타당도(content validity)는 액면타당도(face validity)라고도 불린다. 측정도구에 포함된 설문 문항이나 관찰항목들에 대해서 주관적 또는 상호주관적인 판단에 기초하여 적합성 여부를 결정하는 것으로 논리적 타당성이라 불리기도 한다.

측정도구의 설문 문항이나 관찰항목들이 측정하고자 하는 속성이나 개념을 얼마나 대표성 있게 포함하고 있는가에 대해 논리적으로 판단하는 것이다. 즉, 측정도구가 측정대상이 가지고 있는 많은 속성 중의 일부를 대표성 있게 포함하면 타당성이 있다고 보는 것이다. 이를 위해 사용하는 속성이나 개념에 대한 전문가, 측정도구 개발에 대한 전문가, 혹은 예비측정대상자들을 통해 측정내용들에 대한 타당도를 확인한다. 다만 내용타당도 평가는 연구자의 직관이나 전문가의 견해를 통한 주관적 판단에 의존할 수밖에 없는 한계를 지니게 된다. 따라서 내용타당도는 논리적 사고에 입각한 논리적인 분석과정으로 판단하는 주관적인 타당도로 객관적인 자료에 근거하지는 않는다.

측정도구의 내용의 대표성을 높이기 위해서는 다음과 같은 절차를 필요로 한다. 첫째, 어떠한 개념의 모든 의미를 전부 다 포괄하기 위하여 중요하고 또 명백한 의미들을 열거한다. 둘째, 어떤 의미가 단일차원을 대표하지 못하면 이를 다시 세분하도록 한다. 셋째, 각각의 의미에 대하여 적어도 7~10개의 항목을 사용해야 의미를 잘 파악할 수 있을 뿐만 아니라 신뢰도도 높아진다. 넷째, 선택된 항목들이 예상했던 대로 기능을 하지 못한 경우에 이런 항목은 제거해야 한다.

내용타당도의 장점으로는 첫째, 전문가들의 판단에 의하여 검사의 타당성을 입증 받게 되므로 검사의 목적에 대한 부합성의 여부를 검정할 수 있다. 둘째, 질문내용에 기초를 두어 관찰할 수 있고 추정할 수 있다. 셋째, 적용이 용이하고 시간이 적게 든다. 내용타당도의 단점으로는 첫째, 조사자(연구자)의 주관적 해석과 판단에 지나치게 의존함으로써 판단에 의한 오차나 착오가 개입할 소지가 많다. 둘째, 통계적 검증이 이루어지지 않는다는 점이다. 셋째, 측정하려고 하는 속성과 이 속성을 반영하는 항목 간의 상응관계의 정도를 파악할 수 없다.

② 기준타당도

기준타당도(criterion validity)는 연구에 사용할 측정도구의 측정값과 이미 잘 알려진 측정도구의 측정값이 유사한 정도를 의미한다. 즉, 기준타당도는 이미 타당도가 있다고 인정되어 온 기존 측정도구의 측정 결과와 새로 개발된 측정도구의 결과 간의 상관관계를 비교하여 타당도를 판단하는 방법이다. 둘의 상관관계가 높다면 새로운 측정도구는 기준타당도가 있다고 할 수 있는 것이다. 기준타당도는 통계적으로 타당도를 평가하는 것이다.

기준타당도를 평가하는 방법은 동시적 타당도, 예측적 타당도가 있다. 평가의 기준변수가 미래에 관한 것이면 예측적 타당성, 현재 상태의 것이라면 동시적 타당성이라 불린다.

첫째, 동시적 기준타당도(concurrent validity)는 현재 기준과의 상관관계 · 검사점수와 준거로 기존에 타당성을 입증 받고 있는 검사로부터 얻은 점수와의 관계에 의하여 검정하는 타당도이다. 즉, 현재의 특정 현상을 측정하는 데 타당한 측정을 나타낼 때 사용한다. 예를 들어 새로 만든 우울 측정도구와 타당도가 공인된 우울척도를 같은 대상에게 적용했더니 두 도구의 측정값 간에 상관관계가 높았다면 동시적 기준타당도가 높다는 의미이다.

기준타당도의 장점으로는 계량화되어 타당도에 대한 객관적인 정보를 제공할 수 있으며, 타당도의 정도를 나타낼 수 있고 단점으로는 기존에 타당성을 입증 받고 있는 검사가 없을 경우 타당도를 추정할 수 없으며 타당도가 입증된 검사가 있을지라도 그 검사와의 관계에 의하여 동시적 타당도가 검정되므로 기존 검사에 의존해야 한다는 점이다.

둘째, 예측적 기준타당도(predictive validity)는 미래 기준과의 상관관계이다. 어떤 조사가 무슨 행위가 일어날 것이라고 예측한 것과 실제로 예측한 것과 실제 대상자 또는 집단이 나타낸 행위 간의 관계를 측정한다. 즉, 검사점수가 미래의 행위를 얼마나 잘 예측하느냐의 문제로써 장래의 사건을 예견하는 측정능력을 말한다. 예를 들어 비행사 적성검사를 보았을 때 그 적성검사에서 높은 점수를 받은 비행사가 안전운행 기록이 높다면 그 검사의 예측타당도가 높다고 할 수 있는 것이다. 예측적 타당도의 장점은 검사도구가 미래의 행위를 예측하여 주기 때문에 예측타당도가 높으면 채용, 선발 등의 목적을 위하여 검사를 사용할 수 있고 단점으로는 검사의 타당도를 검증 받기 위하여 오랜 시간을 기다려야 한다는 것이다.

③ 구성타당도

구성타당도(construct validity)는 구성체 타당도, 개념타당도 등으로도 번역된다. 구성타당도는 측정되는 개념이 전반적인 이론 틀 속에서 다른 개념과 관련성을 가지는 정도를 의미하는데 연구자가 측정하고자 하는 추상적인 개념이 실제로 측정도구에 의해서 제대로 측정되었는지의 정도를 나타낸다. 즉, 구성체 또는 개념구성(construct)은 고도의 추상적 성격을 지닌 것으로 이를 관찰하기는 어렵다. 따라서 다른 개념과의 연관 속에서 판단해야 하는 것이다. 예를 들어 결혼만족의 척도를 개발했다면 이 척도의 타당도를 측정하려고 할 때, 만일 이론적으로 높은 결혼만족이 가정폭력을 낮게 한다면, 경험적으로 개발한 척도에서 높은 점수를 받은 부부의 가정폭력이 낮게 나타나야 할 것이다.

구성타당도는 이해타당도, 수렴(집중)타당도, 판별타당도로 구성된다. 이 세 가지의 타당도가 높아야 구성타당도가 높다고 말할 수 있다.

첫째, 이해타당도(nomological validity)는 어떤 개념을 얼마나 잘 이해하고 있는지를 측정하고 평가하는 기준을 의미한다. 이론에 따라 체계적, 논리적, 포괄적으로 구성된 개념을 이용하는 측정도구가 그 기준이 높다고 할 수 있다. 예를 들어, 지능은 창조력, 문제를 푸는 능력, 순간적인 임기응변 등으로 다양하게 정의될 수 있다.

둘째, 수렴(집중)타당도(convergent validity)는 동일한 개념을 측정하기 위해 서로 다른 두 가지 방법을 개발하고 측정결과 얻어진 결과들 간에 높은 상관관계가 존재해야 수렴타당도가 높다고 할 수 있다. 예를 들어 새로 개발한 지능검사와 비교해서 두 검사 간의 상관계수가 높게 나타났다면 새로운 지능검사는 지능이라는 개념을 잘 측정하였다는 간접결론을 내릴 수 있다. 이때 검사의 수렴타당도가 높다고 한다.

셋째, 판별타당도(discriminant validity)는 서로 다른 개념을 측정했을 때 얻어진 측정치들 간에는 상관관계가 낮아야만 함을 의미한다. 예를 들어, 정치인의 선호도와 정당지지도라는 상이한 개념의 문제들을 측정하였을 때 두 개념을 측정한 측정치들 간의 상관계수가 낮게 나왔다면 판별타당도가 높다고 해석할 수 있다.

3) 타당도와 신뢰도와의 관계

신뢰도가 높다는 것은 어떤 현상을 일관성 있게 측정할 수 있느냐의 관점이다. 어떤 현상이 연구자가 측정하고자 하는 현상이 아닌데도 일관성이 높게 나타나면, 그것은 신뢰도만 높을 뿐, 조사자가 연구하고자 하는 점을 측정하기 위한 타당성이 높다고 할 수는 없다. 즉, 신뢰도가 높다고 해서 반드시 타당도가 높은 것은 아니다.

또한 조사도구의 내용이 조사하고자 하는 현상을 잘 파악하고, 그 결과가 일관되어야 하기 때문에, 타당도를 높이기 위해서는 신뢰도 또한 높아야 한다. 즉, 신뢰도는 타당도를 높이기 위한 필요조건이라 할 수 있다.

신뢰도와 타당도의 관계를 요약하면 다음과 같다.

① 타당도가 높으면 신뢰도는 항상 높다.

② 타당도가 낮다고 해서 신뢰도가 반드시 낮은 것은 아니다.

③ 타당도와 신뢰도는 비대칭적 관계이다.

④ 신뢰도가 높다고 해서 타당도가 반드시 높은 것은 아니다.

⑤ 신뢰도가 낮으면 항상 타당도가 낮다.

⑥ 신뢰도는 무작위 오류와 관련이 있고 타당도는 체계적 오류와 관련이 있다.

⑦ 신뢰도는 척도에 의해서 측정된 값이 얼마나 일관성이 있는지에 관심이 있고 타당도는 척도와 측정대상의 관계에 주목한다.

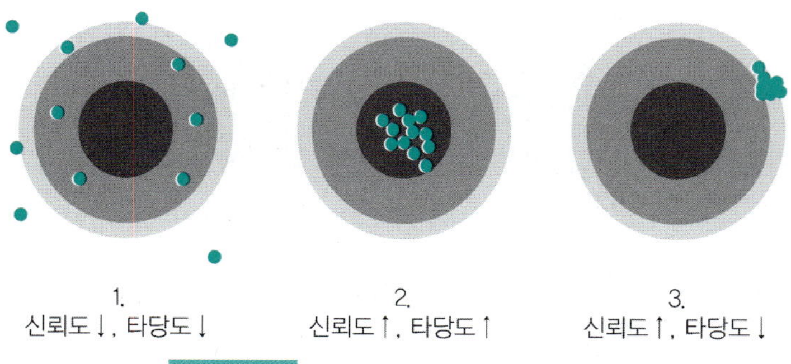

그림 7-1 타당도와 신뢰도와의 관계

※ 사회복지교육연구센터, 2022 : 213. 재인용.

4. 측정오류

사회과학에서 측정하려는 것은 조사대상자의 태도, 행동, 특성 등에 관한 추상적인 개념들이 많다. 이런 추상적인 개념을 정형화하는 측정과정에서 많은 오류가 발생할 수 있다.

1) 측정오류의 개념

측정오류(measurement error)는 조사연구자가 측정하고자 하는 측정대상의 진정한 값과 실제 측정도구를 사용하여 얻어진 값의 차이를 의미하는 것이다(황인옥, 2019 : 197). 본질적으로 신뢰도와 타당도의 문제이며 타당도는 체계적 오류, 신뢰도는 비체계적 오류에 관련한 문제이다.

표 7-3 측정오류의 개념

측정의 참값(true value) = 측정값(observed value) + 측정 오류(measurement error)
측정의 오류 = 체계적 오류(systematic error) + 무작위적 오류(random measurement error)
측정의 오류 = 타당도 + 신뢰도

2) 측정오류의 원인

측정오류의 원인으로는 문항을 개발할 때 측정 대상에 대해 잘못된 개념적, 조작적 정의를 내리는 경우, 자료 수집 시 응답자의 잘못된 이해나 대답, 자료 처리 시 코딩 및 펀칭 상의 오류가 발생할 수 있다. 이때 조사자는 측정 대상 속성을 얼마나 정확히 반영하였는가를 평가하여 오류가 적은 자료로 분석해야 한다. 또한 응답자의 독특한 성향, 응답자의 조사 시점의 일시적 특성, 자료 수집 상황에 의한 오류, 응답자와 질문자 간의 상호작용에 의한 오류, 다른 속성 측정에 의한 오류, 측정도구 오류, 측정 방식, 응답자 표기 실수 및 자료처리 오류 등 측정과정에서 다양 종류의 오류가 발생할 수 있다.

측정오류의 원인을 요약하면 다음과 같다.

① 측정도구 자체가 결함이 있거나 정확하지 않은 경우 오류가 나타난다.

② 측정도구에는 별다른 문제가 없지만 측정하는 사람이 측정기술이 부족하거나, 부주의하거나, 착오를 일으킬 경우 측정오류가 나타난다. 예를 들어, 복잡한 설문지를 노인을 대상으로 실시하는 경우 등이다.

③ 대상자의 심리적 특성이 일시적으로 변하거나 측정이 이루어지는 환경이 특이한 경우에 나타난다. 예를 들어, 개인이 기분이 좋을 때와 나쁠 때 측정의 값이 달라질 수 있다.

3) 측정오류의 유형

사회조사에 있어서 측정에 개입되는 오류(誤謬) 또는 오차(誤差)의 유형은 다양하다. 크게 체계적 오류와 무작위적(확률, 비체계적) 오류로 나누어 살펴보면 다음과 같다(A. Rubin & E. Babbie, 1993 : 193-199).

(1) 체계적 오류

측정의 체계적 오류(systematic error)는 자료 수집방법이나 자료를 제공하는 역할에 의해서 발생하는 것으로 측정하려는 개념이 아닌 다른 것들이 측정되는 경우를 말하는 것이다. 즉, 측정결과가 모두 높아지거나 모두 낮아지게 되는 편향된(biased) 경향을 보이는 것이다. 예를 들어 인구통계학적 또는 사회경제적 특성이나 개인의 성향과 같이 응답자의 일정한 속성과 관련이 있을 수 있는 것이다.

이론적으로 보았을 때, 체계적 오류가 0이면 타당도가 완벽하고 무작위적 오류가 0이면 신뢰도가 완벽하다는 것을 가리키지만 실제 계산에서는 사용하지 않는다.

① 태도와 행동

사회과학에서 사람들에 관련된 변수들을 측정하려 할 때, 태도(attitude)

와 행동(behavior)은 종종 뒤섞여서 관찰되기도 한다. 예를 들어, 혐오시설(쓰레기 매립장, 화장장, 하수종말처리장 등), 위험시설(원자력발전소, 교도소, 핵폐기물 처리장, 군부대 시설 등), 지역개발장해시설(상수도보호구역, 장애인 시설, 양로원 등) 같은 것들이 이런 시설이며, NIMBY(not in my back yard), LULU(locally unwanted land use)가 있다.

② 편견에 의한 오류

사회과학의 연구대상들, 즉 측정 대상자들이 각종 편견에 의해서 측정에 오류가 발생하는 경우도 있다. 편견에 의해 발생하는 측정오류들은 다음과 같이 구분될 수 있다.

첫째, 고정반응(response set)에 의한 편향이다. 설문지에서 일정한 유형의 응답들이 연속적으로 부과될 때 주로 나타나는 오류이다. 즉, 응답자들이 개별 문제들에 대해 깊이 생각하기보다는 앞에서 이미 계속되어 온 응답들에 맞추어 그 부근에서 자신의 응답을 선택해 버리는 경향이 발생하기 쉽다. 다른 의미로 연속반응 함정이라고 한다. 예를 들어 대학 수업의 강의평가서, 질의가 많은 평가서 등이 있다.

둘째, 사회적 적절성의 편견(social desirability bias)이다. 응답자들이 질문자의 의도에 맞추어 대답하는 경우에 나타나는 측정의 오류이다. 즉, 자신의 생각과는 무관하게 자신이나 자신이 소속한 집단이 우월성을 보이기 위해 대답하는 경우에 사회적 적절성 편견 오류는 자주 나타나게 된다. 예들 들어, 복지의 측면에서 주민세 0.5% 인상을 완곡하게 말할 때, CEO들의 전문성 인지도를 낼 때 등이 있다.

셋째, 문화적 차이에 의한 편견(cultural gap bias)이다. 측정의 과정에 문화적 차이가 스며들어 발생하게 되는 오류이다. 어떤 문화집단에서는 자연스럽게 이해된 사실이 다른 문화집단에서는 부자연스럽거나 모르게 되는 경우에 많이 나타난다. 예들 들어, 대학생과 농어촌 집단의 "Marx의 유물론에 대한 생각", 고등학생과 노동자의 은어 등이 있다.

③ 인구통계학적, 사회경제적 특성으로 인한 오류

성별, 학력, 소득, 종교, 직업, 인종, 사회적 지위, 문화 등과 같이 인구통계학적 또는 사회경제적 특성으로 인해 일정한 방향으로 오류가 나는 경향이다. 예를 들어 응답자가 고학력일수록 응답문항 중 앞쪽에 답을 선택하는 선행효과와 응답자가 저학력일수록 응답문항 중 뒤쪽에 답을 선택하는 후행효과 등을 들 수 있다.

④ 개인적인 성향에 의한 오류

긍정적이거나 부정적이거나, 혹은 중립적이거나 등의 개인적 성향이 응답의 차이를 유발하는 것이다. 개인적 성향에 따른 오류는 관용의 오류, 가혹의 오류, 중앙집중 경향의 오류, 대조의 오류, 후광효과(halo effect) 등이 있다.

- **관용의 오류**: 무조건 긍정적인 입장
- **가혹의 오류**: 무조건 부정적인 입장
- **중앙집중 경향의 오류**: 무조건 중립적인 입장
- **대조의 오류**: 자기 자신과 상반되는 것으로 다른 사람을 평가하려는 오류
- **후광효과**: 측정대상의 한 가지 속성에 강한 인상을 받아 그것으로 전체 속성을 평가하는 데 부당한 영향을 미치는 성향

⑤ 측정의 개념이 태도인지 행동인지 모호할 때 발생하는 오류

태도를 측정하려는 것인지 행동을 측정하려고 하는 것인지 모호할 때, 즉 태도를 측정하면서 행동을 예측한다거나 반대로 행동을 측정하여 태도를 예측하는 것과 같은 경우 오류가 발생할 수 있다. 예를 들어, 설문조사에서 후원의사가 있는지를 묻는 것은 후원에 대한 태도를 묻는 것이지만 실제 후원하는지를 관찰한다면 행동을 조사하는 것이다.

이처럼 체계적 오류란 유형화된 오류를 의미하는 것이다. 즉, 측정의 순도를 더 떨어뜨린다는 것이다. 그러나 체계적 오류들은 그 발생이 체계적이므로 오류의 근원을 파악함으로써 체계적으로 제거할 수도 있다.

(2) 무작위적 오류

무작위적 오류(random error)는 비체계적 오류라고도 하며 오류의 값이 인위적이거나 편향된 것이 아니라 다양하게 분산되어 있어 무작위적으로 발생하는 오류이다. 즉, 측정대상, 측정과정, 측정수단, 측정자 등에 일관성 없이 영향을 미침으로써 발생하는 오류이다.

무작위적 오류는 오류가 발생하는 과정에서 일정한 유형이 존재하지 않는다는 것이 특징이다. 즉, 측정에 있어서 비일관적(inconsistency)인 오류들이 존재함을 의미한다. 그런고로 일관성 없이 나타나는 오류들은 제거해내기가 쉽지 않다. 예를 들면 주로 측정 시의 기압이나 날씨 등과 같은 환경이나, 측정 당시에 사용되었던 용어나 뉘앙스, 개인적인 컨디션, 피로, 기억, 감정변화 등이 어려운 요인들이다. 하지만 오랫동안 유사한 측정들을 계속해 나가다 보면, 무작위적 오류의 범위들이 줄어들게 되고 그로 인해 측정의 정확성이 높아질 수 있다.

4) 비체계적인 오류를 줄이는 방법

측정의 오류들이 어느 정도 개입되었는지를 확인하기 위해서는 타당도와 신뢰도를 살펴보아야 한다. 타당도는 측정이 의도했던 개념을 측정하였는지의 의미이고 신뢰도는 여타의 환경에서 일정한 값을 계속 산출하고 있는지의 의미이다.

비체계적 오류는 측정도구, 측정대상, 측정상황의 3가지 측면에서 모두 발생하는데 이를 줄이기 위한 방안은 다음과 같다(김영종, 1999 : 132).

① 편견이 담긴 언어라든지 응답자가 이해할 수 없는 언어는 사용하지 않는다.

② 조사자가 사전에 철저히 훈련하여 응답자가 질문의 뜻을 잘 이해하도록 도와야 한다.

③ 기존의 자료를 이용할 경우 그 자료를 너무 신뢰하지 말고 연구목적에 맞게 수정하여 사용하도록 한다.

④ 자료수집을 할 경우 다각적인 자료수집방법으로 여러 가지 방법을 활용하는 것이 좋다.

⑤ 이미 신뢰도와 타당도가 확보된 도구를 이용한다.

⑥ 측정항목 수를 늘린다.

⑦ 측정방식이나 태도에 일관성이 있어야 한다.

연습문제

01 측정의 신뢰도와 타당도에 관한 설명으로 옳은 것은? 2015년 출제

① 동일인이 한 체중계로 여러 번 몸무게를 측정하는 것은 체중계의 타당도와 관련되어 있다.
② 편향은 측정의 무작위 오류와 관련되어 있다.
③ 측정도구의 높은 신뢰성이 측정의 타당성을 보증하지 않는다.
④ 측정도구의 타당도를 검사하기 위해 반분법을 활용한다.
⑤ 기준관련 타당도 검사를 위해 해당개념과 관련된 이론적 모형이 필요하다.

02 다음 연구설계의 내용에서 확인될 수 있는 내 · 외적 타당도 저해요인에 관한 설명으로 옳은 것은? 2015년 출제

지진에 의해 정신적 충격에 빠진 재난지역 주민 대상 위기개입 프로그램의 효과성을 검증하고자 한다. 이를 위해 위기개입 직전과 개입 후 한 달 만에 각각 동일한 척도로 디스트레스(SCL-90) 정도를 측정하여 비교하였다.

① 우연한 사건이 내적 타당도를 저해하고 있다.
② 도구효과가 내적 타당도를 저해하고 있다.
③ 실험대상자의 상실(attrition)이 외적 타당도를 저해하고 있다.
④ 성숙효과가 내적 타당도를 저해하고 있다.
⑤ 선택효과가 외적 타당도를 저해하고 있다.

03 실험설계의 내적 타당도에 관한 설명으로 옳지 않은 것은? 2015년 출제

① 실험요인 이외의 대안적 설명을 배제하고자 한다.
② 인과관계에 대한 확신의 정도와 관련 있다.
③ 우연한 사건의 영향을 배제하는 것이 필요하다.
④ 일반화 가능성에 관한 것이다.
⑤ 통계적 회귀효과를 배제하는 것이 필요하다.

04 측정에 관한 설명으로 옳지 않은 것은?

2021년 출제

① 측정은 연구대상에 대해 일정한 규칙에 따라 숫자나 기호를 부여하는 과정이다.
② 지표는 개념 속에 내재된 속성들이 표출되어 나타난 결과를 말한다.
③ 리커트척도는 각 항목의 단순합산을 통해 서열성을 산출한다.
④ 측정의 체계적 오류는 타당도와 관련이 없다.
⑤ 조작적 정의는 실질적으로 측정하게 되는 연구대상의 세부적 속성이다.

05 다음에서 설명하고 있는 타당도는?

2020년 출제

측정되는 개념이 속한 이론 체계 내에서 다른 개념들과 논리적으로 어느 정도 관련성을 갖고 있는지를 경험적으로 검증하는 가장 수준이 높은 타당도

① 액면 타당도(face validity)
② 기준 타당도(criterion validity)
③ 동시 타당도(concurrent validity)
④ 구성 타당도(construct validity)
⑤ 예측 타당도(predictive validity)

06 측정 시 나타날 수 있는 체계적 오류에 관한 설명으로 옳지 않은 것은?

2020년 출제

① 코딩 왜곡은 체계적 오류를 발생시킨다.
② 익명의 응답은 체계적 오류를 최소화한다.
③ 편견 없는 단어는 체계적 오류를 최소화한다.
④ 척도구성 과정의 실수는 체계적 오류를 발생시킨다.
⑤ 비관여적 관찰은 체계적 오류를 최소화한다.

07 측정의 신뢰도와 타당도에 관한 설명으로 옳은 것은?

2020 출제

① 신뢰도는 일관성으로 표현될 수 있는 개념이다.
② 측정도구의 문항 수가 적을수록 신뢰도는 높아진다.
③ 검사-재검사 방법은 타당도를 측정하는 방법이다.
④ 편향(bias)은 측정의 비체계적 오류와 관련된다.
⑤ 측정도구의 신뢰도가 높아지면 타당도도 높아진다.

정답 01 ③ 02 ④ 03 ④ 04 ③ 05 ④ 06 ① 07 ①

08
CHAPTER

척 도

❐ 학습목표

- 지수와 척도를 구분하고 척도의 작성과정에 대해 이해해야 한다.
- 척도를 사용하는 이유를 이해한다.
- 사회복지에서 척도를 어떻게 사용하는지를 이해한다.
- 척도화 유형의 특성을 상호 구분하여 이해해야 한다.

이 장에서는 척도의 개념을 살펴보고자 한다. 이어서 척도화의 유형을 살펴봄으로써 연구조사의 측정을 위한 도구인 척도에 대해 이해하게 될 것이다.

1. 척도

1) 척도의 개념

척도[1)]는 논리적으로 또는 경험적으로 서로 연관되어 있는 여러 개의 문항 또는 지표로 이루어진 복합적 측정도구를 말한다. 관찰된 현상에 대해 일정한 규칙에 따라 수치나 기호를 부여하는 것을 측정이라고 하고, 이 측정을 위한 도구를 척도라고 한다. 즉, 척도는 측정하고자 하는 대상에 부여하는 숫자나 기호들의 체계이다.

1) 척도란 측정을 위한 도구로서, 일정한 규칙에 따라 관찰된 현상에 대해 수치나 기호를 부여하기 위해 사용되는 도구이다.

표 8-1 자연과학과 사회과학의 척도 비교

구분	내용
자연과학	측정 대상이 주로 물질적이다. (척도 예: 온도계, 자, 체중계, 저울 등)
사회과학	측정 대상이 대부분 비물질적이다. (척도 예: 특정 변수를 종합적으로 측정하기 위해 논리적이고, 경험적으로 연관된 하나 또는 다수의 문항들로 구성된다.)

2) 척도 사용 이유

척도를 사용하는 이유를 살펴보면 다음과 같다(강종수, 2009 : 141-142).

- 척도를 이용함으로써 하나의 문장이나 지표로는 제대로 측정하기 어려운 복합적인 개념을 측정할 수 있다.
- 여러 개의 지표(문항)를 하나의 점수로 나타냄으로써 자료의 복합성을 덜 수 있다.
- 척도의 단일차원성(척도를 구성하는 문항은 공통적인 특성을 나타내야 함)을 검증해 볼 수 있다.
- 복수의 지표로 구성된 척도를 사용하면 단일문항(지표)을 사용하는 경우보다 측정의 오류를 줄일 수 있고, 측정의 타당성과 신뢰성을 높일 수 있다.

3) 척도 활용지침

사회복지사들은 사회복지 정책 환경이나 클라이언트의 욕구 및 문제를 정확하게 기술하고 문제의 변화 과정 그리고 전문적 개입의 효과를 상세하게 파악하기 위하여 과학적인 척도를 사용한다(남세진 · 최성재, 1988 : 346-347).

■ **과학적 척도 선택 지침**

- 척도는 과학적이며, 체계적이고 논리적이어야 한다.
- 척도는 사용하기 쉽고, 응답자가 쉽게 완성할 수 있도록 실용적이어야 한다.
- 척도는 변화를 시도하는 욕구나 문제 자체를 측정할 뿐만 아니라 변화의 가능

성과 그 결과에 대한 정보를 제공하여야 한다.
- 척도는 신뢰성과 타당성이 있어야 한다.
- 척도는 사회적 요청이나 비정상적인 행위에 지나치게 민감하지 않아야 한다.

2. 지수의 개념

지수(index)와 척도(scale)라는 용어는 구분하는 기준이 명확하지 않아 종종 혼용되곤 한다. 지수와 척도를 구분하면, 경험적으로 쉽게 인식할 수 있는 지표(indicator)들로 구성된 것을 지수라 하고, 사람들의 태도 등과 관련된 변수의 측정에서는 이를 척도라 하는 경우가 많다. 예를 들면, '물가'와 같은 외부적이고 경험적인 사실에 대한 지표들을 묶어서 가령 소비자물가지수라 하고, '아동의 어머니에 대한 태도'처럼 사람들의 생각이나 내면적인 태도 등에 대한 항목이나 지표들을 묶어 놓은 것을 척도라 하는 경향이 있다(최성철 외, 2010 : 163-164).

- **지표** : 지표란 하나의 개념을 측정하는 값으로, 사회과학에서 관찰하고자 하는 현상들에 대한 개념들을 측정해 내기 위해 사용되는 것으로서 지표를 통해 이루어진다.
- **지수** : 지수란 다의적이고 복합적인 특성을 갖고 있는 개념을 양적으로 측정하기 위해서 고안된 다수의 지표들을 하나로 묶어 단일 수치로 표현한 것이다. 척도에 비해 비교적 객관적인 지표로서 경험적으로 쉽게 인식할 수 있는 지표로 구성된다. 예 사회경제적 지위, 부패지수
- **척도** : 척도란 어떤 개념을 측정하기 위해 고안된 진술 또는 질문사항을 말하며, 사람들의 생각이나 태도와 관련된 변수들을 측정할 때 주로 사용한다.

표 8-2 지표, 지수, 척도의 개념

구분	개념
지표 (indicator)	• 변수의 속성을 나타내는 요소이며, 사회복지의 속성은 삶의 기본 요소, 사회경제적 요소, 사회문화적 요소 등으로 표현된다. 이들 요소 하나하나가 사회복지라는 변수의 지표에 해당한다. 예 사람들의 사회경제적 지위는 그 사람의 소득, 학력, 직업, 종교 등의 지표를 통해 파악된다.
지수 (index)	• 변수들은 복합적인 성질을 갖고 있기 때문에 개별적인 지표 하나로는, 즉 단순지표로는 변수의 속성을 정확하게 파악하기 어렵다. 따라서 더 정확한 측정을 위해서는 다의적이고 복합적인 측정치를 사용해야 하고, 이러한 복합 측정치를 지수라 한다. 예 사회지표, 소비자물가지수, 생산성지수, 행복지수 등
척도 (scale)	• 측정을 하기 위한 도구이며, 측정 대상의 개별적인 속성들을 종합적으로 측정함으로써 변수와 관련된 여러 차원을 측정하고 각각의 지표에 점수를 할당하여 항목 간에 서열을 가릴 수 있도록 한다. 예 자아존중감을 구성하는 요인 등
지수와 척도의 구분	• 용어를 구분하는 기준은 명확하지 않아 혼용하기도 한다. • 공통점 : 둘 다 한 개념을 복수지표로 측정한다. • 차이점 : 경험적으로 쉽게 인식할 수 있는 보다 객관적인 지표들로 구성된 것을 지수라 하고, 사람들의 태도 등 주관적인 변수를 측정하기 위한 것은 척도라고 하는 경우가 많다.

※ 사회복지교육연구센터, 2022 : 230-231.

3. 척도화의 유형

척도화(scaling)는 숫자나 기호를 우리가 측정하고자 하는 특정 개념의 다양한 수준에 부여하는 과정을 말한다. 척도화 방법을 세 가지 측정수준에 따라 분류하면 명목 척도화, 서열 척도화, 등간-비율 척도화로 구분된다(사회복지교육연구센터, 2022 : 233).

1) 명목 척도화

명목 척도화(nominal scaling)는 가장 원초적인 자료의 형태로, 단순히 속성값을 통해 구분한다. 명목 척도화는 가장 낮은 수준의 측정으로, 글자 그대로 이름을 부여하는 명목적인 것이다.

- **속성값** : 모든 측정수준은 명목수준으로 전환이 가능하다. 예를 들어, 성별, 결혼 상태, 종교 등이 대표적인 명목척도이다. 명목척도는 속성값들 간의 사칙연산 결과에 의미를 부여하기 어려울 뿐만 아니라, 속성값들의 순서를 바꾼다고 하더라도 의미상의 변동이 발생하지 않는 특징이 있다.
- **명목** : 관측치의 속성값이 단순히 이름이 부여(명목)되었다고 붙여진 이름이다.

명목 척도화에서 사용되는 숫자는 아무런 의미가 없으며, 단지 부여된 숫자(예 : 성별에서 하나의 성별 범주에 속하면 다른 범주에는 속할 수 없으며, 모든 대상은 하나의 범주에만 속하지 동시에 두 가지 범주에 속할 수는 없다.)가 다르면 그 대상의 특성이 다르다는 것을 의미할 뿐이다. 각 범주가 동질적이면서 상호배타적이고 포괄적이도록 문항의 응답지를 구성하면 된다(동일한 집단에 속해 있는 대상은 동일한 측정값을 가져야 한다. 예 : 지지정당, 종교, 직업, 거주지, 운동선수의 등 번호). 명목척도의 구성요소는 단일차원성, 논리적 연관성, 상호배타성, 포괄성이 있다.

1. 성별은 무엇입니까?
   ① 남자 ② 여자
2. 결혼 상태는?
   ① 미혼 ② 기혼 ③ 이혼 ④ 재혼 ⑤ 사별

2) 서열 척도화

서열 척도화(ordinal scaling)는 순서 척도화라고도 부르며, 척도의 속성값이 정도의 의미를 가지나 간격이 일정하다고 보장하기 어렵다.

- **척도의 속성** : 응답 범주에 부여된 숫자는 상대적인 서열을 의미할 뿐 범주 간 간격이 일정하지 않다. 예 주관적 건강상태, 장애등급, 리커트 척도 등

서열 척도화는 측정 대상을 그 특징이나 속성에 따라 일정한 범주로 분류하고, 범주들 간의 상대적 순서관계를 밝히는 것이다(예 : 측정 대상 간의 대·소, 고·저, 전·후, 상·하 등에 따라 서열화된다.). 상호배타적인 특성과 함께 순서의 의미를 지니며, 정확하게 정량화하기 어려운 측정에 이용된다(예 : 응답자의 태도, 선호도, 사회계층 등). 서열 간 간격이 동일하지 않고 절대량의 크기를 나타내지 않는다(예 : 학력(무학, 초졸, 중졸, 고졸, 대졸 이상), 승용차 유형(경차, 소형차, 준중형차, 중형차, 대형차), 제품 선호도(싫음, 좋음, 보통), 우울감(아주 높다, 높다, 보통이다, 낮다, 아주 낮다), 성적(1등, 2등, 3등)).

서열 척도화는 평정 척도화, 총화평정 척도화, 리커트 척도화, 거트만 척도화, 보가더스의 사회적 거리 척도, 의미 분화 척도가 있다.

(1) 평정 척도

평정 척도(rating scales)는 평급 척도라고도 하며, 주어진 대상이나 사물 혹은 어떤 질문에 대한 응답을 일정한 연속선상에 위치시킴으로써 대상의 속성을 평정하는 것이다.

- **평정 척도 예** : 성적을 수, 우, 미, 양, 가 또는 A, B, C와 같이 몇 단계를 구분하여 평가하는 것이다.

평정 척도화는 도표식 평정 척도, 범주(카테고리) 평정 척도, 숫자－언어식 평정 척도, 평점방식 평정 척도로 구분한다.

■ 도표식 평정 척도

- 평정 척도에서 가장 흔히 사용되는 기법
- 선과 언어를 합하여 구성한 것으로 선을 긋고 중간중간에 숫자 또는 해설을 붙여서 평가자로 하여금 대상의 위치 또는 태도를 기호로 표시하도록 하는 방법

예 귀하가 거주하는 지역의 사회복지관에서 근무하는 사회복지사들은 얼마나 친절하십니까?

1 -------- 2 -------- 3 -------- 4 -------- 5

매우 친절	친절	보통	불친절	매우 불친절

■ 범주(카테고리) 평정 척도

- 특정 범주척도는 도표를 사용하지 않고 어떤 속성을 나타내는 문장이나 항목을 그 정도에 따라 범주별로 제시하고 그 가운데에서 가장 적합한 것을 고르게 하는 방법

예 귀하가 거주하는 지역의 사회복지관에서 근무하는 사회복지사들은 얼마나 친절하십니까? (해당란에 ○표 하십시오)

매우 친절하다 ( ) 친절하다 ( ) 보통이다 ( )
불친절하다 ( ) 매우 불친절하다 ( )

■ 숫자-언어식 평정 척도

- 측정 대상의 특성에 따라 평가자가 일정한 숫자나 언어를 부여하여 평가하는 방법

예 귀하가 거주하는 지역의 사회복지관에서 근무하는 사회복지사들은 얼마나 친절하십니까?

(1) 매우 친절하다 (2) 친절하다 (3) 보통이다 (4) 불친절하다
(5) 매우 불친절하다

■ 평점방식 평정 척도

- 조사대상의 속성이나 특성에 대해서 평가자가 그의 의견이나 태도를 수치로 평점하는 것이다. 이 경우 평점의 양극은 0에서 100으로 지정되어 있으나 이 사이에는 아무런 구분이 명시되어 있지 않다.

예 우리 지역의 사회복지관에서 근무하는 사회복지사들은 친절하다.

----

0 100

(2) 총화평정 척도

총화평정(summated rating) 척도 또는 합산법 척도라고도 하며, 응답자가 응답하는 여러 질문 문항의 값들을 총합하여 계산하는 척도이다. 총화평정 척도의 예로 베일리(Bailey)의 출산에 대한 태도를 들 수 있다. 베일리는 10개 항목의 출산율 척도를 구성하고, 동의하는 경우 1, 동의하지 않는 경우 0으로 부호화하여, 척도상 10점은 응답자가 아이를 가져야 할 강한 책임감을 느끼는 경우이고, 반면 0점을 받은 응답자는 아이를 가질 책임감을 느끼지 않는 경우인 것으로 구성했다.

표 8-3 베일리(Bailey)의 출산에 대한 태도 척도의 예

번호	질문 내용	응답	
		동의함	동의 안 함
1	결혼하는 주된 이유 가운데 하나는 아이를 갖는 것이다.	1	0
2	아이가 하나면 형제가 없어 외롭게 성장하기 때문에 아이를 하나만 갖는 것은 잘못이다.	1	0
3	아이를 출산하는 것은 여자로서 가질 수 있는 가장 심오한 경험이다.	1	0
4	동성의 아이들만을 갖는 것보다 다른 성의 아이를 적어도 하나 갖는 것이 좋다.	1	0
5	아이를 갖지 않은 여자는 완전한 성취감을 결코 가질 수 없다.	1	0
6	남자는 아이의 아버지가 될 때까지는 진정한 남자가 아니다.	1	0
7	임신에 이르지 않는 성적 행위는 도덕적으로 잘못된 것이다.	1	0
8	결혼하지 않거나, 또는 아이가 없는 부부는 아마 동성애자일 것이다.	1	0
9	여자의 첫째 역할책임은 모성이고, 어머니로서의 역할을 방해하지 않을 경우에만 직업을 갖는 것이 옳다.	1	0
10	아이가 없는 부부는 가엽다.	1	0

※ 사회복지교육연구센터, 2022 : 235.

(3) 리커트 척도화

리커트(R. Likert)가 1930년대에 개발한 서베이 조사에서 가장 보편적으로 사용하는 방법으로, 사람의 태도에 관한 서열수준의 척도를 제공한다.

리커트 척도화(likert scaling)는 척도의 신뢰도와 타당도를 높이기 위해서 하나의 문항보다 일련의 문항들을 하나의 척도로 사용해야 한다는 논리에 기초하고 있다. 다수의 문항을 사용했을 때 나타나는 복잡성 문제를 개선하여 보다 간단하게 변수를 정확히 측정할 수 있도록 척도를 구성하는 것으로, 실용적이기 때문에 사회과학에서 널리 사용된다.

리커트 척도화의 장점은 척도의 구성과 활용이 비교적 용이하여, 서열척도에 해당한다. 자기기입식 방식으로 작성되므로 시간이나 비용이 저렴하고, 조사대상자들의 응답에 따라 통계적으로 처리되므로 조사자의 주관이나 편견이 배제되어 신뢰도가 높다. 단점은 응답 범주 간격이 일정하지 않아 응답자가 임의적으로 작성할 수 있다. 하나의 개념을 측정하기 위해 여러 문항들을 이용하는 척도로서, 각 문항들은 동일한 범주를 사용하며 모두 동등한 가치를 부여받는다. 예를 들어, 두 명의 응답자 총점이 동일하더라도 각 문항에 대한 응답은 다를 수 있기 때문에 총점으로 각 문항에 대해 어떻게 응답했는지는 알기 어려우며 재현성이 부족하다.

- **재현성** : 재현성이란 20문항짜리 국어 객관식 100점 만점 시험을 보고, A와 B가 둘 다 70점이었다고 가정하자. 그런데 점수는 70점 동일하지만, 각 문항에 응답한 패턴은 다를 수 있다. 이때 국어시험지는 재현성이 떨어진다고 하는 것이다.

표 8-4 리커트 척도화의 기본적인 절차

기본 절차	내용
질문 문항 작성	변수를 평가하거나 차원을 측정하는 것으로 생각하는 다수의 질문 문항을 작성한다.
응답자 표본 선택	척도가 사용될 모집단이나 모집단을 대표하는 응답자의 표본을 선택한다.
응답범주 결정	각 문항에 대해 응답범주 작성, 5점 척도(3, 4점 척도도 사용 가능)를 많이 사용하고, 가장 긍정적인(적극적인, 호의적인) 항목에서 가장 부정적인(소극적인, 비호의적인) 항목에 이르기까지 균형 있게 배치하여 양쪽 항목들이 동수가 되도록 한다.
응답 부호화	각 응답항목에 점수를 부여한다.
응답자 적용	응답자들이 각 문항에 대해 응답범주 내에서 하나의 응답항목을 고르게 한다.
응답점수 산정	각 문항에 대한 응답자의 응답을 점수로 산정하고, 각 문항 점수를 합산하여 총점을 구한다.
문항 분석	문항 간의 내적 일관성과 상관성, 즉 신뢰도를 판단한다. 어떤 문항에 대한 응답들이 거의 동일하게 나온다면 이 문항은 제외하고, 전체 점수와의 상관관계가 미약한 문항도 제거하도록 한다.
척도점수 산정	척도문항으로 타당한 것으로 판명된 문항들에 응답한 응답자의 점수를 합산하여 총점을 구하면 그 점수가 그 사람의 태도에 대한 측정치, 리커트 척도점수가 된다.

※ 사회복지교육연구센터, 2022 : 236.

표 8-5 리커트 척도화의 예(직업에 대한 만족도)

문항	응답				
	매우 불만	불만	보통	만족	매우 만족
1. 급여수준	1	2	3	4	5
2. 지위보장	1	2	3	4	5
3. 직업의 작업환경	1	2	3	4	5
4. 자기의 능력 발휘의 기회 보장	1	2	3	4	5
5. 동료와의 관계	1	2	3	4	5
6. 자신의 업무 권한	1	2	3	4	5
7. 새로운 업무 학습이나 시도의 기회	1	2	3	4	5

※ 김영종, 2007 : 158.

표 8-6 리커트 척도화의 예

귀하는 평소에 결혼생활을 하면서 다음 사항에 대해 얼마나 만족하십니까? 혹은 불만족하십니까?				
항목	1 매우불만	2 다소불만	3 다소만족	4 매우만족
1) 경제적인 측면(수입, 지출관리 등)	1	2	3	4
2) 아내의 사회적 지위(직업 포함)	1	2	3	4
3) 귀하에 대한 아내의 사랑	1	2	3	4
4) 아내의 성격	1	2	3	4
5) 귀하에 대한 아내의 정신적 지지	1	2	3	4
6) 부부간의 성생활	1	2	3	4
7) 아내의 어머니로서의 역할(자녀가 없으면 넘어가세요)	1	2	3	4

※ 최선희, 2012 : 83.

(4) 거트만 척도화

루이스 거트만(Louis Guttman)은 1940년대에 일련의 지표 또는 측정항목들 간에 어떤 관계가 존재하는지를 결정하기 위해 이 척도를 개발했다.

거트만 척도(guttman scale)는 서열척도에 해당하며, 하위문항 수준에서 일정한 서열이 형성되도록 척도를 구성한 척도로 척도 분석법(scale analysis)이라고도 한다. 거트만 척도는 항목들의 적합성을 검증하여 단일차원성의 구성 여부를 확인하기 위해 개발되었다. 질문 문항들의 서열성이 존재하는 것을 전제로 질문 문항을 개발함에 있어서 리커트 척도처럼 여러 개의 문항으로 구성할 때, 문항들 간의 관련성, 즉, 내적 일관성이 확보되느냐 하는 것이 문제이다. 이것이 바로 타당성의 문제이다. 거트만 척도는 집단 간 수용성을 비교하는 데 장점을 가지고 있지만, 여러 개의 문항을 만들고 문장의 뜻으로 간격을 맞추는 것이 쉽지 않아서 실제 조사에서는 거의 사용되지 않는다.

- **단일차원성** : 단일차원성이란 척도가 한 가지 혹은 단일한 개념/차원만을 측정하고 있는 것을 의미한다. 예 자존감을 측정하기 위한 척도에 우울증을 측정하는 척도에 사용되는 문항이 포함된다면 단일차원성이 맞지 않다. 척도를 구성하는 문항, 항목들이 단일한 차원을 반영해야 한다.

표 8-7 거트만 척도화의 예

우리나라 사람들의 일본인에 대한 사회적 거리를 측정하고자 한다.	
1) 일본인과 결혼하여 가족으로 받아들일 의향이 있다.	예-5점
2) 일본인들과 개인적인 친구로서 지낼 의향이 있다.	예-4점
3) 일본인들과 같은 직장에서 일할 의향이 있다.	예-3점
4) 일본인들과 같은 동네에서 함께 살 의향이 있다.	예-2점
5) 일본인들을 한국 방문객으로 받아들일 의향이 있다.	예-1점

※ 최선희, 2012 : 83-84.

위의 표의 예에서 일본인에 대한 사회적 거리를 측정하기 위해 5개의 문항을 사용하였지만, 각각의 질문 문항은 가장 강한 것에서부터 가장 약한 것까지 5단계로 구성되었다. 따라서 1)번에 긍정적인 응답 (예)을 한 경우에는 다음 문항들은 할 필요가 없게 된다. 그러나 1)번에 부정적이라면 2)번 질문을 하게 되는데, 만일 긍정적이라면 나머지 질문은 응답할 필요가 없게 된다. 따라서 여러 개의 문항을 사용하지만 마치 한 개의 문항을 사용하는 것과 같은 것이다.

(5) 사회적 거리 척도

사회적 거리 척도(social distance scale)는 1920년대 보가더스(Bogardus)에 의해 인종적 편견의 강도를 측정하기 위해 제시된 척도로 서열척도에 해당된다. 사회적 거리 척도는 사람들이 어떤 다른 집단(일탈집단, 소수 종교집단 등)들에 대해 얼마나 친근한가 또는 거리감이 있는지를 조사하는 데 사용된다. 이 척도는 이론과 달리 포함관계를 형성한다고 확정할 수 있는 경우가 많지 않아 활용도는 높지 않다.

표 8-8 보가더스의 사회적 거리 척도의 예

※ 응답요령 : 각 항목에 대한 귀하의 첫 인상적인 반응을 응답에 나타내십시오. 각 국민에 대한 귀하의 일반적 생각을 토대로 해당 빈칸에 'O'표 하십시오.

점수	범주(관계를 맺을 용의도)	일본인	중국인	필리핀인	미국인
7	혼인해서 인척관계를 갖겠다.				
6	친구로서 같은 클럽에 소속하겠다.				
5	이웃으로서 같은 동네에 살겠다.				
4	내가 종사하는 직장에서 함께 일하겠다.				
3	우리나라 국민으로 받아들이겠다.				
2	우리나라 방문객으로 받아들이겠다.				
1	우리나라에 들어오지 못하게 하겠다.				

※ 사회복지교육연구센터, 2022 : 239.

(6) 의미 분화 척도

의미 분화 척도는 오스굿(Osgood), 쑤시(Suci) 그리고 탄넨바움(Tannenbaum)이 개발하였다. 다차원적인 개념을 측정하는 데 유용하게 사용되는 척도로, 어떤 개념에 함축되어 있는 의미를 평가하기 위해 고안된 것이다.

의미 분화 척도(semantic differential scale)는 어의 분별 척도라고도 하며, 어떤 개념에 대한 생각이나 느낌을 다양한 차원에서 평가하기 위해 그에 대한 형용사를 정하고 양극단에 서로 상반되는 형용사를 배치하여 그 속성에 대한 평가를 내리도록 하는 척도이다. 가치와 태도와 같은 주관적인 개념 측정에 용이하여 응답자가 간단하게 응답할 수 있다는 장점이 있으며, 쉽게 만들 수 있고 비교적 적은 수의 문항으로 신뢰도를 확보할 수 있다. 주로 사용되는 측정차원으로는 평가차원, 권력차원, 활동차원이 있다.

- **평가차원** : 평가차원을 정의하는 척도들은 유쾌한 – 불쾌한, 좋은 – 나쁜, 달콤한 – 신, 도움이 되는 – 도움이 안 되는 등의 차원이다.
- **권력차원** : 권력차원을 정의하는 척도들은 큰 – 작은, 강력한 – 무력한, 강한 – 약한, 깊은 – 얕은 등이다.
- **활동차원** : 활동차원을 정의하는 척도들은 빠른 – 느린, 살아 있는 – 죽은, 시끄러운 – 조용한, 젊은 – 늙은 등이다.

표 8-9 의미 분화 척도의 예

	1	2	3	4	5	6	7	8	9	10	
좋다	1	2	3	4	5	6	7	8	9	10	나쁘다
아름다운	1	2	3	4	5	6	7	8	9	10	추한
강하다	1	2	3	4	5	6	7	8	9	10	약하다
안정적	1	2	3	4	5	6	7	8	9	10	불안정적

※ 사회복지교육연구센터, 2022 : 240.

3) 등간-비율 척도화

등간－비율 척도화(interval-ratio scaling)는 개별 값들 간에 일정한 거리(등간측정)와 절대 영의 기준점을 가지고 비율측정을 할 수 있는 것으로 서스톤 척도(Thurstone scaling)와 요인분석(factor analysis) 등이 사용된다(김영종, 1999 : 140).

(1) 서스톤 척도

> 서스톤 척도는 서스톤(Thurstone)이 교회에 대한 사람들의 태도를 측정한 것에서 유래한 척도는 사회적 태도를 측정하기 위해 고안된 척도로, 등간격 척도라고도 한다.

서스톤 척도(Thurstone scale)는 등간척도를 구성하기 위해 고안된 기법으로, 어떤 사실에 대하여 가장 긍정적인 태도와 가장 부정적인 태도를 나타내는 양극단을 등간격으로 구분하여 여기에 수치를 부여함으로써 등간척도를 구성하는 방법이다.

서스톤 척도의 형태는 여러 개의 문항으로 구성되며, 각 문항마다 특정한 척도값이 부여된다. 측정방식은 해당 문항에 동의하면 해당 문항의 척도값을 얻게 되고 반대하면 0으로 처리하여, 동의한 문항에 대한 척도값을 합산・평균하여 해당 개념에 대한 측정값을 얻게 된다. 많은 수의 의견수집이 곤란하며, 문항의 등간격성 확보가 어렵고, 평가자의 편견이 개입될 여지가 있으며, 비용과 시간이 많이 든다. 다음 표의 예는 가상의 자료로서, 대중매체에 대한 태도를 조사한 것이다. 이해를 돕기 위해 가장 우호적인 7점에서 가장 비우호적인 1점으로 척도점수가 부여된 상태에서 실제조사가 이루어진 것이라고 가정해 보자. 조사대상자는 3.5.6.7 문항에만 찬성한다고 응답하였고, 이를 계산하여 응답자의 태도를 측정하면 5점이다. 중위수가 4점이므로 본 응답자는 긍정적인 태도를 보이는 것이다.

표 8-10 서스톤 척도의 예

찬성여부	항목	척도값
( )	1. 모든 대중매체는 유해하다.	1
( )	2. 대중매체는 지식 습득의 방해요인이다.	2
(✓)	3. 대중매체는 좋은 정보를 제공한다.	4
( )	4. 대중매체는 유익하다.	5
(✓)	5. 대중매체는 영향력은 부정적이다.	3
(✓)	6. 대중매체는 활용도가 높다.	6
(✓)	7. 현대사회에서 대중매체는 반드시 필요하다.	7

※ 이종환, 2011 : 87.

(2) 요인분석

요인분석은 척도를 개발하는 과정에서 활용되는 통계학적인 방법으로, 다수의 문항들을 보다 적은 요인(차원)으로 분류하는 기법이다.

다수의 변수들이 서로 어떻게 연결되는지 분석하여 이들 변수들 간의 관계를 적은 수의 차원(dimension)이나 요인들(factors)로 분류하는 다변량 통계분석기법이다. 요인분석은 서로 관계가 알려져 있지 않은 측정변수와 잠재변수 간의 관계를 규명하기 위해 이용하는 탐색적 요인분석(exploratory factor analysis)과 이론적 지식 혹은 경험에 근거하여 각 측정변수와 잠재변수 간의 관계를 사전에 가정하고 이 가정을 통계적으로 검증하기 위해 이용되는 확인적 요인분석(confirmatory factor analysis)의 두 가지가 있다. 수치에 의한 결과를 산출할 수 있으며, 무엇보다도 각종 통계분석 프로그램을 활용할 수 있으므로 사회과학 분야에서는 요인분석이 널리 사용되고 있다 (이종환, 2011 : 99).

연습문제

01 명목척도의 구성원칙으로 잘못된 것은?

① 중복차원성
② 논리적 연관성
③ 단일차원성
④ 상호배타성
⑤ 포괄성

02 서열척도화의 평정 척도가 아닌 것은?

① 도표식 평정 척도
② 범주 평정 척도
③ 요인 분석 척도
④ 숫자－언어식 평정 척도
⑤ 평점방식 평정 척도

03 리커트 척도화의 설명이 아닌 것은?

① 다수의 문항을 사용했을 때 나타나는 복잡성 문제를 개선하였다.
② 실용적이기 때문에 사회과학에서 널리 사용된다.
③ 서열척도에 해당된다.
④ 응답자가 응답하는 여러 질문 문항의 값들을 총합하여 계산하는 척도이다.
⑤ 척도의 구성과 활용이 비교적 용이하다.

04 거트만 척도의 설명이 아닌 것은?

① 서열척도에 해당된다.
② 단일차원적이다.
③ 다차원적인 척도로 사용되기 어렵다.
④ 등간척도를 구성하기 위해 고안된 기법이다.
⑤ 척도분석법이라고도 한다.

05 서스톤 척도의 설명이 아닌 것은?

① 등간척도를 구성하기 위해 고안된 기법이다.
② 서열척도에 해당된다.
③ 평가자에 의존하기 때문에 편견이 개입될 여지가 있다.
④ 척도 개발에 상당한 시간과 노력이 소요된다.
⑤ 유사등간 척도로서 등간-비율 척도 수준의 분석이 가능하다.

06 척도에 대한 설명으로 옳지 않은 것은?

① 리커트 척도는 서열척도에 속한다.
② 거트만 척도는 한 개의 변수만을 측정할 수 있다.
③ 가치와 태도 등과 같은 주관적 개념을 측정하기 용이한 척도는 의미분화 척도이다.
④ 보가더스의 사회적 거리 척도는 서열척도이다.
⑤ 서스톤 척도는 주관적 편의가 작동하지 않기 때문에 객관적이다.

07 측정의 오류에 관한 설명으로 옳은 것은?

① 편향에 의해 체계적 오류가 발생한다.
② 무작위 오류는 측정의 타당도를 저해한다.
③ 체계적 오류는 측정의 신뢰도를 저해한다.
④ 표준화된 측정도구를 사용하더라도 체계적 오류를 줄일 수 없다.
⑤ 측정자, 측정 대상자 등에 일관성이 없이 생기는 오류를 체계적 오류라 한다.

정답 01 ① 02 ③ 03 ④ 04 ④ 05 ② 06 ⑤ 07 ①

09
CHAPTER

표집(표본추출)

01 표집과 표본설계
02 표집방법
03 표본의 크기와 표본오차

❐ **학습목표**

- 표집 관련 용어를 이해한다.
- 표본 설계의 과정을 이해한다.
- 확률표집과 비확률표집의 특성을 상호 비교하여 이해한다.
- 확률표집방법과 비확률표집방법을 실제 조사연구 사례에 적용하여 이해한다.
- 표본 크기를 결정하는 요인과 표본오차의 특성을 이해한다.

이 장에서는 사회복지조사에서 자료를 수집하기 위한 방법으로 주로 사용하고 있는 표집(표본추출)[1]조사의 개념을 살펴보고자 한다. 이어서 표본 설계 과정을 알아본다. 그리고 표본의 크기와 표본오차를 살펴봄으로써 사회복지 조사의 자료수집방법을 이해하게 될 것이다.

1. 표집과 표본설계

1) 표집의 개념

표집(표본추출, Sampling)의 개념은 모집단(연구대상) 가운데 자료를 수집할 일부 대상을 표본으로 선택하는 과정을 말한다. 사회복지 조사에서 연구하고자 하는 대상 전체(모집단)를 상대로 자료를 수집하는 전수조사가 가장 이상적이다. 하지만 현실적으로 많은 비용과 노력이 들기 때문에 전체 대상 중 표본을 선택하고 이 표본에 대한 자료를 바탕으로 모집단 전체의 특성을 추정하게 되는데 이를 표집이라고 한다.

1) 모집단, 표집틀, 표집단위, 관찰단위, 모수, 통계치, 표본오차, 신뢰수준과 신뢰구간 등 표집 관련 용어를 살펴본다.

표 9-1 표집의 장점과 단점

장점	단점
전수조사에 비해 적은 비용으로 신뢰할 만한 정보를 확보할 수 있다.	표본은 대표성을 가져야 하는데 모집단을 대표하는 표본을 찾기가 어렵다.
신속하고 시의성 있는 결과를 얻을 수 있다.	모집단의 크기가 작은 경우에는 표집의 큰 의미가 없다.
조사연구에서 모집단 전체를 파악할 수 없는 경우가 있고, 연구대상 수가 많아서 조사가 현실적으로 불가능할 수 있으므로 표본을 사용한다.	모집단이 작으면 모집단을 조사하면 되기 때문에 표집을 추출하여 조사하는 것이 의미가 없어진다.
표본조사는 훈련된 조사원을 통해 소수를 대상으로 조사하므로 전수조사보다 오차를 줄일 수 있다.	표본 설계가 복잡한 경우에는 시간과 비용이 더 소요될 수 있다.
조사대상자로부터 높은 응답률과 협조를 받을 수 있다.	표본 설계가 잘못된 경우에는 오차가 발생할 수 있다.

※ 사회복지교육연구센터, 2022 : 251-252.

2) 표집 관련 용어

표집 관련 용어를 살펴보는 것은 매우 중요하다. 용어의 개념을 이해해야 사회복지 조사의 기초가 튼튼해진다. 표집 관련 용어(모집단, 표집틀, 표집단위, 관찰단위, 모수, 통계치 등)를 살펴보자[2].

(1) 요소

요소(element)는 자료나 정보를 수집하는 기본 단위로, 자료 분석 시 분석단위와 일치하는 경우가 많다. 요소는 구성요소라고도 하며, 모집단을 이루고 있는 개별 요소를 의미하며, 그 개개의 요소에 관한 자료나 정보를 수집하여 기본단위로서 분석의 기초가 되는 연구대상을 말한다. 요소에 해당되는 것으로는 개인, 가족, 집단, 지역사회, 국가, 공식적 사회조직, 사회적 가공물 등 매우 다양하다.

> 예 사회복지사에 대한 조사를 한다고 가정할 때 요소는 사회복지사 개인이고, 사회복지사 전체가 모집단이 된다.

2) 표집 관련 용어의 정의는 김기원, 2001 : 261-267, 김태성 외, 2005 : 124-128, 최성철 외, 2010 : 179-183 등 사회복지조사론의 기존 서적들을 참고하여 정리하였다.

(2) 모집단

모집단(population)은 연구대상이 되는 집단 전체이다. 즉, 실제 연구를 위해 표본을 추출해 내는 대상의 전수로 규정하는 집단 혹은 묶음을 뜻한다. 모집단은 현실적으로 한정시켜서 조작적 의미를 부여할 수 있는 대상의 총체이다. 모집단을 정의할 때 조사연구자가 고려하여야 할 점은 자신의 연구주제와 목적에 따라 구체적인 변수와 특성을 사용하여 정확하게 모집단을 정의하여야 한다.

예 모집단을 우리나라에 거주하는 40세부터 50세까지의 남성으로 규정하였다면, 대한민국 국적을 가지고 국내에 거주하는 40~50세 남성만 대상으로 할 것인지 아니면 국적에 상관없이 국내에 거주하는 외국인도 포함이 되는지에 대한 명확한 규정이 필요하다.

(3) 표본

표본(sample)이란 조사연구자에 의하여 연구목적에 따라 정의된 모집단(연구대상) 가운데서 일정한 체계적인 추출과정을 거쳐 실제로 선발된 일부 집단을 의미한다. 연구에 사용되는 표본규모는 대부분 연구의 목적과 사용 가능한 자원의 한계를 고려하여 조사연구자에 의하여 표본추출이 이루어지기 전에 미리 결정된다.

특히 표본규모는 선정된 표본이 모집단의 속성을 정확히 반영할 수 있는지의 여부를 의미하는 대표성의 정도에 큰 영향을 미치기 때문에 표집방법, 조사연구기간 및 조사연구자의 능력 등 관련 요인을 상세히 고려하여 신중하게 결정하여야 한다.

(4) 표집단위, 관찰단위

표집단위(sampling unit, 표본추출단위)는 표본으로 추출하는 단위이다. 예를 들어, 학생 명단에서 몇몇 학생을 뽑는다면 표집단위는 학생이며, 학교 목록에서 몇몇 학교를 뽑는다면 표집단위는 학교이다.

관찰단위(observation unit)는 자료를 수집하는 단위이다. 예를 들어, 아동을 대상으로 설문조사나 면접조사를 하고자 한다면 이때 관찰단위는 아동이며, 아동 개개인을 조사하기 때문에 개인에 해당한다.

(5) 분석단위

분석단위(unit of analysis)는 자료의 분석대상이 되는 단위이다. 예를 들어, 아동을 대상으로 한 설문조사에서 수집한 자료를 이용해 아동의 자아존중감에 대한 분석을 실시하였다면, 이때 관찰단위와 분석단위는 모두 아동이다. 일반적으로 표집단위, 관찰단위, 분석단위는 일치하는 경우가 많다. 그러나 부모를 대상으로 면접조사를 실시하여 아동의 자아존중감 정도에 대한 자료를 수집, 분석한다면 이 경우 표집단위와 관찰단위는 부모이지만, 분석단위는 아동이다. 이처럼 표집단위, 관찰단위, 분석단위가 일치하지 않을 수도 있다.

(6) 표본추출틀

표본추출틀(표집틀, sampling frame)은 표본을 추출하기 위한 모집단의 목록이다. 즉, 표본추출을 위해서는 모집단의 요소나 표집단위들을 한데 모아 정리해 놓은 일종의 목록이 필요하다. 이러한 표집틀의 예로는 전화번호부, 읍·면·동 주민자치센터의 주민명부, 프로그램 참여자 명부 등이 있다. 예를 들어 A 중학교 학생들 중 일부를 표본으로 추출한다면 A 중학교 학생들의 출석부나 학생명부 등이 표집틀이 될 수 있다.

(7) 모수

모집단의 변수를 요약하여 기술한 수치 혹은 모집단의 특성을 수치로 표현한 것을 모치수 또는 모수(parameters)라 한다. 모집단의 속성을 나타내는 값이다. 연구조사에서 전수조사가 진행되었다면 각 변수의 빈도나 평균 등과 같은 수치는 곧 모수이다. 하지만 대부분의 사회복지 조사는 전수조사가 아니라 표본조사를 하기 때문에 모수는 표본의 통계치를 통해 예측

된다. 예를 들어 표본의 성별분포를 통해 모집단의 성별분포를 예측하는 것이다.

(8) 통계치

표본에서 얻은 변수의 값을 요약해 주는 수치들을 통계치(statistics)라 한다. 이 표본의 통계치를 가지고, 실제 알지 못하는 모집단의 모수를 추정하는 일이 표본조사와 통계적 방법의 주된 작업의 하나이다. 그러나 전수조사에서는 모수와 통계치 구분이 불필요하다.

(9) 신뢰수준과 신뢰구간

신뢰수준(confidence levels)은 표본의 결과를 통해 추정하려는 모수의 신뢰성 정도, 즉 표본에서 얻은 결과를 통해 모수를 추정하려고 할 때 어느 정도 신뢰성을 갖는지를 의미한다. 신뢰구간(confidence intervals)은 표본의 통계치를 가지고 모집단의 모수가 놓여 있으리라고 자신하는 값의 구간을 의미한다. 신뢰수준은 표집오차와 관련이 있다. 신뢰수준을 높게 설정하면 신뢰구간이 넓어지고 표집오차는 커지고, 신뢰수준을 낮게 설정하면 신뢰구간이 좁아지고 표집오차는 줄어든다. 즉, 신뢰수준을 95%에서 99%로 높이면 표집오차는 커지고, 신뢰수준을 99%에서 95%로 낮추면 표집오차는 줄어든다.

95% 신뢰수준, 99% 신뢰수준의 의미

신뢰수준은 일반적으로 95%와 99%가 많이 쓰인다.
95% 신뢰수준은 100번 조사하면 5번 정도는 오차가 허용될 수 있다는 의미이고, 99% 신뢰수준은 100번 조사하면 1번 정도는 오차가 허용될 수 있다는 의미이다. 그리고 95% 신뢰수준은 5% 유의수준을 사용한다는 의미이고, 99% 신뢰수준은 1% 유의수준을 사용한다는 의미이다. 그리고 99% 신뢰수준에서 모집단의 평균값이 신뢰구간 내에 존재한다는 것을 99% 확신할 수 있다.

3) 표본설계의 과정

표본설계는 연구대상이 되는 모집단을 확정하고 적당한 표집틀을 선정한 후, 표집의 방법과 표본의 크기를 결정하고 실제로 표본을 추출하는 과정을 거친다(사회복지교육연구센터, 2022 : 254).

모집단 확정 → 표집틀 선정 → 표집방법 결정 → 표집 크기 결정 → 표본추출

(1) 모집단 확정

연구목적에 부합되는 자료를 얻기 위해서는 가능한 한 정확한 모집단의 규정이 필요한데 이를 위해서는 연구대상, 표집단위, 범위, 시간의 네 가지 요소를 명확히 해야 한다.

표 9-2 모집단의 규정

구분	내용
연구대상	30세부터 40세까지의 여성
표집단위	30세부터 40세까지의 여성
범 위	전국
시 간	2022년 8월 1일 ~ 9월 1일

구분	내용
연구대상	A기업에서 생산하는 전자제품
표집단위	백화점, 대형유통업체, 대리점
범 위	전국
시 간	2022년 8월 1일 ~ 8월 31일

(2) 표집틀 선정

표집틀은 모집단의 구성요소 목록을 의미한다. 좋은 표집틀이란 모집단의 구성요소 모두를 포함하면서 어떠한 요소도 이중으로 포함되지 않는 목록이다. 예를 들어, 물리적인 형태의 표집틀(서울시의 전화번호부)과 비물리적인 형태의 표집틀(매 시간마다 상점 내에 머물고 있는 구매자를 표본으로 추출)이 있다.

(3) 표집방법 결정

표집틀이 선정되면, 어떤 방법으로 모집단을 대표할 수 있는 표본을 확

보할 것인지에 대한 검토가 있어야 한다. 확률표집방법과 비확률표집방법이 있다.

(4) 표본의 크기 결정

적절한 표본의 크기는 신뢰구간 접근법과 통계적 기법에 의해 결정될 수 있으나 실제로는 표집방법, 모집단의 성격, 시간과 비용, 연구자 및 조사원의 능력 등을 고려하여 결정하게 된다.

(5) 표본추출

결정된 표집방법으로 표본을 수집한다.

2. 표집방법

1) 확률표집방법

확률표집방법(probability sampling)은 무작위추출방법이 기본 전제이며, 모집단의 표집틀(표본추출틀)에서 표본을 추출하기 때문에 모집단으로부터 표본으로 추출될 확률을 알 수 있고, 모두가 추출될 기회를 갖고 있다. 확률표집방법의 의의는 모집단을 대표할 가능성이 높으며, 표본오차를 추정할 수 있어서 모집단의 특성을 나타내는 모수의 측정이 가능하다는 것이다(황인옥, 2019 : 237). 확률표집방법은 단순무작위표집법, 체계적(계통) 표집법, 집락표집법, 층화표집법 등으로 나뉜다.

(1) 단순무작위표집법

단순무작위표집법(simple random sampling)은 확률표본추출의 가장 기본적인 유형으로 모집단 및 표본추출틀을 확정하고(모집단명부를 확보해야 함), 일련번호를 부여하여 표본규모를 결정한 다음 난수추출방법 등을 사용하여 무작위적으로 정해진 표본의 수만큼 표본을 추출하는 방법이다.

장점: 모집단에 대한 사전지식이 거의 불필요하고, 분류오차의 여지가 거의 없고 그리고 자료 분석과 오차 계산이 쉽다.

단점: 모집단에 관한 기존의 입수 가능한 지식을 이용하지 못하고, 같은 표본규모의 경우 층화표본에 비해 표집오차가 크다는 것과 모집단이 클 경우 표본을 일일이 무작위로 뽑는 불편함을 감수하여야 한다.

예 프로그램 이용자의 일련번호 목록으로부터 난수표를 이용하여 표집한다. 단순무작위 표본추출은 모집단에서 추출될 n개의 개별 표본 단위들은 모두 동등한 선택확률을 보장받는다. 즉, 모집단(N)의 사례들이 표본(n)에 포함될 확률은 각기 n/N으로 동일하게 된다. 이 방법을 위해서는 일반적으로 추첨방법, 무작위 난수표 추출방법 그리고 무작위 산출을 지원하는 전산 프로그램을 이용한다.

(2) 체계적(계통) 표집법

체계적 표집(systematic sampling)은 계층표집 혹은 계통표집이라고도 하며, 모집단을 구성하는 요소들이 자연적 순서 또는 일정한 질서에 따라 배열된 목록에서 매 k번째 요소(표집간격)를 추출하여 표본을 형성하는 표본추출방법이다.

■ 체계적 표집 과정

① 일련번호를 붙인 표집틀을 마련하고

② 모집단의 총수(N)를 요구되는 표본수(n)로 나누어 표집간격(k)을 구한다(표집간격(k)=모집단 총수(N)/표본수(n)).

③ 표집간격 안의 숫자 가운데 하나를 무작위로 선택하면 이 숫자가 최초의 표본이 된다.

④ 나머지 표본들은 기계적으로 정해진 일정한 표집간격(k)에 따라 자동적으로 추출된다.

장점: 모집단이 중요변수에 따라 이미 서열적으로 배열되어 있으면, 층화표본의 효과를 얻고, 단순무작위표집법에 비해 표본추출이 쉽고 검토하기 용이함

단점: 편재가능성이 있고(주기설(periodicity)이 문제가 될 수 있다), 층화효과가 있으면 오차값이 커진다. 그러므로 체계적 표집법을 사용하여 표본을 추출하

고자 할 때는 대표성이 있는 표본을 얻기 위해서는 모집단이 가지고 있는 주기성이 표본추출에 영향을 미치는가를 반드시 검토하여야 한다.

예 모집단의 총수가 200명이고 표본이 40명이라면 표집간격 K=5이다. 표집틀에서 최초의 표집간격인 다섯 사람 가운데 한 사람을 무작위로 뽑는다. 그 이후 첫 번째 무작위로 뽑은 표본의 번호에 표집간격만큼을 더한 번호에 해당하는 모집단의 사람을 표본으로 선택한다. 그 후 계속 표집간격만큼 더해 가면서 해당 번호의 요소를 표본으로 선정한다.

(3) 집락표집법

집락표집법(cluster sampling)은 비교적 크기가 큰 모집단이 상대적으로 넓은 지역에 분포한 경우에 사용하고, 다단계 표본추출이 가능하다. 표본추출 방법은 먼저 모집단을 이질적인 구성요소를 포함하는 여러 개의 집락으로 구분한 다음 구분된 집락을 표본추출단위로 하여 무작위로 몇 개의 집락을 표본추출하고, 이를 표본으로 추출된 집락에 대하여 그 구성단위를 전수조사하는 방법이다. 정리하면, 모집단을 일차적으로 군집으로 나누고, 이들 군집 안에서 각기 따로 표본들을 무작위로 추출한다. 대규모 서베이 조사에서는 단순무작위나, 계통 혹은 층화 추출방법들을 거의 사용하지 않는다. 왜냐하면, 모집단 전체를 표본틀로 갖추기 위해서는 막대한 비용이 들기 때문이다. 따라서 집락표집법을 많이 사용한다. 그런데 집락표집법을 사용할 때에는 표본의 대표성 확보에 주의하여야 한다. 집락표집법을 사용하여 구성된 표본추출이 상대적으로 높은 대표성을 갖기 위해서는 상위집락은 동질적이면서, 하위집락이나 최종 선발요소는 이질적인 경우여야 한다.

장점: 이 표본은 지리적 집락일 때 현지조사 비용을 절감하고, 선발된 집락에서만 개별목록이 필요하고, 집락 간 표집오차가 발생하기 때문에 표집오차 추정이 가능하며, 두 번 이상 같은 집락을 이용할 수 있다.

단점: 같은 크기일 때 다른 확률표집법보다 오차가 증대하고, 모집단의 각 요소를 일정 집락에 소속시켜야 한다.

예 전국의 고등학교 학생들에 대해 조사한다고 가정하면, 고등학교 학생들의 표본을 선출하기 위해서는 전국의 고등학교 학생들의 명부를 작성하여 모집단을 확인하는 것은 매우 힘들 것이다. 따라서 집락표집방법을 사용하면 이러한 노력이 없이도 유사한 효과를 얻을 수 있다. 먼저 시도단위의 교육구를 표집단위로 하여 그 안에서 몇 개의 교육구를 추출한 다음, 각 교육구 내에서 다시 몇 개의 고등학교를 무작위로 선정한다. 각 고등학교 내에서 몇 개의 반을 무작위로 선발한 후, 각 반에서 최종적으로 조사연구의 단위인 고등학생을 무작위 추출할 수 있다.

(4) 층화표집법

층화표집법(stratified sampling)은 전체의 모집단을 중복되지 않도록 하위집단(소집단)을 나눈 후, 동질적으로 구성된 하위집단(소집단) 내에서 적절한 수의 표본을 무작위적으로 추출하는 방법이다. 층화표집법의 특징은 전체 모집단이 아니라 여러 하위집단에서 표본을 추출한다는 것이다. 층화표집법은 이질적 집단보다 동질적 집단에서 추출한 표본의 표집오차가 작다는 이론에 기초한 표집방법으로, 비용을 절감하는 데 도움이 되고, 정확성을 높이는 데도 기여할 수 있으며, ① 비례층화표집과 ② 비비례층화표집으로 구분된다.

예 서울대학교에서 재직 중인 전체교수를 "정교수, 부교수, 조교수"와 같이 계급순으로 집단들에 관해 층화표집을 실시한다면, 모든 정교수를 하나의 동질적인 집단 목록으로 만들고, 모든 부교수를 하나의 동질적인 집단 목록으로, 모든 조교수를 하나의 동질집단으로 목록을 만든다. 이것이 실행된 이후 각 그룹별(정교수, 부교수, 조교수)로 무작위 표본을 추출한다.

① 비례층화표집

비례층화표집방법은 각 하위집단에서 동일한 비율로 표본을 추출하는 방법이다. 즉, 최종표본 단계 이전의 표본단위를 정하고, 매 단위로부터 크기에 비례하여 표본을 추출한다.

장점: 표본단위 구분이 되는 속성으로 보아 대표성을 확보하고 분산을 줄일 수 있고, 분류과정에서 놓치기 쉬운 요소를 놓칠 확률을 줄일 수 있다. 각 층의 특성에 대한 추정과 비교가 가능하다.

단점: 각 층의 상대적 크기에 대한 정확한 정보가 필요하고 아니면 오차가 늘어나는, 기존의 층화목록이 없으면 목록 준비에 비용이 많이 들고

분류가 잘못되어 분산이 증대할 수 있다.

예 모집단 300명 중에서 30명을 뽑을 때, 모집단 남녀 성별분포가 9:1이라고 할 때 표본의 크기 비율은 각 층에 동일하게 적용한다. 그러면 남자 층에서 27명, 여자 층에서 3명을 추출하게 된다.

② 비비례층화표집

비례층화표집과 같으나 표본규모가 표본단위의 크기와 비례하지 않고, 분석적 목적, 편익 위주로 표본추출을 한다. 즉, 각 계층에서 차등 비율로 표본단위를 추출하는 방법이다.

장점 : 비례층화표집보다 층간 비교에 더 효율적이다.

단점 : 모집단의 특성을 결정하는 데 있어서 비례층화표집보다 효율성이 적고, 같은 표본규모에서 분산이 더 크다.

예 전체 1,000명의 학생 중 50명을 뽑을 때, 모집단 남녀 성별분포가 9:1이라고 할 때 비례층화표집은 남성집단에서 45명, 여성집단에서 5명을 추출한다. 이런 경우 전체모집단에서 차지하는 비율이 극히 작은 하위집단들은 비례적인 방법으로는 충분히 포함되지 않을 수 있는 경우 소수 하위집단에서 더 많은 수들이 뽑힐 수 있도록 차등인 비율을 적용하여 여성을 10% 이상 추출할 수도 있고, 이런 경우는 비비례층화표집이 된다. 차등비율 적용으로 인해 발생할 수 있는 표본의 불균형 문제는 자료분석 과정에서 수정한다.

2) 비확률표집방법

확률표본추출의 특징을 갖지 않는 표본추출의 방법인 비확률표집법(non-probability sampling)은 모집단으로부터 선택될 확률이 미리 알려져 있지 않은 경우에 사용된다. 그리고 비확률표집법은 모집단 자체가 무한모집단이거나, 모집단의 한계가 분명하더라도 목록을 구할 수 없거나 작성할 수 없는 경우, 즉 표집틀이 없는 경우에 사용된다. 또한 비용, 시간, 인력이 지나치게 많이 드는 경우에 확률표본추출법의 대안으로 사용되며, 일반적으로 질적 연구에서 빈번히 사용되는 표집방법이다.

장점 : 표집절차가 복잡하지 않으며 비용이 훨씬 적게 든다. 통계의 복잡성이 없으며 활용가능한 응답자를 즉석에서 활용할 수 있다.
단점 : 각 단위에 표본에 포함될 확률을 알 수 없고 표본오차를 산정할 수 없다. 어떤 사람이 선택될 확률이 알려지지 않기 때문에 표본이 모집단을 대표하고 있다고 말할 수 없고, 따라서 연구의 일반화에도 제한적이다.
예 '시설보호아동이 경험한 학교생활의 본질과 맥락에 대한 연구'를 진행할 때 일반적으로 사용되는 표집방법으로, 무작위 표집이 아닌 임의적 표집을 하는 것이다.

비확률표집법은 편의표집법, 유의표집법, 할당표집법, 눈덩이표집법, 최대변화량 표집법, 동질적 표집법, 이론적 표집법, 결정적 사례표집법, 예외사례표집법, 준예외 사례표집법, 극단적 사례표집법, 전형적 사례표집법, 사례표집법 등 매우 다양하다.

본 장에서는 편의표집법, 유의표집법, 할당표집법, 눈덩이표집법 등에 대해 살펴본다.

(1) 편의표집법

편의표집법(convenience sampling)은 비확률표집법 중 가장 대표성이 낮은 표본추출방법이며, 임의적 표집법 또는 우발적 표집법이라고 한다. 이 표본추출방법은 모집단에 대해 전혀 알지 못하는 경우, 또는 모집단이 극히 동질적이어서 표본추출 요소들 간에 차이가 거의 없다고 판단되는 경우 사용하는 방법이다.

장점 : 비용, 시간, 편의성 면에서 가장 효과적이다. 즉, 결과의 일반화나 오차 등에 관해서는 관심이 없고, 조사대상자를 조사연구자가 쉽게 접근할 수 있거나 이용 가능한 대상들을 표본으로 선정하고, 그리고 별다른 경비를 들이지 않고 조사연구자 개인의 자의적인 판단에 따라 우발적으로 선정하므로 시간, 편의성, 경제성만을 염두에 두는 방법이다.
단점 : 조사연구자의 편의에 따라 손쉽게 이용 가능한 대상을 선택하기 때문에 선정된 표본이 어느 한쪽에 치우치기 쉽고, 표본추출 오차를 산정할 수 없다.
예 백화점 앞에서 쇼핑을 마친 고객들을 대상으로 면접조사를 진행하는 경우, 조사자가 쇼핑을 마친 고객들 중에서 주관적인 판단으로 일부를 조사대상자로 선정하여 조사한다.

(2) 유의표집법

유의표집법(purposive sampling)은 의도적 표집법 혹은 판단표집법(judgement sampling)이라고도 하며, 조사연구자가 모집단 및 그 요소들에 대해 풍부한 사전지식을 가지고 조사연구자의 주관적 판단에 따라 의도적으로 표본을 추출하는 것이다. 즉, 조사연구자 자신의 판단과 연구목적에 의해 표본을 구성하는 방법이다.

장점 : 모집단에 대한 사전지식을 기초로 하는 경우 표본추출이 편리하고, 비용과 시간이 적게 들어 경제적이다. 조사연구자가 모집단과 구성요소에 관하여 충분한 사전지식을 가지고 있을 경우에만 유용하다.

단점 : 이 방법은 표본의 대표성을 확보할 수 없다. 조사연구자 판단의 정확성 정도에 따라 표본의 대표성과 가치가 크게 영향을 받고, 표본추출 오차를 산정하거나 모집단의 분포상에서 표본의 위치를 추정할 수 없다.

예 조사자가 경쟁사의 동태파악을 하려는 목적에서 자신의 회사 판매원들에게 조사를 실시하려고 할 때, 조사자가 판매원들 개개인에 대한 지식이 있는 경우 유의표집이 적절하다.

(3) 할당표집법

할당표집법(quota sampling)은 비확률표집방법 중에서 가장 정교한 기법을 사용하므로 사회과학조사에서 널리 쓰이고 있으며, 인터뷰에 의해서 자료를 수집할 때 주로 사용하는 방법이다. 할당표집법을 사용할 경우 연구자는 모집단에 대한 사전지식을 가지고 조사대상자의 연령이나 성별과 같은 변수값에 따라 모집단을 부분집단으로 구분하며, 모집단의 부분집단별 구성비율과 표본의 부분집단별 구성비율이 유사하도록 선정하는 방법이다.

할당표집법

할당표집법은 전체 모집단에서 직접 표본을 추출하는 것이 아니라, 조사자가 임의로 만든 할당표집틀을 이용하여 표본을 추출한다. 즉, 모집단을 동질적인 특성을 나타내는 하위집단별로 표본수를 할당한 다음 표본을 추출하는 방법으로, 확률표집법의 층화표집과 같이 이질적 집단보다 동질적 집단에서 추출한 표본의 표집오차가 작다는 이론에 기초한 표집방법이다.

장점: 비용이 적게 들고, 손쉽기 때문에 단기간에 조사해야 하는 경우에 적합하며, 조사목적과 관련이 있는 일부 중요변수를 고려하여 표본을 추출하므로 두드러지게 나타나는 오차는 줄일 수 있지만, 경우에 따라서는 심각한 오차가 발생할 수 있다.

단점: 확률표집방법의 층화표집법과 비슷한 방법을 사용하고 있으나 모집단의 구성요소들이 표본으로 선정될 확률이 동일하지 않고, 표집오차를 추정하기는 어려우며, 대표성을 확보하기도 어렵다. 또한 임의표집을 하기 때문에 연구자의 편향적 선정이 이루어질 수 있다.

예 동문복지관에서 이용자 100명의 표본을 할당표집할 경우, 이용자 성별(남 3: 여 7)을 고려하여 표본 수를 할당하면(남 30명, 여 70명) 할당표집이 된다. 층화표집과 유사하지만 실제표본 추출에 있어서 무작위 추출방법을 사용하지 않는다는 차이가 있다.

(4) 눈덩이표집법

눈덩이표집법(snowball sampling)은 누적표집법, 연쇄소개표집법이라고도 하며 비확률표집법으로, 모집단에서 무작위로 표본을 추출하는 것이 아니라 임의로 표본을 추출한다. 최초의 작은 표본을 선택하여 그를 통해 표본을 확대해 나가는 방법으로 접근이 어렵거나 모집단 표본추출틀의 작성이 곤란한 특정한 집단에 대한 조사에서 사용되는 방법이다. 처음에 조사연구자가 임의로 선정한 표본에 해당하는 사람들로부터 추천을 받아 다른 표본을 선정하는 과정을 되풀이하여 표본을 누적적으로 쌓아가는 방법으로 수량적인 연구가 아닌 질적 조사연구나 현장연구에서 많이 사용되는 방법이다.

눈덩이표집 진행 단계: ① 필요한 특성을 갖춘 소수의 사람들을 확인하고, ② 이들을 면접한다. ③ 이들을 통해서 더 많은 사람을 소개받아 면접을 한다. 마치 눈덩이가 아래로 굴러감에 따라 점점 커져 가는 것처럼 이러한 과정을 통하여 필요한 수의 표본을 확보한다.

장점: 본 조사를 수행하기 이전에 탐색적 목적으로서 가치가 있고, 연결되어 있는 사람들의 특성을 쉽게 파악할 수 있다.

단점: 모집단에 대하여 일반화시키기 어렵고, 표본추출이 정보제공자의 정보에 의존하기 때문에 표본의 대표성이 없다.

예 주로 약물중독, 성매매, 도박 등과 같이 일탈적인 대상을 연구하거나 노숙인, 이주노동자, 불법 이민자 등 모집단의 구성원을 찾기 어려운 대상을 연구하는 경우에 사용하며 양적인 연구보다는 질적 연구 혹은 현장연구에서 많이 사용한다.

3. 표본의 크기와 표본오차

1) 표본의 대표성

표본의 대표성이란 추출된 표본의 특성이 모집단의 집합적 특성과 일치하는 정도를 의미하며, 표본의 특성이 모집단의 특성과 유사할수록 대표성이 높은 표본으로 볼 수 있다.

이러한 표본의 대표성에는 모집단과 표본의 크기, 모집단의 동질성 여부, 무작위 할당 여부, 표본추출방법 등이 관계가 있다.

2) 표본의 크기

표본의 크기는 모집단으로부터 추출한 표집단위의 총 개수이다. 모집단의 크기가 작을 경우에는 전수조사를 하는 것이 좋고 동질적인 개체로 구성되어 있다면 어느 요소를 택하여 표본으로 하더라도 좋다.

(1) 표본 크기의 결정요인

실제적으로 표본의 크기를 결정함에 있어 모집단의 크기, 모집단의 동질성, 신뢰수준, 분석변수와 그 범주의 수, 시간과 비용, 표집방법, 자료수집방법 등을 고려하여야 한다. 표본의 크기를 실제적으로 결정하는 데 고려하여야 할 요인은 <표 9-3>과 같다.

표 9-3 표본의 크기 결정 요인

결정 요인	내용
모집단 크기	모집단이 클수록 표본의 크기는 커야 한다. 그렇다고 모집단 크기와 표본의 크기가 비례하는 것은 아니다. 어느 정도까지는 모집단의 크기가 클수록 표본 크기도 비례적으로 증가하나 일정 정도를 넘으면, 모집단 크기의 증가에 따라 표본 크기가 증가해도 표본의 대표성에는 거의 영향을 미치지 못한다.
모집단 동질성	모집단의 동질성 정도에 따라 표본의 크기는 달라진다. 모집단이 동질적일수록 표본의 크기는 작아도 되지만, 모집단이 이질적일수록 그러한 이질적 특성을 고루 반영하는 표본을 추출하여 표집오차를 줄여야 하므로 표본의 크기는 늘려야 한다.
신뢰수준	표본의 크기는 조사자가 선택하는 신뢰수준에 따라 달라진다. 신뢰수준을 높이려면 표본의 크기도 커져야 한다. 즉, 신뢰수준을 95%에서 99%로 높이려면 표본의 크기를 늘려야 한다.
분석변수와 그 범주의 수	동일한 표집오차를 가정한다면 분석변수가 많아질수록 표본의 크기는 커져야 하며, 한 변수 내의 범주의 수가 많아질수록 표본의 크기는 커져야 한다. 정리하면, 변수의 범주가 많아짐에 따라 표본 크기가 일정하다면 각 범주에 속하는 사례 수는 점점 적어지게 되는 것이다.
시간과 비용	충분한 시간과 비용을 갖고 있다면 비록 표본 크기의 증가분만큼 표본추출 오차가 줄어드는 것은 아니지만 어느 정도는 줄어드는 것이 사실이기 때문에 가능하다면 보다 큰 표본의 크기로 조사하는 것이 좋을 것이다.
표집방법	표집방법에 따라서도 달라지는데, 상대적으로 이질적인 모집단을 보다 동질적인 하위모집단으로 층화하면 적은 수의 표본으로도 필요한 수준의 신뢰도와 정확도를 확보할 수 있다. 이러한 원리에 기초해서 표본을 추출하는 방법이 층화표집방법이므로 다른 확률표집방법에 비해 상대적으로 적은 수의 표본으로도 모집단을 잘 대표할 수 있다. 같은 크기의 표본일 때 집락표집법이 가장 대표성이 떨어지고 반면, 같은 표집방법을 사용한다면 표본 크기가 클수록 대표성은 커진다. 양적 연구에서 표본의 크기가 클수록 유의미한 결과를 얻는 데 유리하다.
자료수집방법	질적 연구의 경우 특징상 표본의 크기가 작을 수 있고, 반면 양적 연구는 표본의 크기가 대체로 큰 편이다.

※ 황인옥, 2019 : 233-235.

3) 표본오차

표본오차(sampling error)에는 표집과정에서 발생하는 표본오차와 그 외 과정에서 발생하는 비표본오차로 구분된다.

(1) 표본오차

표본오차는 표집오차라고도 하며, 표본에 의한 모수의 추정값이 모수와 다른 정도, 즉 표본의 통계치와 모수의 차이를 표본오차라 한다. 표본오차는 표본의 선정과정에서 발생하는 오차, 즉 표본조사에서 추정량의 표본오차는 모집단에서 표본을 추출할 때 표본추출에 따른 변동 때문에 발생하는 확률적 현상이다.

표본오차 영향 요인

표본추출법, 표본의 크기, 모집단의 동질성 등을 들 수 있다.
어떤 추정량의 표본오차는 표준오차로 추정할 수 있다. 일반적으로 다른 조건이 일정할 때, 표본의 크기가 커질수록 표본오차는 줄어든다(감소한다). 반대로 표본의 크기가 작을수록 표본오차는 늘어난다(증가한다). 즉, 표본오차는 표본의 크기에 반비례하며, 표본크기가 커질수록 표본의 대표성은 커지고, 표본오차는 줄어들기 때문에 표본의 대표성은 표본오차와 반비례한다.
*여기서 표준오차는 '표본평균의 표준편차'를 말하는 것으로, 무수히 많은 표본평균의 통계치가 모집단의 모수로부터 평균적으로 떨어진 거리를 의미한다. 동일한 조건이라면 표준오차가 커질수록 검정통계값(검정통계값은 특정가설을 검증하기 위해 표본자료를 분석해 계산한 통계값을 말한다)이 통계적으로 유의할 가능성은 낮아진다. 반대로 표준오차가 작을수록 검정통계값이 통계적으로 유의할 가능성이 높아진다.

(2) 비표본오차

비표본오차(non-sampling error)는 비표집오차라고도 하며, 표본 추출과정에서 유발되는 오차가 아니라, 질문지, 조사자료 작성, 인터뷰 과정에서 발생하는 오류, 분석된 자료의 그릇된 해석, 자료집계나 자료를 분석하는 도중에 발생하는 요인들에서 야기되는 오차를 의미한다. 표본의 크기를 크게 하면 표본오차는 감소하지만, 비표본오차의 발생 가능성은 높아진다.

표본오차와 비표본오차의 관계

표본규모가 클수록 표본오차는 점차 감소하겠지만, 표본규모가 큰 만큼 비표본오차가 발생할 가능성은 높다. 또한 모집단 규모가 큰 경우 전수조사 과정에서 발생하는 비표본오차로 인해 오히려 표본조사보다 정확도가 떨어지는 경우가 많이 발생한다. 즉, 전수조사가 표본조사보다 정확도가 떨어지는 경우는 표본오차 때문이 아니라 비표본오차 때문에 발생하는 것이다. 표본규모가 작은 만큼 표본오차는 증가하지만, 비표본오차는 그만큼 감소한다. 이와 같은 이유 때문에 무조건 표본규모만 크게 한다고 해서 반드시 정확한 조사가 이루어진다고 생각할 수는 없다. 어떤 조사에서 통계적인 방법으로 표본규모를 결정하는 것은 조사의 목적, 부분집단별 통계치의 필요성 여부, 전체적인 조사비용과 계획 등 여러 요인을 고려해서 결정해야 하는 복잡한 과정이다.

연습문제

01 질적 연구에서 사용하는 표집방법으로 잘못된 것은?

① 선표집 ② 편의표집 ③ 전형적 사례표집
④ 동질적 표집 ⑤ 눈덩이표집

02 표집방법 중에서 확률표집방법이 아닌 것은?

① 단순무작위표집법 ② 계통표집법 ③ 편의표집법
④ 층화표집법 ⑤ 군집표집법

03 표집방법 중에서 비확률표집방법이 아닌 것은?

① 편의표집법 ② 유의표집법 ③ 할당표집법
④ 계통표집법 ⑤ 눈덩이표집법

04 표본설계의 과정으로 옳은 것은?

① 표집틀 선정 → 표집방법 결정 → 모집단 확정 → 표집크기 결정 → 표본추출
② 표집방법 결정 → 표집크기 결정 → 표본추출 → 모집단 확정 → 표집틀 선정
③ 표집틀 선정 → 표집방법 결정 → 표집크기 결정 → 표본추출 → 모집단 확정
④ 모집단 확정 → 표집틀 선정 → 표집방법 결정 → 표집크기 결정 → 표본추출
⑤ 표집틀 선정 → 표집방법 결정 → 표집크기 결정 → 모집단 확정 → 표본추출

05 표집관련 용어의 정의로 옳은 것은?

① 요소 - 표본을 추출하기 위한 모집단의 목록이다.
② 모집단 - 연구대상이 되는 집단 전체이다.
③ 표집단위 - 자료나 정보를 수집하는 기본 단위이다.
④ 관찰단위 - 표본에서 변수의 특성을 요약하여 기술한 수치이다.
⑤ 모수 - 표본이 추출되는 각 단계에서 표본으로 추출되는 요소들의 단위이다.

정답 01 ① 02 ③ 03 ④ 04 ④ 05 ②

10
CHAPTER

자료수집 I (서베이 조사)

❐ 학습목표

- 서베이 조사의 장단점을 살펴보고 설문지 작성과정에 대한 전반적인 내용을 이해한다.
- 설문지 작성 시에 질문의 어구구성 및 질문 문항의 배열원칙을 이해한다.
- 서베이 자료수집방법(우편조사, 면접조사, 온라인조사)에 대해 이해한다.
- 서베이 자료수집방법의 특징과 장단점을 비교해서 이해한다.

이 장에서는 사회복지 조사에서 자료수집방법인 서베이 조사에 대해 살펴보고자 한다. 서베이 자료수집방법으로는 우편조사, 면접조사, 온라인조사, 인터넷조사 방법을 알아본다. 그리고 서베이 자료수집방법의 특징과 장단점을 비교해서 이해하게 될 것이다.

- **자료수집** : 자료수집이란 조사연구자가 조사대상으로부터 정보를 얻어내는 과정이다. 즉, 조사설계에 포함되어 있는 변수들에 관한 정보를 연구설계 과정에서 결정된 연구방법론에 따라 수집하는 것이다. 조사연구자는 많은 자료를 무조건 수집하는 것이 아니라 조사설계에 포함되어 있는 변수로 한정시켜 자료를 수집하여야 한다.
- **우편조사** : 우편조사란 질문지를 우편으로 이송하고 개별 응답자가 이에 응답하게 하여 회수하는 방법으로, 자기기입식 자료수집방법이다.
- **면접조사** : 면접법은 관련 자료를 수집하기 위하여 면접원이 직접 응답자 및 조사대상자와 대면하여 정보를 얻고자 하는 상호작용 형태의 방법을 의미한다.

1. 서베이 조사 방법의 개요

1) 서베이 방법의 의미

서베이 조사란 모집단의 특성을 파악하기 위해 일정 수의 표본을 추출하여 설문조사를 실시하는 것이다. 서베이 방법은 일정한 시점에서 다수의 조사대상자로부터 직접 자료를 수집하는 방법으로, 가장 많이 사용하는 우편조사와 면접조사가 있으며, 온라인조사 등으로 분류한다.

표 10-1 서베이 방법의 장단점

장점	단점
• 대규모 모집단의 특성을 기술하는 데 유용하다. • 연구결과를 일반화하기가 상대적으로 용이하다. • 표준화된 설문지를 사용함으로써 객관적으로 측정할 수 있다.	• 외생변수의 통제가 불가능하기 때문에 변수들 간의 인과관계를 규명함에 있어 내적 타당도가 결여될 수 있다. • 한 시점에서 끝나는 경우가 많아 시계열적인 정보를 얻기 어렵다.

※ 사회복지교육연구센터, 2022 : 281.

표 10-2 서베이 방법의 종류

종류	내용
자기기입식 설문조사	• 설문지의 응답을 조사대상자가 직접 작성한다. • 우편조사, 온라인조사/인터넷조사 방법 등이 있다. • 별도로 다수의 조사원을 모집, 교육할 필요가 없다. • 응답률이 낮아질 가능성이 있다. • 면접설문조사와 비교하여 상대적으로 비용이나 시간이 적게 소요된다. • 민감한 쟁점을 다루는 데 더 효과적이다.
조사원 기입식 설문조사	• 면접 등을 통해 조사원(면접원)이 직접 질문하고 응답자의 대답을 기록하는 방식이다. • 면접설문조사 방법이다. • 응답자가 이해하기 어려운 내용이나 질문에 대한 설명을 제공할 수 있다. • 응답률이 높은 편이다. • 조사원 모집과 교육에 비용이 소요된다.

※ 사회복지교육연구센터, 2022 : 282.

- **서베이 방법**: 서베이 방법은 설문지, 면접, 전화 등을 이용하여 응답자로 하여금 연구주제와 관련된 질문에 답하게 함으로써 체계적이고 계획적으로 실증적 자료를 수집·분석하는 연구조사방법이다.
- **설문지 조사**: 설문지 조사(questionnaire method)는 면접, 전화, 우편 등을 이용하여 응답자로 하여금 연구주제와 관련된 질문에 답하게 함으로써 체계적이고 계획적으로 실증적 자료를 수집·분석하는 연구조사방법으로, 사회과학 분야에서 가장 많이 활용되는 사회조사방법이다.

2) 설문지의 작성

(1) 설문지 작성의 이유

설문지를 작성하는 가장 큰 이유는 조사하고자 하는 내용을 표준화할 수 있어 조사결과의 비교 가능성을 높일 수 있기 때문이다. 즉, 모든 응답자에게 동일한 내용을 질문하게 되므로 측정도구의 변화에 다른 측정의 오류를 최소화할 수 있기 때문에 결과의 비교 가능성이 커지게 된다. 또한 빠른 시간에 핵심적인 정보만을 선별하여 비교적 객관적이고, 정확한 정보를 수집할 수 있다. 그리고 불필요한 내용은 설문지에서 삭제할 수 있고, 응답자가 무기명으로 직접 응답을 기록한 경우에는 매우 솔직한 응답이 가능하며, 응답의 용이성과 정확성을 높일 수 있도록 응답형태를 사전에 제시할 수 있다는 점이 설문지를 이용하게 되는 주된 이유이다.

설문지 작성 시 유의사항

① 측정하고자 하는 개념을 명확하게 정의해야 한다.
② 타당도와 신뢰도가 높은 설문을 구성해야 한다.
③ 가설검증에 필요한 분석기법을 고려하여 적합한 형태의 척도를 이용해야 한다.

(2) 설문지의 구성요소

설문지는 가능한 한 표준화된 설문지를 작성하는 것뿐만 아니라 응답상의 오류를 방지하고 필요한 정보를 포괄적으로 획득하기 위해서 구성요소를 갖춰야 한다.

① 설문표지

대부분의 응답자들은 설문지를 받았을 때 설문표지를 먼저 읽는다. 이로 인해 설문표지의 구성이 응답률에 영향을 미치게 된다.

설문표지에는 연구목적을 대략적으로 설명하여 응답자의 관심을 유도하고, 응답자 선정과정에 대해서도 언급할 필요가 있다. 연구후원자나 후원기관에 대해서도 명시하고, 연구결과의 유용성에 대해서도 설명할 필요가 있다. 마지막으로 익명성과 비밀보장, 설문 주체와 설문 관련 문의사항에 대해서도 명시해야 한다.

② 응답자 협조요청

조사자나 조사기관에 대한 소개, 조사의 목적이나 취지, 조사 결과의 영향력 및 응답에 대한 비밀보장을 확신시켜 줌으로써 조사의 응답률을 높이고 응답을 보다 쉽게 얻어내기 위해 응답자에게 최대한 협조를 부탁한다.

③ 식별자료

식별자료란 각 질문지를 구분하기 위한 일련번호 및 기관, 지역 또는 조사원의 이름과 면접일시를 기록하는 부분으로 대개의 경우 질문지 첫 장에 위치한다.

④ 지시사항

각 항목마다의 응답요령이나 주의사항 등 질문지의 모든 항목을 어려움 없이 완성하고, 이를 조사기관이 회수하기까지의 모든 과정에 대한 상세한 지시사항이 수록되어야 한다.

⑤ 설문 문항

질문을 통해서 측정되고 수집되는 자료들이 연구목적에 필요한 정보를 획득할 수 있도록 설문 문항을 작성한다.

⑥ 응답자 분류 자료

주로 응답자의 인구통계학적(예 : 학력, 연령, 성별, 주거, 종교, 직업 등) 자료들로 인격이나 프라이버시가 침해되지 않도록 주의하여 꼭 필요한 항목만을 골라 조심스럽게 질문한다.

(3) 설문지 작성과정

① 설문지 작성의 목적과 적용범위 확정

연구의 목적과 목표에 따라 설문지를 통해 수집하고자 하는 내용과 적용범위를 정하고 설문지 작성을 시작해야 한다. 그렇지 않으면 단지 많은 정보를 얻기 위해서 연구목적과 직접적으로 관련이 없는 내용까지 설문지에 포함할 경우 구성이 복잡해진다.

② 질문 내용의 결정

표 10-3 설문지 질문 내용

주제	내용
사실을 알아내기 위한 질문	인구통계학적, 사회경제적 상태 예 학력, 연령, 성별, 주거, 종교, 직업 등
의견과 태도에 관한 질문	• 태도 : 경향, 신념, 편견, 두려움 등 • 의견 : 태도를 말로 나타낸 것
감정이나 느낌에 대한 질문	정서적 반응(공포, 불안, 혐오, 동정, 열망 등)을 직접적으로 나타내는 문항을 포함
행위의 표준에 대한 질문	다양한 사회적 상황에서 어떤 행위가 적절한 것인가에 대한 문항은 같은 상황에서 개인의 행동을 예측할 수 있음
현재 또는 과거의 행위에 대한 질문	현재나 과거의 행위에 대한 정보는 미래행위를 예측하는 데 가치 있는 지식이 됨
'왜'에 대한 질문	믿음, 감정, 행동에 대한 의식적 이유를 묻는 질문

※ 사회복지교육연구센터, 2022 : 284.

③ 질문 형태와 응답범주 형식 선정

- 질문의 형태

질문의 형태는 응답자에게 응답에 대한 범위를 제시할 것인지의 여부에 따라 개방형 질문(open-ended question)과 폐쇄형 질문(close-ended question)으로 분류된다.

개방형 질문(open-ended question, 주관식 질문)

자유 응답형 또는 비구조화된 질문이라고도 불리며, 응답자가 질문에 대한 응답의 방향 및 범위를 자유롭게 결정할 수 있는 질문이다.

- **장점**: 가능한 응답의 범주를 모두 알 수 없을 때, 응답자에게 충분한 자기표현의 기회를 제공해 줌으로써 보다 사실적이고 생생한 현장감 있는 응답을 얻을 수 있으며, 보고서 작성 시 직접 인용할 수도 있으므로 정보의 질이 높아진다. 개방형 질문은 예비조사나 탐색적 조사 등 문제의 핵심을 알려고 할 때 흔히 사용되며, 대규모 조사보다는 소규모 조사에 더 적합하다.
- **단점**: 응답자에게 부담이 되는 것으로, 응답자가 어느 정도의 교육수준을 갖추고 있어야 한다. 면접원은 캐묻기를 할 수 있도록 충분히 면접기술이 훈련되어야 한다. 너무 많은 수의 자유로운 응답들을 통계처리를 위해 응답을 분류할 때 분류 오류를 유발할 수 있다. 응답자의 편견이 개입될 소지가 있고, 자료의 분석 및 해석에 많은 시간이 소요된다.

예 프로그램에 참여한 이유는 무엇입니까?, 사회복지에 대해 어떻게 생각하십니까?

폐쇄형 질문(close-ended question, 객관식 질문)

폐쇄형 질문은 연구자가 설문에 제시한 예시 중 하나를 선택하도록 요구하는 질문이다.

- **장점**: 응답자가 질문에 응답하기 용이하다. 응답결과를 입력하고 분석하기가 상대적으로 용이하다.
- **단점**: 응답자가 질문을 진지하게 생각하지 않고 적당히 아무렇게나 응답할 수 있다. 응답자의 자발적인 자기표현의 기회를 제약함으로써 얻을 수 있는 정보의 풍부함을 제한하게 한다. 응답항목의 배열에 따라 응답이 달라질 수 있고, 중요한 응답항목이 빠질 수 있다.

• 응답범주의 형식

표 10-4 응답범주의 형식

형태	내용
찬성-반대식 질문	찬성-반대, 그렇다-아니다 식의 대답을 구하는 방식으로 간단한 문제나 찬성-반대 양론을 묻는 문제에 적합하다. 예 귀하는 부모님을 모시고 계십니까? ① 예, ② 아니요
평정식 질문	강도를 달리하는 응답범주들 중 하나를 선택하는 것이다. 예 귀하는 사회복지기관으로부터 받고 있는 서비스에 대해 어떻게 생각하고 계십니까?

<table>
<tr><td></td><td>① 매우 만족한다 ② 만족한다 ③ 보통이다
④ 불만이다 ⑤ 매우 불만이다</td></tr>
<tr><td>다항 선택식 질문</td><td>여러 개의 응답범주 중에서 하나 혹은 그 이상의 범주를 선택하도록 하는 질문으로 보통 3~5개의 선택항목으로 구성된다. 기타라는 범주도 포함시켜야 하는데, 기타란에는 구체적으로 답을 기입하도록 하는 것이 좋다.
예 절대빈곤을 타파하기 위한 책임은 누구에게 있다고 생각하십니까?
① 정부 ② 종교기관 ③ 기업 ④ 지역사회 ⑤ 기타 ( )</td></tr>
<tr><td>서열형 질문</td><td>일련의 응답범주들에 대한 중요성, 선호나 우선순위 등에 따른 순서에 따라 선택하는 질문이다.
예 교회의 사명 가운데 가장 중요하다고 생각하는 우선순위를 표시하세요(1 가장 중요, 3 보통 중요, 5 가장 중요하지 않음)
전도 ( ) 예배 ( ) 교육 ( ) 봉사 ( ) 친교 ( )</td></tr>
<tr><td>행렬식 질문</td><td>여러 개의 질문들이 동일한 응답 범주를 가지고 있는 경우에 사용한다.
장점 : 설문지를 효율적으로 사용할 수 있고 응답하는 데 걸리는 시간을 줄여준다.
단점 : 유사한 질문들이 인접하여 배치되기 때문에 고정반응이 발생할 수 있다.
예 귀하가 근무하는 직장은 어떻습니까?
<table>
<tr><th>문항</th><th>매우 그렇다
5</th><th>그렇다
4</th><th>중립
3</th><th>그렇지 않다
2</th><th>전혀 그렇지 않다
1</th></tr>
<tr><td>1. 일한 만큼 임금을 준다.</td><td></td><td></td><td></td><td></td><td></td></tr>
<tr><td>2. 상사는 고충을 잘 해결해 준다.</td><td></td><td></td><td></td><td></td><td></td></tr>
<tr><td>3. 편의시설이 잘 되어 있다.</td><td></td><td></td><td></td><td></td><td></td></tr>
</table>
</td></tr>
</table>

※ 김치영 · 최용민 공저, 2011 : 268-269, 사회복지교육연구센터, 2022 : 286.

④ 질문의 어구구성

질문의 어구구성은 설문조사에 소요되는 시간 및 비용을 최소화하기 위해 중요하다.

표 10-5 질문의 어구구성

구분	내용
질문의 내용을 응답자가 정확하게 파악할 수 있도록 작성한다.	애매성과 모호성을 예방하기 위한 가장 좋은 방법은 각 질문에 사용하는 용어를 주의 깊게 취사선택하고 실제 조사에 들어가기에 앞서 모든 질문을 사전검사하여 배경, 집단 그리고 계층이 다양한 사람들에게 분명한 것인지를 확인하는 것이다.
가급적 짧게 질문한다.	긴 질문은 무응답의 가능성이 크다. 금방 이해할 수 있도록 짧고 쉬운 문장으로 질문한다.
언어구성을 적절한 수준에서 유지한다.	용어의 난이도, 언어의 형식, 속어, 구어의 사용 등 응답자의 능력과 특성을 고려하여 적절하게 구성하고 유지한다. 조사자의 의도에만 충실해서는 안 되고, 응답자의 능력과 수준에 적합하도록 만들어야 한다.
추상적으로 질문하기보다는 구체적으로 질문한다.	질문이 확고하고 구체적이면 대답도 명확하다. 개념과 응답범주가 명확하도록 질문을 구체적이고 경험적인 용어로 서술한다.
유도질문(혹은 편향적 질문)을 피한다.	유도질문이란 조사자가 어떤 응답을 기대하는 것처럼 느껴지도록 질문 문항을 구성한 질문을 말한다. 질문에 사용되는 용어가 편향적 성격을 띠게 되면 올바른 측정을 하기 어렵다. 따라서 중립적인 용어를 선택하려는 노력이 중요하다. 예 서구 복지국가에서는 인구고령화가 심각하여 공적 노령연금의 소득대체율을 낮추어야 한다는 주장이 많습니다. 선생님은 우리나라 국민연금의 소득대체율을 낮추어야 한다는 주장에 대하여 찬성하십니까?
직접 질문과 간접 질문을 적절히 사용한다.	사실적 내용을 알기 위한 질문으로 응답자의 가치, 의식, 과거의 경험 등 밝히기 꺼리는 질문은 간접 질문이 효과적이다. 직접 질문 예 귀하의 성별은?, 귀하는 ○○해 보신 적이 있습니까? 등 간접 질문 예 귀하에게 만일 ○○○이 일어난다면 귀하는 어떻게 하시겠습니까?, 다음 상황에서 당신이 사회복지사라면 어떤 선택을 하겠습니까? 등
부정적 문항은 피한다.	예 정부는 의료보험을 통합해서는 안 된다는 문항보다는, 정부는 의료보험을 통합해야 한다는 문항을 사용해야 한다.
이중질문을 피한다.	이중질문이란 두 가지 이상의 질문을 포함하는 질문을 말한다. 예 귀하는 국민건강보험과 국민연금의 보험료를 인상시키는 것을 어떻게 생각하십니까?, 당신은 술이나 담배를 좋아하십니까? 등
기타 주의사항	• 질문 내에 어떤 가정이나 암시가 있어서는 안 된다. • 편견을 내포하는 용어나 서술은 피해야 하며 가치중립적인 표현을 사용한다. • 응답범주에 애매하거나 막연한 내용이 포함되지 않도록 한다. • 질문이 긍정적이거나 부정적인 어느 한 방향으로 치우쳐서는 안 된다. • 시간의 흐름에 따른 문항 배열은 최근의 것 또는 오래된 것의 순으로 한다.

※ 사회복지교육연구센터, 2022 : 287-289.

⑤ 질문의 문항배열

설문지가 전체적으로 하나의 통일성을 이루도록 질문의 문항을 조직하는 것이 필요하다. 질문의 순서는 응답률에 영향을 줄 수 있으므로, 질문의 순서 결정 시 고려하는 것이 좋다(김치영 · 최용민 공저, 2011).

- 흥미 있거나 쉬운 질문을 먼저 한다.
- 객관적인 사실에 질문부터 시작해서 점차 태도, 의견, 동기 등을 묻는 질문으로 배열하는 게 좋다.
- 일반적인 질문과 특수한 질문을 해야 할 때는 보통 일반적인 질문을 먼저 묻고 특수한 질문을 뒤에 묻는 것이 좋다. 그리고 일반적으로 광범위한 질문에서 세밀한 질문으로 한다.
- 구체적이고 친숙한 것에서부터 추상적이고 생소한 것으로 배열하는 것이 좋다.
- 시간의 흐름에 따라 배열하는 것이 좋다. 최근의 것부터 오래된 것으로 혹은 오래된 것부터 최근의 것으로 하는 것이 좋다.
- 간단한 항목에서 복잡한 항목으로 부드럽게 넘어가야 하고, 응답하기 쉽고 중요한 질문들은 앞부분에, 어렵고 지루하면서 곤란한 질문은 가운데 부분에 배열하는 것이 좋다. 또한 심각한 질문과 민감한 질문이나 개방형 질문은 설문지 뒷부분에 배치한다.
- 선질문이 후질문에 영향을 미치지 않도록 한다. 앞의 질문의 내용이 뒤에 올 질문의 응답에 영향을 줄 수 있는 경우가 있는데, 이것은 될 수 있는 대로 피해야 한다.
- 일정한 유형의 응답경향이 발생하지 않도록 문항을 배치한다.
- 신뢰도 검사를 염두에 둔 문항들은 분리하여 배치한다. 즉, 신뢰도 측정을 위해 짝(pair)으로 된 문항들은 가급적 떨어지게 배치한다.
- 질문항목의 길이와 유형을 다양하게 배치하여 응답자의 지루함을 방지한다.
- 질문 문항의 수는 최소가 되도록 구성한다.
- 논리적 연관성에 따라 질문을 배열한다.

⑥ 설문지의 외형 결정

인쇄된 설문지가 응답자들에게 호감을 주고 중요한 것이라는 인식이 들도록 설문지의 외형(표지, 용지, 활자, 크기, 공간 등 여러 면)에 대한 고려가 있어야 한다.

⑦ 사전검사

사전검사(사전조사)는 본 설문조사에 들어가기 전에 시범 적용하는 것으로, 질문지를 완성하기 전에 본조사의 조사대상과 같은 조건의 사람들을 대상으로 사전조사를 실시하는 것이다. 사전검사(사전조사)의 목적과 필요성은 다음과 같다(황인옥, 2019).

- 질문지 형식과 내용 전반에 대하여 검토한다.
- 본 조사를 수행하는 데 필요한 정보를 수집할 수 있다.
- 질문지의 언어구성상 문제를 수정하는 데 도움이 된다.
- 질문 내용의 중복, 누락 여부, 표현의 명확성, 질문 배열의 적절성, 용어 선택 등에 대해서 검토한다.
- 응답내용 간에 모순 또는 합치되지 않는지를 확인할 수 있다. 즉, 응답 내용의 일관성을 검토한다.
- 응답이 한쪽으로 치우치지 않는지 확인할 수 있다.
- 질문 순서가 바뀌었을 때 응답에 실질적 변화가 일어나는지 확인할 수 있다. 질문의 순서가 바뀌었을 때 응답에 실질적 변화가 일어나면 그 질문의 어구구성이 잘못되었다고 보아 검토해야 한다.
- 무응답, 기타 응답이 많은 경우를 확인할 수 있다. 모른다는 대답 또는 무응답, 기타 응답이 많은 경우는 질문에 문제가 있을 가능성이 있으므로 질문을 수정한다.

⑧ 편집 및 인쇄

사전검사가 끝나고, 오탈자와 최종점검이 완료되어 모든 것이 잘되었다고 확인되면, 질문지를 인쇄하여야 한다.

2. 서베이 조사 방법의 유형

1) 우편조사

우편조사(mail survey)는 설문지를 우편으로 이송하고 개별 응답자가 이에 응답하게 하여 회수하는 방법으로 자기기입식 자료수집방법이다. 우편조사는 방대하고 넓은 지역, 원거리 응답자에게 조사를 하는 경우에 유용한 방법이며, 우편조사 시에는 응답률을 높이기 위해 '회수용 주소와 반송용 우표가 붙은 별도의 봉투를 동봉하는 것'이 좋다.

(1) 장점

우편조사의 장점으로는 대규모 조사 시 대인면접에 비해 시간과 비용이 적게 들고, 현지조사원을 고용할 필요가 없으며, 응답자가 충분한 시간을 갖고 솔직하게 답변할 수 있다. 또한 조사가 어려운 사람에게 접근 가능성이 높아 개인의 민감한 문제를 다루는 데 유리하며, 익명성이 보장되고, 면접원의 편견에 의한 오류를 줄일 수 있다. 면접과는 달리 편견(주관)이 개입되지 않으며, 질문의 형식에 있어서 일률성을 기할 수 있다.

(2) 단점

우편조사의 단점으로는 설문지의 회수율이 낮으며, 회수에 많은 시간이 걸리고, 응답자가 설문지 일부에 응답을 하지 않아도 통제할 수가 없다. 또한 원래 표본으로 추출된 응답자가 응답하지 않을 수 있으며, 비언어적 행동의 조사는 불가능하다. 우편조사는 일반적으로 대면 면접조사에 비해서는 응답률이 낮고, 전화조사에 비해서는 높은 편이다.

(3) 전략

우편조사의 회수율을 높일 수 있는 전략은 설문지의 후속독촉이나, 반송

이 용이하도록 하거나, 응답동기를 높일 수 있도록 설문 표지를 구성하기 등이다. 일반적으로 우편설문의 응답률에 영향을 미치는 요인으로는 조사 주체의 성격, 설문지의 외관 및 길이, 설문에 붙게 되는 표지문(반송 기한 기재), 설문지 응답과 회신의 용이성, 응답 유인책의 동원 여부(선물 제공 등), 독려편지나 독려전화 등 후속조치, 우편물의 종류 등이다(양정하 외, 2003).

2) 면접조사

면접조사 방법은 개인적 면접법이라고도 하며, 연구에 필요한 자료를 얻기 위해 면접원(조사원)이 피면접원(조사대상자)을 개인적으로 만나 필요한 자료를 얻는 방법으로, 어린이나 노인에게 적절한 방법이다. 면접조사는 설문지 조사와는 달리 면접조사원이 조사대상자와 상호작용을 하기 때문에 면접조사원의 역할이 중요하다. 그러므로 응답의 충실성, 오류 정도, 조사결과의 신뢰도와 타당도 및 응답률 등 면접법의 질적인 성패는 면접조사원의 역할 수행에 결정적으로 달려 있다.

표 10-6 면접조사의 성공을 위한 고려사항

고려사항	내용
열성과 상호성	면접조사원이 자기 자신에 대한 어떤 사실이나 이야기를 해 줌으로써 상호작용을 정보의 교환으로 만드는 것이다. 자기 가치가 강조되고 상호성을 느끼게 되면 면접에 대한 피면접원(조사대상자)의 열성은 높아지게 된다.
질문과 응답의 의미 이해	상대방의 행동이나 진술의 진정한 의도를 인식하는 능력이다. 비록 피면접원이 상세하고 정확한 응답을 제공할 동기가 있다 하더라도 질문에 대한 이해 능력이 부족하면 그런 응답을 할 수 없다.
융통성	면접의 흐름을 중단하지 않는 범위에서 질문 순서 등은 융통성 있게 변경하여 진행할 수 있다.
피면접자의 동화	면접과정에서 일정 시점이 지나면 피면접자의 경계나 의심이 자연스럽게 풀리고 동화된다.

※ 남세진 · 최성재, 1996 : 315-318.

(1) 장점

면접조사의 장점은 대리응답의 가능성이 낮고, 우편조사에 비해 응답률이 높으며, 면접상황을 통제할 수 있어 응답환경을 구조화할 수 있다. 또한 보충질문을 통해 정보수집이 가능하고, 질문과정에서의 유연성이 높으며, 개방형 질문에 유리하고 우편조사에 비해 비언어적 행위의 관찰이 가능하다.

(2) 단점

면접조사의 단점은 우편조사에 비해서 시간과 비용이 많이 들고, 면접조사원의 편견이 개입될 수 있으며, 익명성이 보장되지 않기 때문에 민감한 질문에 응답자가 응답을 꺼릴 가능성도 있다. 또한 원거리 응답자에게는 적절하지 못하며, 응답자가 피곤해하거나 다른 요인들 때문에 면접에 집중하지 못할 수 있다.

(3) 면접조사의 유형

면접조사는 면접상황의 구조화 정도에 따라 다음 <표 10-7>과 같이 구분할 수 있으며, 면접상황에 따라 전화면접조사와 집단면접조사의 유형이 있다.

① 면접조사의 구조화 정도에 따른 구분

표 10-7 면접조사의 구조화에 따른 분류

분류	내용
구조화 면접 (structured interview)	• 사전에 면접조사표를 작성하여 질문 문항, 질문의 순서, 어조까지 정확히 제시하여 면접을 하는 자료수집방법 • 장점: 면접조사표에 의거하여 면접을 하므로 분류하고 부호화하는 데 편리하고, 응답의 차이를 비교할 수 있다. 비구조화 면접보다 신뢰도가 높다. 문항의 언어 구성을 미리 결정함으로써 면접자가 질문을 할 때 개입할 면접자 편의가 줄어들고, 많은 수를 조사하거나 숙련된 면접자가 없을 때에는 구조화 면접을 사용하는 것이 좋다. • 단점: 면접자가 보충질문이나 부가질문을 할 수 없어 자율권과 융통성이 없고, 모호한 응답을 명확화할 방법이 없다. 면접자와 응답자 간의 친근감을 감소시킬 수 있다.
반구조화 면접 (semi-structured interview)	• 면접의 일정 정도는 조직화되어 있지만, 질문의 순서나 자세히 물어보기 등에 대해서는 그때그때의 여건에 따라 면접자에게 자율권이 부여되어 있는 방식으로 초점면접이라고도 한다. • 장점: 구조화 면접보다는 더 훈련되고 기술을 습득한 면접자를 이용하고, 피면접자에 대한 속성이나 경험에 대하여 많이 알고 있어야 한다. 반구조화 면접에서는 부수 질문과 같은 방법을 흔히 사용한다.
비구조화 면접 (unstructured interview)	• 심층면접이라고도 하며, 질문의 순서나 내용을 사전에 정하지 않고 조사될 문제의 범위만 사전에 결정한다. 면접조사표나 면접지침을 사용하지 않으므로 비구조화 면접에서는 연구자가 가진 자질이 중요하다. 즉, 그들이 조사연구하고자 하는 주제에 대하여 상당한 지식을 가진 고도의 숙련된 면접기술을 가진 면접자가 필요하다. • 장점: 면접자가 계획에 없던 질문을 첨가하거나 준비한 질문을 생략할 수 있으며, 질문의 순서를 바꿀 수도 있어 자율권과 융통성이 있고, 초기의 면접틀을 도중에 변경할 수 있다. 모호한 응답을 명확화할 수 있으며, 개방형 질문과 보충질문이나 심층질문을 통해 심층정보를 얻을 수 있고, 구조화 면접에 비해 타당도가 높으며, 미개척 분야의 연구에 적합하다. • 단점: 분류와 부호화가 어렵고, 가설 검증이나 인과관계를 검증하는 데 문제가 있고, 연구자의 주관성이 개입될 수 있다. 많은 시간과 비용이 소요되고, 자료의 수집과 분석이 단계상 분명히 구분되지 않을 수 있다.

※ 남세진 · 최성재, 1996 : 322-326.

② 면접상황에 따른 유형

- 전화면접조사방법

전화면접조사방법은 전화에 응답자가 응답하는 방법이다. 간편하고 빠르고, 시간과 비용을 절약할 수 있으며(일반적으로 전화조사는 면접조사에 비해 면접시간이 짧다), 익명성이 있고, 일관된 자료의 획득이 용이하다는 장점이 있어서 간단한 여론조사나 시장조사에 널리 사용되고 있는 방법이다. 그러나 이 방법을 사용하면 전화가 없는 사람이나 전화번호를 공개하지 않는 사람들은 아예 처음부터 조사대상에서 제외됨으로써 표본의 편의를 야기한다. 또한 질문도 단순하고 이해하기 쉬운 것으로만 한정시켜야 하므로 자세하고 심층적인 정보는 얻어내기가 어렵다는 단점도 있다. 다만, 특정 시점에서 피면접원들이 어떠한 욕구를 가지고 있는지를 순간적으로 조사하는 데는 가장 적합하다.

- **집단면접조사방법**

  한 사람의 면접자가 여러 사람을 동시에 만나 필요한 자료를 얻는 방법으로, 비교적 다량의 정보를 동시에 그리고 쉽게 수집할 수 있다. 그리고 얻어진 자료를 즉석에서 표를 만들어 계량화할 수 있고, 개인면접보다 시간, 경비가 적게 든다는 장점이 있다. 그러나 이 방법은 개인면접보다 능숙한 기술이 요구되고, 얻어진 자료가 개인면접보다 덜 정확할 수 있다는 단점이 있다.

3) 온라인(인터넷)조사

온라인조사는 네트워크, 인터넷 등에 컴퓨터가 연결된 상태에서 이뤄지는 조사방법이다. 온라인 조사유형으로는 회원조사, 방문조사, 전자우편조사, 전자설문조사 방법이 있다.

- **회원조사**: 회원조사방법은 사전에 회원 DB를 가지고 있는 경우 전자우편이나 전화 등으로 조사 참여를 공지하고 웹문서 형식의 질문을 통해 조사하는 방법이다.
- **방문조사**: 방문조사방법은 인터넷상에 특정한 사이트를 개설하고 설문지를 게시하여 광고를 통해 방문자를 모집하여 자발적으로 설문 사이트를 방문한 사람을 대상으로 조사하는 방법이다.
- **전자우편조사**: 전자우편조사방법은 설문지를 전자우편 형태로 작성하여 다수의 사용자들에게 발송하고 응답자들이 다시 완성한 설문지를 전자우편으로 보내주는 방법이다.
- **전자설문조사**: 전자설문조사방법은 회원조사와 방문조사의 중간 유형으로, 가입자 DB에 있는 사람을 대상으로 하며, 설문지를 게시하여 응답자를 모으는 방법이다.

(1) 장점

온라인조사는 일반 면접조사보다 시간적·공간적으로 비용절감의 효과가 있어 경제적이고, 자료수집이 용이하며, 자료입력과 통계처리가 편리하다. 또한 설문에 대한 응답을 빨리 회수할 수 있어서 설문조사과정이 신속하고, 전자메일을 통한 후속 독촉이 용이하며, 특정 표본선정에 유리하다. 즉, 조사자가 접근하기 어려운 전문가집단, 지역적으로 먼 거리에 있는 집단, 특히 해외에 거주하는 사람들을 조사대상에 포함시킬 수 있다.

(2) 단점

온라인조사는 표본추출 대상이 아직은 제한적이고, 응답률과 회수율을 보장하지 못하며, 컴퓨터를 이용할 수 있는 사람에게만 조사가 가능하기 때문에 매체의 폐쇄성으로 인해 모집단의 대표성에 심각한 문제가 발생할 수 있다. 그리고 PC 통신망의 개인정보보호 장치가 미흡한 경우, 응답자의 사생활이 침해받을 가능성이 크다.

연습문제

01 서베이 방법의 장단점으로 옳지 않은 것은?

① 대규모 모집단의 특성을 기술할 수 없다.
② 연구결과를 일반화하기가 상대적으로 용이하다.
③ 표준화된 설문지를 사용함으로써 객관적으로 측정할 수 있다.
④ 외생변수의 통제가 불가능하다.
⑤ 시계열적인 정보를 얻기 어렵다.

02 질문의 형태 중에서 개방형 질문에 대한 설명으로 옳지 않은 것은?

① 주관식 질문이다.
② 응답에 시간이나 노력이 많이 소요되기 때문에 응답률이 낮은 편이다.
③ 객관식 질문이다.
④ 통계적으로 처리하기 어렵다.
⑤ 응답의 해석에 연구자의 편견이 개입될 수 있다.

03 질문의 형태 중에서 폐쇄형 질문에 대한 설명으로 옳지 않은 것은?

① 객관식 질문이다.
② 가능한 응답범주가 제한적일 경우에 적절하다.
③ 응답자가 질문에 응답하기 용이하다.
④ 주관식 질문이다.
⑤ 응답결과를 입력하고 분석하기가 상대적으로 용이하다.

04 **질문의 어구구성에 관한 설명으로 옳지 않은 것은?**

① 질문의 내용을 응답자가 정확하게 파악할 수 있도록 작성한다.
② 추상적으로 질문하기보다는 구체적으로 질문한다.
③ 유도질문을 피한다.
④ 가급적 길게 질문한다.
⑤ 부정적 문항은 피한다.

05 **우편조사의 장점으로 옳지 않은 것은?**

① 비용이 적게 든다.
② 응답률, 회수율이 낮다.
③ 응답자의 익명성이 보장된다.
④ 면접자의 편견이 배제된다.
⑤ 표준화된 어법을 사용한다.

06 **설문지 작성 과정에서 사전검사를 실시하는 이유로 옳지 않은 것은?**

① 무응답 등의 기타 응답이 많은 경우를 확인할 수 있다.
② 본 조사를 수행하는 데 필요한 정보를 수집할 수 있다.
③ 질문지의 잘못된 철자 등 오류를 수정할 수 있다.
④ 질문의 형식과 내용 전반에 대해 검토할 수 있다.
⑤ 연구문제의 핵심요소를 탐색할 수 있다.

정답 01 ① 02 ③ 03 ④ 04 ④ 05 ② 06 ⑤

11
CHAPTER

자료수집 Ⅱ (관찰과 내용분석)

❐ 학습목표

- 관찰법의 특징을 이해한다.
- 관찰법의 장단점을 이해한다.
- 내용분석법의 특징과 장단점을 이해한다.
- 내용분석법의 범주와 분석단위 등 특성을 이해한다.

이 장에서는 사회복지 조사에서 자료를 수집하기 위해 사용하는 방법으로 관찰법의 특징과 장·단점 그리고 내용분석법의 특징과 장·단점을 살펴보고자 한다.

1. 관찰법

1) 관찰법의 개념

모든 탐구의 시작은 관찰[1])로부터 시작되었으며, 자연과학과 사회과학에서 가장 역사가 깊은 방법이다. 현대과학에서 관찰만으로는 실증적인 결과를 도출할 수 없다는 비판이 제기되면서 상대적으로 그 중요성이 낮아졌지만, 관찰법은 여전히 사회과학에서 중요한 연구방법 중의 하나이다. 관찰법은 주로 현장에서 관찰이 이루어지기 때문에 현장조사라고도 부르며, 관찰자가 정보와 자료를 인간의 감각 기관만을 매개로 직접 정확하게 구하려는 방법이다. 즉, 조사대상 개인, 사회집단 또는 지역사회의 행동이나 사회현상을 현장에서 직접 보고, 들어서 사실 그대로를 체계적으로 기록함

1) 인간은 오관(다섯 가지 감각 기관, 즉 눈, 귀, 코, 혀, 피부)의 감각 기관을 통해 들어오는 다양한 정보를 통해서 현실 세계를 인식하게 되었다.

으로써 필요한 자료를 수집하는 방법으로, 어떤 특정 상황이나 기관에서 발생하는 행동을 구체적으로 조사연구하기를 원할 때 선호한다.

(1) 장점

① 비언어적 행동에 관한 자료수집이 용이하다. 비언어적 행동이나 사회적 상호작용도 관찰대상에 포함된다. 언어적 의사소통이 어려운 아동, 장애인 등을 대상으로 할 수 있다.
② 종단적 분석이 가능하다. 관찰은 자연적 상태에서 조사를 수행하기 때문에 장기간에 걸친 조사가 가능하다.
③ 조사의 현장성 및 즉각적인 자료수집이 가능하다. 응답자의 행위가 일어나는 현장에서 즉시 사실을 포착할 수 있으며, 보다 진실된 모습을 포착할 수 있다.
④ 응답과정의 오류를 최소화할 수 있다. 응답자의 태도나 선호 정도, 협력 정도에 따라 조사에 영향을 받지 않고 행동으로 나타난 것을 관찰할 수 있다.
⑤ 연구대상의 태도가 모호한 경우 유용하다. 특정 질문에 대해 응답자가 자신의 태도나 감정을 정확히 모르거나 질문에 대한 정확한 인지가 없을 때 효과적이다.
⑥ 연구대상의 무의식적 행동을 측정할 수 있다. 응답자에게 일상적이거나 의례적인 행동관찰과 무의식적으로 이뤄지는 행동에 대한 측정이 가능하다.
⑦ 개인이나 집단의 정보를 얻는 방법으로 적절하다. 가족이나 집단구성원 간 의사소통의 형태를 연구하는 방법으로 적절하다.

(2) 단점

① 통제하는 데 어려움이 있다. 자연적 환경에서 조사하기 때문에 외생변수를 통제하기가 현실적으로 어렵다.
② 계량화가 곤란하다. 관찰법은 관찰자의 비계량화된 인식의 형태를 취함으로써, 어떤 특성을 미리 열거하고 측정할 정도를 미리 준비하기보다는 사건이 발생될 때 단순히 관찰하고 기록하는 방법이다.
③ 표본의 크기가 작다. 관찰에서 표본의 크기는 실험보다는 크지만 설문조사보다는 훨씬 작다.
④ 관찰자의 주관이나 편견이 개입된다. 조사과정에서 관찰자의 추리나 주관이 개입되어 얻어진 자료는 신뢰도와 타당도가 낮으며, 다른 자료수집방법과 병행하는 것이 좋다.
⑤ 인간행동의 다변성이다. 행동양식은 태도나 신념에 비해 쉽게 변할 수 있기 때문에 조사결과가 일시적인 것이 될 수 있어서 일반화에 제약이 따른다.

2) 관찰법의 유형

관찰이 발생하는 형태는 매우 다양하며, 관찰의 용도와 방법이 광범위하기 때문에 분류 기준을 다양한 형태로 구분할 수 있다.

(1) 직접성 유형

관찰의 직접성에 의한 유형으로는 직접관찰과 간접관찰이 있다.

• 직접관찰	• 간접관찰
연구대상이 되는 사회적 현상이나, 행위, 태도를 관찰자가 직접 보고, 관찰한 바를 기록하여 자료로 사용하는 것 예 마트에서 소비자가 과자를 직접 선택하는 순간을 관찰하여 선호도를 조사한다.	시간적 · 공간적 접근성이 없어 직접 관찰을 할 수 없었던 사건, 행위, 태도를 각종 기록물, 문헌 혹은 사회적 흔적을 통해 관찰하는 것(과거 행동의 결과로 나타난 물리적인 흔적을 관찰하는 것) 예 마트에서 팔린 물건의 양이나 남은 재고를 파악해서 선호도를 조사한다.

(2) 참여성 유형

관찰대상인 집단에 참여하는 정도를 기준으로 구분하는 관찰법으로 완전참여자 유형, 참여적 관찰자 유형, 관찰자적 참여자 유형, 완전관찰자 유형으로 구분할 수 있다(한승준, 2000 : 192-196).

완전참여자 유형

자신이 연구대상으로 선정한 집단, 조직 또는 지역 등에서 관찰자로서의 자신의 신분을 노출시키지 않고 실제의 특정 역할을 담당하거나 담당하는 것처럼 처신하면서 관찰조사를 실시하는 유형

- **장점** : 외부로 나타나지 않는 사실까지 직접 경험, 관찰할 수 있으며, 자연적인 상태에서 파악할 수 있다.
- **단점** : 관찰자의 윤리적 문제가 제기되며, 연구대상이 관찰되고 있다는 사실을 안다면 자신들의 행동들 중 부끄러운 부분이나 밝히기 불편한 부분들을 최대한 감추려 할 것이다. 또한 동조현상이 생겨 객관성을 잃기 쉽고, 관찰해야 할 대상에

주의를 기울이지 못할 수 있으며, 관찰한 사실을 즉각 기록하기 어렵다.

예 특정 지역 주민들의 빈곤퇴치 운동에 적극 참여하면서, 그 주민들에게 자신이 관찰자라는 사실을 알리지 않고 그 주민활동의 전개 과정을 관찰한 결과를 보고하는 경우

참여적 관찰자 유형

연구대상에 속하는 사람들에게 자신이 관찰자라는 사실을 알려주고, 연구대상의 특정한 사회적 역할을 직접 담당하면서 관찰하는 유형

예 빈곤문제를 전공한 사회복지학자가 부산시 빈곤을 해소하기 위한 정책개발연구원으로 참여하면서 자신이 참여관찰을 행한다는 사실을 알려주고 부산시 정책결정 과정에 대한 관찰을 행하는 경우. 연구대상이 되는 사람들이 관찰자를 의식하여 평상시의 행동양식을 갑자기 변화시켜 버릴 우려가 있다거나 또는 관찰자 자신이 지나치게 연구대상에 깊이 개입하여 자신의 견해나 주장대로 연구대상의 행위를 이끌게 되는 위험도 있을 수 있다.

관찰적 참여자 유형

관찰자가 연구대상에게 자신의 신분을 알려주거나 연구대상의 특정한 역할을 맡지 않은 상태에서 관찰을 행하는 유형

- **장점** : 객관적인 입장에서 전체를 정확하게 관찰할 수 있다.
- **단점** : 관찰당한다는 사실이 관찰대상자들의 행위의 자연성을 해칠 수 있다.

예 장애인단체에서 이동권 확보를 위한 시위 현장을 사회복지전공자가 동행하면서 관찰하는 경우. 관찰자는 장애인단체 회장이나 회원들과 인터뷰를 할 수도 있다.

완전관찰자 유형

연구대상으로 삼고 있는 사람들에게 자신의 신분을 노출시키지 않을 뿐 아니라 어떠한 접촉도 갖지 않고 또 어떠한 역할도 맡지 않으면서 오로지 관찰만 행하는 유형

- **장점** : 연구대상을 자연스러운 상태에서 관찰한다. 가장 부담 없이 연구대상의 현상적 특징이나 문제점을 도출할 수 있다. 후속연구를 위한 중요한 지침이나 제안을 제공해 줄 수 있다.
- **단점** : 연구대상을 충분히 이해할 수 있는 심도 있는 자료수집에는 미치지 못하고 스케치 수준에 그친다.

예 장애인 이동권 확보를 위한 궐기대회에 가서 사람들 속에 끼어서 그 진행과정을 지켜본다든가 하는 것

(3) 구조화 유형

> 구조화라는 것은 관찰대상뿐만 아니라 관찰방법, 관찰내용, 기록 등을 미리 계획하고 통제하는 정도를 의미한다.

관찰의 구조화에 의한 유형으로는 구조화된 관찰법과 비구조화된 관찰법으로 구분된다. 구조화된 관찰법은 보다 체계적 서술을 한다거나 인과관계에 대한 가설을 실험하려는 목적의 조사연구에서 많이 사용된다. 관찰 전에 사전에 준비된 관찰도구나 기준 또는 범주를 가지고 하는 관찰법이다. 구조화된 관찰법은 관찰을 보다 체계적으로 할 수 있고, 자료처리를 표준화할 수 있다는 장점이 있는 반면, 연구에 중요한 결과를 제공해 줄 수 있는 요소를 놓칠 수 있다는 단점이 있다. 왜냐하면, 관찰조건이 이미 구조화되어 있어 다른 것을 추가적으로 관찰할 필요가 없기 때문이다. 비구조화된 관찰법은 구조화된 관찰법과는 역으로 관찰방법, 관찰내용, 기록 등을 미리 계획하지 않고 관찰하는 방법이다. 비구조화된 관찰법은 융통성을 가지고 조사대상을 보다 생생하게 관찰 기록할 수 있다는 장점이 있는 반면, 관찰을 조직적으로 할 수 없고, 자료처리의 표준화가 어렵다는 단점이 있다(황인옥, 2019 : 292).

3) 관찰법의 내용

모든 관찰에서는 주로 관찰의 대상 및 내용, 관찰의 시점, 관찰의 기록방법 그리고 추론 정도가 공통적이다. 따라서 이를 살펴보면 다음과 같다(김기원, 2001 : 311-314).

(1) 관찰대상 및 내용

① 조직적 관찰의 대상 및 내용

조직적 관찰에서는 조사연구의 목적에 부합하는 관찰의 대상 및 내용이 관찰 이전에 이미 조직화되어 있고, 관찰하고자 하는 사회적 현상이나 행위를 보다 구체화함으로써 관찰의 신뢰성을 높이고 객관화, 수량화가 용이하도록 하는 것이 특징이다. 조직적 관찰에서 관찰대상 및 내용은 다음과 같다.

- **언어적 행위**: 대화를 통해 구체적으로 표현되는 내용 혹은 대화의 구조적 특징 등을 의미하는 것으로 사회적 상호작용 연구에서 널리 사용된 관찰 내용
- **언어 외적 행위**: 사회적 상호작용이나 개인의 정서 상태에 대해 중요한 정보 제공

대표적인 언어 외적 행위 유형
- 소리의 차원으로 음조, 소리의 크기 및 음색 등
- 시간의 차원으로 속도, 지속기간, 리듬 같은 것 등
- 언어 양식으로, 이상한 발음, 사투리, 특이한 표현 방법 등

- **공간적 행위**: 앉아 있는 위치나 거리와 같이 관찰대상의 공간적 관계를 의미하는 것

  *이러한 공간적 행위는 단순히 거리적 측면만을 나타내는 것이 아니라 관찰대상자들 간의 사회·심리적 혹은 문화적 관계를 반영하고 있다. 그러므로 공간적 행위의 범위, 빈도, 결과는 대상자들 간의 친밀감 및 역학관계를 나타내는 중요한 지표이다.
- **비언어적 행위**: 신체의 다양한 부위에서 표현되는 몸짓으로 언어적 행위와 더불어 광범위하게 관찰 내용

  *비언어적 행위는 사회·심리적 상호작용을 나타내는 지표로서 타당성을 갖고 있는 것으로 드러났다. 즉, 비언어적 행위는 언어적 행위로 표현된 것과 동일한 내용을 반복 혹은 대신하거나 그와 모순되는 내용을 표현하기도 한다. 또한 비언어적 행위를 통해 언어적 행위에 대한 개인의 감정을 표현하기도 한다.

② 비조직적 관찰의 대상 및 내용

비조직적 관찰에서는 조사연구의 목적에 부합하는 관찰의 대상 및 내용이 명백히 조직화되어 있지 않기 때문에 먼저 관련이 있을 것이라고 판단되는 것을 먼저 관찰한 후에 이들 중에서 연구목적과 부합하는 것을 사후에 발견하는 것이 일반적이다. 그렇기 때문에 관찰내

용을 구체적인 범주로 파악하기보다는 사회적 상황에서 일반적인 관찰 요소가 되는 것을 중심으로 관찰한다. 비조직적 관찰에서의 관찰대상 및 내용은 다음과 같다.

- **참여자**: 관찰대상의 연령, 성별, 직업, 사회적 위치, 외모 등과 같은 개인의 인구 사회적 특징들을 관찰
- **배경**: 관찰의 물리적 혹은 사회적 상황에 대한 일반적 기술 의미(관찰 장소나 관찰대상에게 영향을 미치는 인물 기술)
- **목적**: 개인이 집단 참여 동기나 목적 관찰(어떤 목적을 가지고 있는지, 모임의 목적이 비공식적인지 공식적인지, 한 집단과 다른 집단과의 관계는 어떠한지 등에 관한 정보를 얻는 것)
- **집단의 행위**: 주요한 관찰대상
- **의미와 관점**: 개인이나 개인의 행위에 대한 그들의 주관적 의미에 대해 매우 민감하게 관찰 필요

  *다른 두 사람이 동일한 행위를 하더라도 그 행위가 표현하는 주관적 의미는 다를 수 있기 때문에 이러한 의미를 주의 깊게 관찰하고 관찰대상이 인식하는 일반적인 견해나 관점에 대해 기술하고 이를 뒷받침할 수 있는 증거를 자세히 기록한다.

(2) 관찰 시기

시작부터 끝까지 관찰한다는 것은 불가능하기 때문에 관찰의 대상 및 내용이 결정되면 관찰 시기를 결정하여야 한다. 특정한 시간에 관찰을 하는지, 계속해서 해야 하는지, 간헐적으로 해야 하는지 등과 같이 관찰의 내용을 관찰하기 위한 관찰 시점은 시간적 차원과 관계가 있다. 따라서 관찰의 시기는 주로 시간표본추출법(time sampling)을 많이 사용한다. 시간표본추출법은 언제, 얼마나 오래, 얼마나 자주 관찰할 것인가를 정하는 문제이다. 시간표본추출법의 유형은 시점표본추출, 간격표본추출, 초점개인 표본추출 등이다.

- **시점표본추출**: 시점표본추출법은 관찰한 시간이 끝나는 순간(특정한 시간)에 주어진 행동・현상이 일어나는가를 관찰 기록하는 방식이다. 필요한 전체시간 동안의 관찰을 모두 합쳐 놓고 단위시간에 일어난 빈도 등을 따지는 방법이다.

- **간격표본추출** : 간격표본추출법은 일정한 시간적 간격 내(특정한 시간 동안)에 걸쳐 계속 관찰을 하되, 그 간격 동안에 주어진 행동현상이 여러 번 일어난다 해도 한 시간 간격에 대해서 한 번만 기록하는 접근법이다.
- **초점개인 표본추출** : 초점개인 표본추출법은 한꺼번에 여러 사람을 관찰해야 할 때는 부득이 시간표본추출을 해야 할 뿐만 아니라 관찰자를 다수 활용하여야 한다. 그래서 관찰대상자를 특정 개인으로 제한하고, 집중적으로 그 사람의 행동을 단위시간의 맥락에서 관찰하도록 조처하는 초점개인 표본추출법을 쓰게 된다. 이 경우 동일한 단위시간에 행동하고 있는 다른 모든 사람들은 일단 무시한다. 그리고 다음의 단위시간에는 또 다른 개인에게 초점을 맞추어 집중 관찰하는 식으로 진행하는 표본추출법이다.

(3) 관찰 기록

관찰의 기록은 관찰의 구조화 정도에 따라 기록의 시기, 기록의 방법, 어떤 방법으로 기록하는지, 언제 할 것인지 등이 달라질 수 있다.

① 구조화된 관찰 기록

구조화된 관찰은 조사연구의 초점이 명확하고 관찰대상이 분명하여 관찰의 기록이나 범주화의 방법이 관찰표에 구체적으로 제시되어 있기 때문에 관찰기간 동안 현장에서 바로 기록하는 경우가 많다. 이처럼 구조화된 관찰에서는 정교하게 규정된 체크리스트를 전제로 하기 때문에 관찰범주의 체크리스트를 만드는 것이 무엇보다도 중요하다. 그러므로 관찰내용의 범주들은 분명하고 상호배타적이어야 하며, 모든 관찰내용을 범주화할 수 있도록 포괄적이어야 한다. 그리고 관찰의 기록 방법과 부호화의 지침이 구체적이고 분명한 것이 좋다(김경동 · 이온죽 공저, 1995 : 261-262).

② 비구조화된 관찰 기록

참여관찰에서 기록의 원칙 중 하나는 잊어버리기 전에 가급적 빨리 기록을 남기는 것이다. 그러나 비구조화된 관찰에서는 관찰대상과의 자연스러운 상호작용에 방해를 받을 수 있기 때문에 관찰대상자 바로 앞에서 기록하는 경우가 드물다. 그래서 관찰이 끝난 후에 관찰내용을 기록하는 것이 일반적이다. 이처럼 관찰내용을 시간이 경과된 이후에 기록하는 경우가 많기 때문에 관찰내용을 기억하고 회상하는 훈련을 많이 하여야 한다(김치영 · 최용민 공저, 2011 : 297).

(4) 관찰 추론

관찰자는 관찰의 기록을 통해서 관찰된 행동이 무엇을 의미하는지를 판단하여야 하기 때문에 추리 또는 유추가 개입될 수밖에 없다. 즉, 관찰된 행동과 관찰 기록과의 사이에 관찰자의 추리가 작용하게 된다는 것이다. 그래서 관찰된 객관적 사실 이외에도 객관적 사실로부터 정확한 추리 또는 유추할 수 있도록 관찰자는 많은 추론훈련을 받아야 할 것이다(황인옥, 2019 : 296).

2. 내용분석법

1) 내용분석법의 의미

내용분석법(content analysis)은 인간과 사회의 의사소통 기록물인 신문, 서적, 잡지, TV, 라디오, 영화, 일기, 녹음테이프, 녹화테이프, 연설, 편지, 상담기록서 등을 체계적으로 분석하는 방법이다. 나아가 내용분석법은 의사전달의 동기, 원인 및 결과나 영향을 체계적으로 추리해 나가고자 한다(최성재, 2005 : 459-462). 문헌연구의 일종으로, 인간의 모든 형태의 의사소통기록물을 활용하여 객관적 · 체계적 · 계량적으로 그 내용을 분석하는 방법이다.

(1) 내용분석법 특징

내용분석법의 특징은 다음과 같다.

표 11-1 내용분석법 특징

특징	내용
메시지분석	어떤 메시지를 누가, 언제, 무엇을, 왜, 어떻게 의사전달을 했느냐의 문제에 대해 답을 찾아가는 연구방법으로 서적, 신문, 잡지, 라디오, 텔레비전, 영화, 편지, 일기, 상담기록서 등 다양한 자료들이 분석의 대상이 된다.
문헌연구	문헌이란 문자로 기록된 자료로서 방송, 영화, 그림, 사진, 만화 등도 내용분석의 대상이 될 수 있다.
내용분석	내용분석에서는 드러난 내용(눈에 보이는 내용, 표면적인 내용)과 숨은 내용(저변에 깔려 있는 의미)은 모두 분석대상이다.
객관성, 체계성, 일반성	객관성(연구자의 개인적인 특성이나 편견이 개입돼서는 안 되며, 다른 연구자가 반복적으로 연구해도 동일한 결과가 나와야 한다는 것), 체계성(분석대상을 선정하고 평가하는 과정에서 적절한 절차와 동일한 방식을 적용하여야 한다는 것), 일반성(연구결과가 이론적인 관계성을 가져야 한다는 의미)
내용분석방법	내용분석은 양적인 분석방법뿐 아니라 질적인 분석방법도 함께 사용한다. 내용분석에서는 메시지의 잠재적인 내용에 대한 분석도 이뤄지기 때문에 양적인 정보만을 기술하고 분석하는 것은 진정한 의미의 내용분석이라 보기 어렵고, 자료의 질적인 내용에 대한 분석방법도 함께 사용하는 경향이 있다.

※ 사회복지교육연구센터, 2022 : 316-317.

(2) 내용분석법의 장단점

① 장점

- 시간과 비용이 절감된다.

내용분석은 2차 자료를 이용하여 분석하기 때문에 소요되는 시간과 비용의 부담이 적어 직접조사보다 경제적이다.

- 안전성이 보장된다.

내용분석은 분석과정에서 오류가 발생하더라도 기존 자료를 다시 검토하면 되기 때문에 오류를 다시 보완할 수 있어 안전성이 보장된다. 즉, 내용분석은 필요한 경우 재분석이 가능하고, 결과가 좋지 않아도 재연구가 가능하다.

- 역사 연구에도 적용 가능하다.

내용분석은 장기간에 걸친 종단연구가 가능하기 때문에 역사 연구에 적용하기 유용한 방법이다.

② 단점

- 기록된 자료에만 의존해야 한다.
- 실제적인 타당도를 확보하기 어렵다.

> 자료수집상의 타당도를 확보할 수 있다고 하더라도 수집된 자료가 실제 현실을 제대로 반영했다고 확신할 수 없기 때문에 실제적인 타당도가 문제가 될 수 있다.

- 분석하고 싶은 자료에 접근 불가능하다.

2) 내용분석법의 범주

내용분석법의 범주(category)는 분석하고자 하는 내용 전체를 분석하는 기준 또는 분류항목을 말한다. 내용분석 시 분석대상의 범주 설정에 있어서 주의해야 할 점은 범주가 연구목적과 연구주제를 적절히 반영할 수 있어야 하고, 포괄적이고 범주 간에 상호 배타적이어야 한다는 점이다. 또한 상호 독립적이어야 한다. 예를 들어, 대통령 후보들의 선거공약을 분석하고자 할 때 사회보험, 공공부조, 사회서비스 등으로 범주를 설정할 수 있다 (황인옥, 2019 : 301-302).

3) 내용분석법의 분석단위

내용분석법의 분석단위는 주어진 범주로 구분하고자 할 때 범주에 들어갈 내용의 최소단위이다. 분석단위는 연구문제와 관련해서 내용 범주에 넣어서 집계하고, 기술적 또는 설명적으로 진술할 수 있는 의사소통의 단위를 말하며, 실제 분석작업을 하는 데 있어서 부호화의 단위가 된다.

분석단위로는 단어, 주제, 인물, 문장이나 단락, 항목, 공간 또는 시간 등이 사용된다(김영종, 1999 : 207).

- **단어(word)** : 단어는 가장 작은 분석단위이다. 명확하고 경계가 확실하며, 파악하기가 쉬운 장점, 표본이 방대하면 자료수집 양이 많아 다루기 어렵고, 단어만으로는 문맥에 따라 의미가 다를 수 있다는 단점이 있다.
- **주제(theme)** : 문서의 의도나 목적을 말하는 것으로, 주제의 경계가 불분명하여 여러 개의 주제가 있는 경우 중심 주제를 식별하기 어려우며, 연구자마다 의견이 다를 수 있는 단점이 있지만 대량의 자료를 다루는 경우에 유리하고, 선전물이나 태도, 가치 등을 분석하는 데 효과적이다.
- **인물(character)** : 의사소통에 등장하는 개인이나 집단을 말한다. 소설, 영화, 연극, TV 드라마 등의 역사적 인물이나 주인공을 중심으로 분석하는 것에 유용하다.
- **문장(sentence), 문단(paragraph)** : 문단은 여러 개의 문장으로 구성된 문장의 단락을 의미하는데, 경계가 분명하여 좋기는 하지만 하나의 문단 안에 두 개 이상의 주제가 들어 있는 경우 분류하고 부호화하는 것이 어렵기 때문에 문단을 기록단위로 잘 사용하지 않는다.
- **항목(item)** : 내용분석에서 가장 많이 사용되는 단위로서 잡지·연설·편지·사설 등 다양한 내용을 분석할 때 분류의 단위로 사용한다. 예를 들어, 신문에 등장하는 주제별로 국내문제, 국제문제, 범죄, 노동문제, 스포츠 등으로 분류할 수 있다.
- **공간(space), 시간(time)** : 항목보다 세분한 단위로 인쇄물의 경우 지면과 방송의 경우 시간 등이 이에 해당된다. 신문의 제1면, TV 및 라디오 방송의 9시 저녁 뉴스 시간 등이 분석단위로 이용될 수 있다.

기록단위와 맥락단위

분석단위는 기록단위와 맥락단위로 나눌 수 있다.

- **기록단위**(recording unit) : 최소의 분석단위로서 흔히 등장하는 출현빈도를 계산하여 분석의 대상으로 삼는 경우이다. 예 단어, 주제, 인물, 문장이나 문단, 항목, 공간 및 시간 등
- **맥락단위**(context unit) : 기록단위만으로는 정확한 분석이 불가능한 경우에 정확한 분석을 위해 사용되며 기록단위보다 상위단위이다. 따라서 맥락단위는 기록단위보다 더 큰 단위여야 한다. 예 단어가 기록단위라면 그 단어가 어떤 의미로 쓰이고 있는가를 알기 위해 그 단어가 들어 있는 한 문장 혹은 몇 개의 문장을 맥락단위로 규정할 수 있다.

연습문제

01 관찰법의 장단점을 설명한 것으로 옳지 않은 것은?

① 비언어적인 행동에 관한 자료수집이 불가능하다.
② 즉각적인 자료수집이 가능하다.
③ 통제와 계량화가 어렵다.
④ 관찰자의 주관이나 편견이 개입된다.
⑤ 장기간의 종단 분석이 가능하다.

02 내용분석법의 특징으로 옳지 않은 것은?

① 문헌연구의 한 방법이다.
② 의사소통의 드러난 내용뿐만 아니라 숨은 내용도 분석대상이 된다.
③ 의사전달 내용은 분석대상이 아니다.
④ 객관성, 체계성, 일반성 등 과학적 연구방법의 요건을 갖춰야 한다.
⑤ 내용분석은 양적인 분석방법과 질적인 분석방법 모두를 사용한다.

03 내용분석법의 장점을 설명한 것으로 옳지 않은 것은?

① 직접적인 자료수집방법에 비해 시간과 비용이 절감된다.
② 조사에 융통성이 있다.
③ 장기간에 걸친 종단연구가 가능하다.
④ 관여적인 연구방법이다.
⑤ 다른 연구방법과 함께 사용하는 것이 가능하다.

04 내용분석법의 단점을 설명한 것으로 옳은 것은?

① 분석하고 싶은 자료에 접근하거나 구하는 것 자체가 쉽다.
② 이미 기록된 자료를 바탕으로 추상적 개념을 측정하기 때문에 타당도가 확보된다.
③ 비관여적인 연구방법으로 조사에 융통성이 있다.
④ 기록된 의사전달 자료에만 의존하므로 기록에 남아 있지 않은 것은 분석하기 어렵다.
⑤ 장기간에 걸친 종단연구가 가능하다.

05 관찰법의 단점을 설명한 것으로 옳지 않은 것은?

① 계량화의 어려움이 있다.
② 즉각적인 자료수집이 가능하다.
③ 관찰자의 주관이나 편견이 개입된다.
④ 자연적 환경에서 조사하기 때문에 외생변수를 통제하기가 어렵다.
⑤ 관찰대상이 되는 표본의 크기를 확대하는 데 뚜렷한 한계가 있다.

06 관찰법에 관한 설명으로 옳지 않은 것은?

① 행위가 일어나는 현장에서 즉시 자료수집이 가능하다.
② 관찰자의 주관성이 개입될 수 있다.
③ 비언어적 상황에 대한 자료수집이 가능하다.
④ 서베이 조사에 비해 자료의 계량화가 쉽다.
⑤ 질적연구나 탐색적 연구에 사용하기 용이하다.

정답 01 ① 02 ③ 03 ④ 04 ④ 05 ② 06 ④

12
CHAPTER

욕구조사와 평가조사

01 욕구조사
02 평가조사

❐ **학습목표**

- 매슬로와 브래드쇼가 제시한 욕구유형을 이해한다.
- 욕구조사의 직접적 자료수집방법과 간접적 자료수집방법의 주요특징을 이해한다.
- 평가조사의 조사방법 유형별 특징을 이해한다.
- 평가조사의 절차와 내용을 이해한다.

이 장에서는 매슬로와 브래드쇼가 제시한 욕구유형을 살펴보고 욕구조사의 직접적 자료수집방법과 간접적 자료수집방법을 학습하게 된다.

1. 욕구조사

1) 욕구

(1) 욕구의 의미

욕구(needs)에 대한 정의는 다양하다. 일반적으로 인간의 생존과 성장을 위해 필요한 것을 의미하며, 예를 들어, 주택, 적절한 음식, 소득 등이 있다. 욕구(needs)란 무엇인가 결핍되어 불편한 상태, 즉 충족과 발전을 필요로 하는 상태로서 현재의 결핍된 상태와 원하는 상태 사이에 존재하는 격차를 의미하게 된다.

특정 개인 또는 소수의 개인에 국한될 때는 개인적 욕구가 되지만, 사회의 다수에게 필요하면 사회적 욕구가 되는 것이다. 사회복지에 있어 욕구가 중요한 이유는 개인이 갖는 해결되지 못한 욕구를 사회적으로 해결하려는 노력이 사회복지의 본질이라 할 수 있기 때문이다.

(2) 욕구유형

① 매슬로(Maslow)의 욕구 5단계이론

매슬로(Maslow, 1954)의 욕구 5단계이론은 인간의 욕구를 다섯 가지 단계로 나누고 있다. 각 단계의 욕구는 상호 위계를 가지고, 하위단계에서 상위단계 욕구로 순차적인 해소를 원한다는 것이다. 인간의 욕구는 기본적인 의식주와 관련된 생존의 욕구가 어느 정도 충족되어야 더 높은 단계의 욕구를 의식하거나 동기가 부여된다고 가정하고 있다. 그러나 상위 욕구가 나타나기 전에 하위 욕구가 100% 충족되어야 하는 것은 아니다.

표 12-1 매슬로(Maslow)의 욕구 5단계

욕구단계	내용
5단계 자아실현의 욕구	• 가장 상위 차원의 욕구로서 4가지 욕구가 충족된 후 일어나는 욕구 • 인간의 잠재적인 능력에 대한 실현의 욕구
4단계 자아존중의 욕구	• 다른 사람들로부터 인정받고, 존중받고 싶어 하는 욕구 • 충족되면 자신감이 생기지만 결핍되면 열등감이 생기는 욕구
3단계 소속과 애정에 대한 욕구	• 정서적인 만족을 얻고 싶어 하는 욕구 • 집단에 소속되어 관계를 맺고, 사랑받고 싶어 하는 욕구
2단계 안전에 대한 욕구	물리적, 심리적 위협에서 벗어나려는 욕구
1단계 생리적 · 신체적 욕구	• 인간의 가장 기본적이고 필수적인 욕구 • 의식주와 관련된 생존의 욕구

※ 사회복지교육연구센터, 2022 : 330.

매슬로(Maslow, 1954)의 이론은 사회복지에 몇 가지의 시사점을 제공하는데 ① 욕구의 위계성을 고려하면 사회복지서비스는 낮은 수준의 욕구를 우선적으로 충족하고 단계적으로 높은 수준의 욕구까지 해소하도록 노력하여야 한다는 것이다. ② 각 국가가 제공하는 사회복지 서비스가 어떠한 수준의 욕구를 해소하도록 계획되었는지를 분석하면 그 나라의 사회복지 발달수준에 대한 정보를 얻을 수 있다는 것이다. ③ 인간의 욕구가 일시적 또는 단기적인 노력으로 영구적으로 충족될 수 없다는 것이다. 인간의 욕구는 생애 전반에 걸쳐 해결해야 하는 성격을 갖고 있기 때문이다. 이로 인하여 국가의 사회복지에 대한 정책은 특정한 시기 또는 사건 등에 한정될 수 없으며, 국민의 전 생애에 걸쳐 발생하는 새로운 욕구에 탄력적으로 대응할 수 있도록 준비되어야 한다(서정민 외, 2021 : 238).

② 브래드쇼(Bradshaw)의 욕구유형

브래드쇼(Bradshaw, 1972 : 640-643)는 욕구 인식의 기준에 따라 욕구측정을 네 가지 관점에서 측정한다.

- 규범적 욕구(normative need)

규범적 욕구는 전문가의 판단에 의해 규정된 욕구로서, 관습이나 권위, 일반적 여론의 일치로 확립된 표준을 의미하는 욕구이다. 기존의 자료나 유사한 지역사회 조사나 전문가들의 판단에 의해 제안된 욕구이다. 예를 들어, 정부가 정한 절대빈곤 수준이나 최저임금수준 등이 여기에 속한다.

> • **장점** : 이 욕구의 목표가 기존의 서비스 수준과 비교 가능한 비율로 표시되는 데 있으며, 실제 비율이 특정 기준에 미치지 못하면 욕구가 존재한다고 본다. 따라서 계량화가 쉽고 구체적인 변화의 표적을 만들어 낼 수 있다.
> • **단점** : 여러 욕구 단계가 지식, 기술, 가치 변화에 따라 변화하기 쉽다.

- 인지적 욕구(felt need)

사람들이 욕구로 생각하는 것으로 인지적 욕구 또는 느낀 욕구라고도 한다. 즉, 욕구가 있는 당사자가 스스로 인지하여 정하는 욕구이다. 인지적 욕구는 주로 서비스에 대한 설문조사나 지역사회 서베이에서 응답자들이 필요하다고 응답한 욕구를 통해 파악된다.

- **장점** : 당사자의 정확한 욕구파악이 용이하며, 필요한 서비스 내용과 정도에 대한 정보를 확보할 수 있다.
- **단점** : 사람의 기대에 따라 각각 기준이 불안정하고 수시로 변경될 수 있다. 실제 욕구보다 과대추정될 가능성이 있다. 조사대상 선정을 어떻게 하느냐에 따라 대표성에 문제가 있을 수 있다.

● **표출적 욕구**(expressed need)

표출적 요구는 사회복지서비스에서 가장 많이 이용되는 욕구 개념으로 표현된 욕구라고도 부른다. 표출적 욕구는 서비스의 수요(demand)에 기초한 욕구를 말하며, 지역주민 욕구조사 결과를 반영하여 서비스를 제공하고 있다면 이는 표출적 욕구를 충족시키고 있다는 것이다. 표출적 욕구는 의료 및 건강의 욕구 파악에 많이 이용되며 주로 대기자 명단(waiting list)에 의하여 파악하기도 한다.

- **장점** : 인지한 욕구를 실제로 행동에 옮기게 되는 상황을 강조한다.
- **단점** : 욕구를 가진 모든 사람이 서비스에 대한 수요를 행동으로 드러내는 것은 아니다. 따라서 표현하지 않은 잠재적 클라이언트가 무시되거나, 전달체계상 장애가 있는 클라이언트를 배제하게 될 수 있다.

● **상대적 욕구**(relative need)

상대적 욕구는 다른 사람이나 타 지역과 비교해서 정해지는 욕구로 비교적 욕구(comparative need)라고도 부른다. 상대적 욕구는 충족되어야 할 기준이나 바람직한 수준의 서비스가 필요하다는 관점에서 파악하는 것이 아니라, 한 지역사회에서 실행되는 서비스 수준과 유사한 지역사회나 지리적 영역에서 실행되는 서비스 수준 간의 차이에 의해 측정된다.

- **장점** : 해당 지역에서는 서비스가 제공되지 않지만 비슷한 지역에서 제공될 때 욕구를 파악하는 데 도움이 된다.
- **단점** : 지역 특성을 고려한 상태에서 두 집단의 욕구를 비교하는 데 사용할 수 있다.

2) 욕구조사

(1) 욕구조사의 의미

욕구조사(needs assessment)는 특정 집단 또는 지역사회에서 전형적으로 나타나는 문제의 존재와 정도를 판단하고 이를 해결하는 서비스에 대한 욕구(need)의 수준을 정확히 파악하기 위해 실행하는 조사를 의미한다(서정민 외, 2021 : 239). 욕구조사는 사회복지서비스를 계획하고자 할 때 "어디서, 누가, 어떤 서비스를 필요로 하는지"를 정확히 측정하기 위해 필요한 정보를 수집하는 방법이다.

욕구조사는 다음과 같은 목적을 달성하기 위하여 시행된다.

첫째, 자원 배분의 우선순위 결정에 그 근거를 제공한다. 즉, 주민들이 필요로 하는 각종 서비스 또는 프로그램을 수집하여 우선순위를 결정하는 기준으로 활용된다. 둘째, 프로그램 운영에 필요한 예산할당 기준을 마련한다. 셋째, 현재 수행 중인 사업의 평가에 필요한 보조 자료를 마련한다. 넷째, 프로그램을 수행하는 지역사회 내 기관들 간의 상호 의존 및 협동상황을 파악한다. 다섯째, 지역사회 주민들의 욕구 및 문제를 분석한다. 여섯째, 욕구조사를 통해 기관의 활동과 프로그램을 대상 집단이나 지역사회에 홍보한다(황인옥, 2019 : 320).

(2) 욕구조사의 필요성

사회복지의 욕구는 사회변화에 따라 다양하게 변화된다. 사회복지기관은 욕구조사를 통해 사회 내의 문제와 지역사회 주민들의 욕구에 대한 평가를 수행하고 해당 욕구의 해결을 위해 적합한 사회복지서비스를 제공해야 한다.

표 12-2 욕구조사의 필요성

필요성	내용
정보의 획득	클라이언트의 욕구나 문제를 판단할 수 있는 정보의 획득과 클라이언트 자신의 변화를 위한 욕구와 가능성에 대한 정보의 획득이 중요하다.
객관성 확보	정보의 획득과정은 체계적이고 과학적인 조사방법을 적용하여 객관성을 인정받아야 한다. 이때 설득력 있는 정보는 생태학적·개체주의적 오류에 의해 왜곡되지 않도록 획득해야 한다.
실증적 방법	욕구조사는 실제 상태를 측정하여 욕구를 증명하는 것이므로 계량화, 자료화될 수 있는 실증적 방법으로 측정돼야 한다.
이용자 중심 프로그램 개발	욕구조사의 궁극적인 목적은 이용자의 욕구를 파악하여 이용자 중심의 프로그램을 개발하는 데 있으며, 이를 통해 조직의 중·장기적인 사업 비전을 마련할 수 있다.
체계적 기관운영 수행	프로그램을 집행하기 전에 욕구를 파악하고 얼마나 충족시켰는지 평가함으로써 기관운영의 체계를 확립하고 전문성을 제고할 수 있다.
자원의 효율적인 운영	욕구의 우선순위를 파악하고 상대적 우선순위를 정하여 인력과 예산을 배정함으로써 기관의 자원을 효율적으로 운영할 수 있다.
환경변화 적극 대응	욕구조사를 통해서 대상집단의 욕구변화를 파악하고 정책운영에 반영함으로써 다변화하는 사회적 환경과 클라이언트 욕구에 부응한다.
책임성 평가와 발전의 기초	욕구조사와 평가의 상관관계를 통해 프로그램의 효과성을 검증할 수 있으며, 욕구조사의 결과는 서비스의 필요성에 대한 객관적인 자료가 되므로 사회복지서비스의 책임성 평가와 관련된다.
정보 공유와 네트워크	클라이언트의 복합적인 문제를 해결하기 위해 문제에 다각적인 접근이 가능할 수 있도록 지역사회 네트워크가 형성돼야 하며, 이를 위해서는 클라이언트 정보의 공유가 필요하다.
홍보와 참여 기회	욕구조사는 서비스 제공 기관과 지역주민의 직접적인 접촉이 가능한 점을 이용하여 사업과 프로그램에 대한 홍보는 물론이고 참여를 유도할 수 있는 좋은 기회가 된다.

※ 사회복지교육연구센터, 2022 : 332-333.

(3) 욕구조사의 내용

욕구조사를 통해 수집되어야 하는 정보는 크게 세 가지의 영역으로 구분할 수 있다. 첫째, 지역사회의 일반적 특징에 관한 기초자료이다.

기초자료는 조사대상 지역의 인구·사회학적 특징에 대해 이해할 수 있는 전반적인 내용이 포함된다. 성·연령분포, 가구규모, 소득수준, 빈곤인구 비율, 범죄율, 주택보급률 등이다.

둘째, 구체적으로 욕구를 파악하기 위한 자료이다.

욕구조사의 목적인 기존 서비스의 평가와 새로운 서비스의 개발을 위해 조사되는 자료가 포함되어야 한다. 이 부분은 기존의 서비스에 대한 인지 및 활용 여부, 활용 시 장애요인 등과 함께 새롭게 필요하다고 생각하는 서비스 등을 확인할 수 있다.

셋째, 서비스 제공 시 활용 가능한 자원에 관한 자료이다.

이것은 서비스 제공의 실현가능성을 판단하기 위한 기초자료이다. 즉, 서비스 제공 과정에서 동원 가능한 지역사회 자원을 확인하는 것으로 지역사회 서비스 자원, 지역사회 정보체계, 정치적 자원 등을 포함한다(서정민 외, 2021 : 242).

표 12-3 욕구조사의 내용

구분	조사항목	조사내용
기초자료	지역사회의 일반적 특징	지역적 특성, 소득수준, 가족 수, 성별분포, 연령, 혼인, 거주형태, 종교분포, 주택보급률, 국민기초생활보장 대상자 수 등
욕구파악 자료	현재 삶의 상태를 파악하는 자료	사회, 경제, 교육, 고용, 건강 등 개인적인 현재 상태를 파악하는 자료로서 욕구수준과 효과성을 평가하는 기준이 된다.
	기존의 프로그램이나 정책대안 평가를 위한 자료	기존 프로그램 인지도, 이용도, 장단점, 서비스 태도, 자격조건, 경제적 부담 등을 파악하고 프로그램 개선에 사용할 정보를 제공한다.
	신규 프로그램이나 정책대안 개발을 위한 자료	대상집단의 구성원들이 가지고 있는 욕구를 확인하고 상대적 중요성을 파악하여 새로운 프로그램이나 정책대안을 얻는 토대가 된다.
사회자원을 활용하기 위한 자료	의사소통망에 관한 정보	프로그램이나 정책대안의 존재 여부와 내용을 클라이언트에게 알려줄 수 있는 공식적·비공식적 의사소통망과 매체를 파악해야 한다.
	지역사회자원에 관한 정보	프로그램이나 정책대안을 계획할 때 활용할 수 있는 지역사회 내 인적·물적 자원을 파악해야 한다.
	정치적 자원에 관한 정보	프로그램 정책대안이 성공적으로 집행되기 위해 지역사회주민과 지역사회를 대표할 수 있는 사람들이나 지도자들의 지지가 필요하다.

※ 사회복지교육연구센터, 2022 : 334.

(4) 욕구조사의 종류

욕구조사는 그것을 행하는 사회복지조직의 형태나 프로그램의 형태에 따라 클라이언트 중심의 욕구조사, 서비스 중심의 욕구조사, 지역사회 중심의 욕구조사로 나눌 수 있다(김기원, 2001 : 397-398).

표 12-4 욕구조사의 종류

종류	내용
클라이언트 중심 (client-oriented)의 욕구조사	특정 인구집단, 즉 아동, 노인, 장애인 등을 위하여 서비스나 프로그램을 제공하는 조직에 의하여 행해지는 조사이다. 먼저 특정 인구집단을 규정하고 그 집단 내에서 빈번히 나타나고 있는 문제를 확인하고 이러한 문제를 해결하기 위하여 필요한 서비스의 수준을 산정하게 된다.
서비스 중심 (service-oriented)의 욕구조사	의료서비스, 재활서비스, 직업훈련 등과 같은 특수한 서비스를 제공하고 있는 조직에 의하여 행해지는 조사이다. 이 조사에서는 먼저 특정한 문제를 해결할 수 있는 서비스 기술, 즉 의료기술, 노인기능 회복훈련 등이 있는 것을 전제로 하여 그러한 문제가 빈번히 발생할 가능성이 있는 표적인구 집단을 설정하고, 이들로부터 필요한 서비스의 수준을 산정한다.
지역사회 중심 (community-based)의 욕구조사	클라이언트 중심의 욕구조사와 서비스 중심의 욕구조사를 통합한 것으로 지역사회 전반의 문제를 확인하여 문제해결의 우선순위, 적절한 개입 대상 인구 및 적절한 서비스 수준 등을 파악하는 것이다. 이와 같은 조사는 지역의 일반 주민들을 대상으로 직접 자료를 수집하여 포괄적이고 많은 정보를 얻을 수 있지만, 실행하는 데는 어려움이 큰 것이 문제이다.

※ 김기원, 2001 : 397-398.

클라이언트 중심의 욕구조사와 서비스 중심의 욕구조사의 한계점

클라이언트 중심의 욕구조사와 서비스 중심의 욕구조사는 기존 사회복지 조직이나 프로그램의 기획(planning)이나 평가를 위하여 유용하다. 그러나 서비스에 다양한 인구집단을 통합하지 못하거나, 지역사회 내의 다른 서비스 조직과의 관련 속에서 서비스를 통합적으로 제공하지 못하기 때문에 서비스 간 및 기관 간 서비스의 중복과 결여 현상 등을 개선하는 체계적이고 통합 조정된 서비스를 계획하고 수행하는 데는 큰 도움이 되지 못한다. 이와 같은 문제점을 개선하기 위한 것이 지역사회 중심의 욕구조사이다.

(5) 욕구조사의 자료수집방법

욕구조사의 자료수집방법은 일반조사에서의 자료수집방법과 거의 동일하다. 본 장에서는 직접적인 자료수집방법과 간접적인 자료수집방법으로 구분하였다.

① 직접적인 자료수집방법

조사를 위해 조사자가 설문조사나 면담, 관찰 등을 통해 직접 수집하는 자료를 말한다.

표 12-5 직접적인 자료수집방법

종류	내용
일반인구 조사방법	지역주민들 가운데 추출된 표본을 대상으로 면접이나 설문조사를 통해 욕구를 측정하는 방법이다. ① 얻을 수 있는 정보 • 주민 개인이 인지하고 있는 문제 • 다수의 개인이 느끼는 욕구, 즉 사회문제 • 문제를 가진 개인들의 특성 • 개인이 이용할 수 있는 서비스 • 서비스를 이용할 의사나 장애가 되는 요인 • 지역사회에서 원조받고 있는 기관(개인)의 정보 ② 갖춰야 할 조건 • 욕구의 명확한 규정 • 표본(대표집단)의 신중한 선택 • 조사하고자 하는 욕구와 관련된 설문지 작성 • 필요한 서비스와 관련된 설문지 작성 ③ 장점 • 사용된 조사방법과 도구는 다른 지역에서도 융통성 있게 사용이 가능 • 다른 조사기법의 보완도구로써 기능 • 조사도구는 수정이 가능하며 신축성이 있음 • 비교적 타당한 결과를 얻을 수 있음 ④ 단점 • 높은 비용과 오랜 시간, 많은 인력이 필요 • 전문적 조사기술이 필요

<table>
<tr><td>표적인구
조사방법</td><td>프로그램 제공을 통해 문제해결의 대상으로 삼는 표적집단에 설문조사를 실시하여 욕구와 서비스 이용 상태를 파악하는 기법이다.
① 얻을 수 있는 정보
• 표적집단이 갖는 문제나 욕구
• 표적집단이 이용할 수 있는 서비스의 파악
② 갖춰야 할 조건 : 표본이 전체를 대표할 수 있는 타당성을 가지려면 표본이 확률적 표집방법으로 선정돼야 하고 표본의 크기가 적당해야 한다.
③ 장점 : 표본을 통해 전체 표적인구의 욕구를 알 수 있다.
④ 단점
• 시간적 · 비용적 측면에서 경제적이지 못하다.
• 질문지의 경우 회수율이 낮다.
• 사회적으로 요구하는 '바람직한 응답'만을 얻을 수 있다.
• 표적인구로부터 얻은 정보는 그 집단 이외에는 적용할 수 없다.</td></tr>
<tr><td>델파이기법</td><td>전문가들에게 우편으로 의견이나 정보를 수집하여 분석한 결과를 다시 응답자들에게 보내 의견을 묻는 식으로 만족스러운 결과를 얻을 때까지 계속하는 방법이다. 이 방법은 어떤 불확실한 사항에 대한 전문가들의 합의를 얻으려고 할 때 적용될 수 있다.
① 장점
• 전문가를 한자리에 모으는 수고를 덜고 응답자의 시간을 효율적으로 사용할 수 있다.
• 전문가가 자유로운 시간에 의견을 말할 수 있다.
• 익명이므로 참가자의 영향력을 줄일 수 있다.
② 단점
• 반복하는 데 시간이 오래 걸린다.
• 반복하는 동안 응답자의 수가 줄어드는 문제가 있다.
• 극단적인 판단은 의견일치를 위해 제외되는 경향이 있어 창의적인 의견들이 손상될 수 있다.</td></tr>
<tr><td>초점집단기법</td><td>• 조사대상 집단 중에서 중요한 정보를 얻을 수 있는 사람을 추출하여 심층적으로 면접하는 방법으로 6~12명 사이가 적당하다.
• 지역의 집단들을 대표해서 그들의 문제나 관심 또는 욕구를 가장 잘 나타낼 수 있는 대표들을 선출하여 하나의 초점집단을 형성하며, 이 초점집단의 성원들을 사회복지사가 인터뷰한다.
• 단순하게 그들이 해결하기를 원하는 욕구나 문제에 대한 진술에서 벗어나 어떻게 그 일이 벌어졌고 왜 벌어지게 되었는지에 대해 상세하게 진술할 때 가장 큰 효과를 발휘한다.
• 초점집단을 통한 욕구조사의 실시과정 : ① 문제 확인 및 주제 선정, ② 표본틀의 선정, ③ 집단 및 회기의 수 결정, ④ 토의지침서 개발, ⑤ 진행자 또는 사회자와 보조원의 훈련과 역할 규정, ⑥ 예비조사 실시, ⑦ 초점집단 참여자 선정, ⑧ 집단 활동의 시행, ⑨ 자료의 분석과 해석, ⑩ 보고서 작성</td></tr>
<tr><td>관찰법</td><td>대상자의 행동이나 사회현상을 직접 관찰하는 방법과 사람들에게 자신과 타인의 행동에 대하여 질문하여 직접 들어서 알아내는 방법이 있다.</td></tr>
<tr><td>직접 경험법</td><td>조사자가 실제로 대상자의 생활 속으로 들어가서 조사하는 방법이다.</td></tr>
</table>

포럼	지역사회의 사람들이 함께 모여 자신들의 욕구에 대해 자유롭게 의견을 교환하고 상호작용할 수 있는 토론회를 통해 욕구를 조사하는 방법 ① **장점** • 비용이나 시간적인 측면에서 매우 효율적이다. • 광범위한 계층의 의견을 수집할 수 있다. • 서베이 조사를 위한 사전 준비작업이 될 수 있다. • 프로그램이나 정책 실행 시, 주민의 지지나 협조를 얻을 수 있는 계기가 된다. ② **단점** • 관심 있는 소수의 사람만 참여할 수 있으므로 표본의 편의현상이 나타날 수 있다. • 토론과정을 적절히 통제하지 않을 경우 도출되는 의견이 방만하거나 지엽적일 수 있다.
프로그램 운영자 조사	서비스를 직접 제공하는 사람을 만나 조사하는 방법 ① **장점** • 사회적으로 잘 알려지지 않은 문제들을 파악할 수 있다. • 지역사회의 자원에 대한 정확한 정보를 알 수 있다. • 전문적인 욕구를 바탕으로 욕구조사를 할 수 있다. ② **단점** • 서비스 제공자가 밝힌 문제가 제공자 개인의 주관에 의해 판단된 편견일 가능성이 있다. • 이들은 주로 클라이언트를 대상으로 하므로 광범위한 욕구를 파악하기 어렵다. • 제공자가 소속된 기관의 프로그램에 유리한 욕구에 대해 언급할 가능성이 있다.
주요 정보제공자 조사	지역사정을 잘 알고 그들을 대변할 수 있는 주요 정보제공자들을 대상으로 하는 조사를 말한다. ① **장점** • 상대적으로 비용과 인력이 적게 들어 경제적이다. • 표본을 쉽게 선정할 수 있다. 즉, 표본추출이 용이하다. • 지역의 전반적인 문제를 쉽게 파악할 수 있다. • 양적 정보뿐만 아니라 질적 정보도 파악할 수 있다. • 기존의 조사방법을 이용할 수 있어 융통성이 있으며 신축적이다. ② **단점** • 정보제공자들이 가지고 있는 정보의 양과 질에 의존하게 된다. • 주요 정보제공자를 선정하는 기준이 모호하며, 표집자 편의현상이 나타날 수 있다. 주요 정보제공자 조사의 표집방법은 일종의 의도적 표집(유의표집)에 해당되므로 표본의 편의현상이 나타나 대표성은 떨어질 수 있다. • 주요 정보제공자들이 지적하는 문제들이 일반 주민들의 욕구와는 다른 특정 집단의 욕구에 국한되는 경우도 있다. • 지역대표자나 지도자가 주민의 의견을 대변할 수 있느냐는 의문이 있다.
명목집단기법	• 소수의 그룹이 공동의 문제나 질문에 대해 우선 각자 나름대로 제안이나 해결책을 제시하고 나중에 그들의 제안을 공유하는 기법이다. • 해결해야 하는 욕구나 문제에 대한 공유된 이해를 형성 또는 조장하기 위해 사용되는 기법이다.

※ 사회복지교육연구센터, 2022 : 335-340.

② 간접적인 자료수집방법

기존에 존재하는 자료를 수집하여 조사목적을 위해 분석하는 자료를 간접적인 자료수집방법이라고 한다.

표 12-6 간접적인 자료수집방법

종류	내용
사회지표 분석	정부기관이나 연구기관의 관련 전문가가 정기적 또는 비정기적으로 발표한 자료를 활용하여 지역사회의 욕구를 파악하는 방법 예 소득수준, 빈곤인구비율, 실업률, 주택보급률, 공공부조 수혜자 등 ① **장점**: 해당 지역의 조사대상 집단들의 특정한 실태를 파악하고 변화 후의 차이를 확인하는 데 용이하다. ② **단점**: 해당 지역에 알맞은 지표를 찾아내는 일이 쉽지 않다.
행정자료 조사	지역사회의 사회복지기관이나 협회, 연구소 등 사회단체에서 행정 및 관리를 위해 수집한 자료를 분석하여 욕구를 파악하는 방법

※ 사회복지교육연구센터, 2022 : 340-341.

2. 평가조사

1) 평가조사의 개요

(1) 평가조사의 의미

평가(evaluation)란 사람, 집단, 조직 등이 이룩한 성과를 미리 정해 목적, 목표, 기준 등에 비추어서 얼마나 달성되었는가를 측정, 분석하고 그 결과를 형식에 맞춰 작성하여 전달하는 과정이다(강영걸 · 박성복, 2008).

평가조사(evaluation research)란 프로그램의 개선 또는 지속적으로 수행 여부를 결정짓기 위해 개별적인 개입기술이나 프로그램이 목표하는 바를 어느 정도 달성하였는가를 측정하는 조사를 말한다. 즉, 사회복지기관의 프로그램이 당초에 의도한 대로 그 목적을 다 하고 있는지를 평가하기 위해 실시하는 응용조사의 한 형태이다(Tripodi, 1983). 사회복지 분야에서 평가는 크게 사회복지 시설평가와 프로그램 평가로 나눌 수 있다(서정민 외, 2015). 사회복지 평가조사 대상은 프로그램의 효과성, 효율성, 프로그램의 운영과정, 프로그램의 내용, 운영자의 전문성, 서비스 이용자의 만족도 등에 초점을 두고 진행되는 평가를 말한다.

(2) 평가조사의 목적

평가조사의 목적은 다음 표와 같다.

표 12-7 평가조사의 목적

목적	내용
프로그램 과정상 환류	평가결과의 환류를 통해 프로그램의 성공 여부와 프로그램을 중단할 것인지, 축소 또는 확대할 것인지에 대한 합리적인 판단의 근거가 된다.
기관운영 책임성	예산을 포함, 인적·물적 자원의 사용과 기관의 목적을 얼마나 달성하였는지 등에 대한 효율성과 효과성을 평가하여 책임성 이행의 근거를 마련한다.
이론 형성	프로그램 실시 전후의 차이를 측정하여 프로그램의 실시가 어떤 영향을 미쳤는지 평가함으로써 인과관계를 검증하여 이론화할 수 있다.
진행과정 개선	형성평가는 프로그램 진행과정을 평가하여 프로그램의 저해요인을 개선시키고 환류하여 보다 나은 프로그램이 될 수 있는 근거를 제공한다.
설계 목적	새로운 프로그램 개발을 검토하기 위해 평가를 실시한다.
합리적인 자원배분	프로그램 평가 결과에 따라 효과적인 프로그램과 단기적인 효과만이 존재하는 프로그램을 선별하여 차등적인 자원할당이 이뤄져야 한다.
서비스 전달체계 개선	서비스가 전달되는 과정을 평가하여 서비스가 지체되거나 클라이언트의 접근성이 어렵거나 본래 목적과 다르게 진행될 경우 시정하여 서비스 전달이 원활하게 이뤄지도록 한다.

※ 사회복지교육연구센터, 2022 : 342-343.

(3) 평가조사의 중요성

평가조사의 중요성은 다음 표와 같다.

표 12-8 평가조사의 중요성

중요성	내용
책임성 요구	사회복지분야에 투입된 공적 자원과 민간자원의 투명성과 서비스의 효과성, 효율성 등에 대한 책임성이 지속적으로 요구되고 있다.
기관 정체성	사회복지기관들이 자신이 수행하는 프로그램이 기관의 목적에 얼마나 적합한지를 객관적으로 평가하고, 정체성을 확립하는 데 기여할 수 있다.
효과적 · 효율적 기관 운영	인적자원과 물적자원을 보다 효과적이고 효율적으로 사용하는 데 중요한 역할을 한다.
전문성 형성	프로그램들이 복잡 다양한 사회적 욕구와 문제를 체계적이고 통합적으로 충족시키고 있는지를 평가함으로써 전문성 형성에 기여할 수 있다.
수혜자 중심 프로그램 운영	프로그램의 내용이나 운영이 수혜자 욕구에 적극 부응하여 수혜자에게 편의를 제공하고 있는지를 평가하여 수혜자 중심적인 운영을 꾀할 수 있다.
운영방향 일관성	프로그램의 평가지표가 미리 제시되는 경우, 기관 운영자는 평가지표에 따라 일정한 방향으로 프로그램을 운영할 수 있다.
객관적 이론 정립	객관적인 이론을 정립하는 데 있어서 평가의 자료가 논리적인 이론 형성에 기여하게 된다.

※ 사회복지교육연구센터, 2022 : 343-344.

2) 평가조사의 종류

평가조사의 종류는 평가목적, 평가대상, 평가규범, 평가범위, 평가시점, 평가주체, 메타평가, 적합성에 따른 평가로 구분할 수 있다.

(1) 평가목적에 따른 분류

① 형성평가

형성평가(formative evaluation)는 프로그램 운영 중에 이루어지는 평가로 프로그램 수행 과정에서의 문제점 혹은 장·단점을 발견하여 프로그램을 수정 및 보완하는 것을 목적으로 가진 평가조사로 과정평가(process evaluation)라고도 한다.

② 총괄평가

총괄평가(summative evaluation)는 프로그램의 성과와 영향을 파악하여 프로그램의 유지, 확대, 축소 등에 대한 행정적 결정의 근거로 삼고 긍정적 결과를 다른 비슷한 프로그램, 상황 또는 대상에 대해 일반화시키려는 목적으로 사회복지 프로그램이 종료된 후에 실시되는 평가이다.

③ 통합평가

통합평가는 형성평가와 총괄평가를 합쳐 놓은 평가이다.

(2) 평가대상에 따른 분류

① 프로그램 평가

프로그램 평가(program evaluation)는 프로그램의 효과성, 효율성, 영향, 서비스의 질, 서비스의 이용자 만족도 등에 초점을 두고 진행되는 평가이다.

② 기관평가

기관평가(agency evaluation)는 시설평가라고도 하며, 기관의 설립 이념과 목적에 따라 운영되고 있는지에 초점을 둔다. 기관평가에는 프로그램 평가도 포함되며 조직 및 재정관리, 시설관리, 인력관리, 지역사회 관계 등을 포함하여 진행되는 평가이다.

(3) 평가규범에 따른 분류

① 효과성 평가

효과성 평가(effectiveness evaluation)는 프로그램의 목적달성 정도를 평가한다.

② 효율성 평가

효율성 평가(efficiency evaluation)는 투입과 산출을 비교 평가하는 것으로, 비용최소화와 산출극대화를 평가한다.

③ 공평성 평가

공평성 평가(equity evaluation)는 프로그램의 효과와 비용이 사회집단 간에 공평하게 배분되었는지를 평가한다.

(4) 평가범위에 따른 분류

① 단일평가

단일평가는 표적문제의 개념화 및 개입의 설계와 관련된 평가와 프로그램 집행의 평가 그리고 프로그램 효용성에 대한 평가를 각각 분류하여 어느 하나에 대해 행하는 평가방법이다.

② 포괄평가

포괄평가는 표적문제의 개념화 및 개입의 설계와 관련된 평가와 프로그램 집행의 평가 그리고 프로그램 효용성에 대한 평가를 모두 행하는 평가방법이다.

(5) 평가시점에 따른 분류

① 사전평가

사전평가는 프로그램이 시작되기 이전에 행하는 평가방법으로 적극적 평가라고도 한다.

② 사후평가

사후평가는 프로그램이 종료된 후에 행하는 평가방법으로 소극적 평가라고도 한다.

(6) 평가주체에 따른 분류

① 자체평가

자체평가(self evaluation)는 프로그램 담당자 스스로 행하는 평가방법이다. 많은 정보를 얻을 수 있으며 비용이 절약되고 장기적인 평가가 가능한 장점이 있다. 하지만 단점으로 공정성 확보에 문제가 있을 수 있다.

② 내부평가

내부평가(in house evaluation)는 사회복지기관의 최고 관리자, 프로그램 관리자, 프로그램 수행 인력 등 조직 내의 구성원에 의해 이루어지는 평가방법이다. 내부평가를 통해 얻은 결과를 근거로 조직 운영의 방향 설정과 프로그램 개선 등을 위한 목적으로 사용되며 조직의 자체 평가이다. 장점은 내부평가자가 기관과 프로그램 내용에 대한 이해도뿐만 아니라 평가를 위한 자료 접근성이 높고, 프로그램 관리자로부터 평가에 대한 협조를 구하는 것도 수월하다. 내부평가는 외부평가와 달리 시간과 비용이 절감된다. 단점은 내부평가는 자신이 소속된 기관을 평가하므로 프로그램 담당자의 특성에 따라 객관적인 평가가 어려울 수 있다.

③ 외부평가

외부평가(consultant evaluation)는 프로그램을 수행하는 조직의 구성원이 아닌 조직 밖의 교수나 연구기관 등의 전문가, 즉 외부 전문가가 평가 주체로 수행되는 평가를 말한다. 장점은 외부 평가자에 의한 평가결과를 통해 기관과 프로그램의 발전에 도움이 될 수 있으나 평가기관의 관계자가 외부평가에 대한 신뢰와 믿음이 낮으면 평가결과에 대해 부정하는 단점이 있다.

메타평가

메타평가(meta evaluation)는 과거에 이미 이루어진 프로그램 평가를 차후에 종합적으로 검토해 보는 평가이며, 평가에 대한 평가를 말한다. 평가계획서나 평가결과를 다른 평가결과자에 의해 점검받는 것으로 평가의 신뢰도, 타당도, 유용도, 평가의 방식, 보고의 문제, 적정성, 평가비용 등을 평가한다.

적합성에 따른 평가

적합성 평가(appropriateness evaluation)는 개별 프로그램의 평가가 이루어지기 전에 그 프로그램의 가치를 확인하는 데 의의를 두는 평가방법이다. 적합성이란 프로그램이 추구하는 수단이나 전략보다는 프로그램이 추구하는 목표가 궁극적으로 사회적 가치에 부합하는지 확인하는 것을 말한다. 즉, 적합성 평가는 효과성 평가와 효율성 평가가 진행되기 이전에 그 평가들이 추구하는 목표가 사회적 가치나 사회정책적 입장에서 타당성을 검토하는 평가이다.

3) 평가조사의 절차와 내용

(1) 평가조사의 절차

평가조사의 절차는 ① 평가목적 및 대상 결정, ② 프로그램 책임자 및 담당자의 이해와 협조요청, ③ 프로그램의 목표확인, ④ 조사대상의 변수 선정, ⑤ 이용가능한 자료 및 측정도구 결정, ⑥ 새로운 측정도구 개발, ⑦ 적절한 조사설계 형태의 선정, ⑧ 조사의 수행, ⑨ 결과의 분석 및 해석, ⑩ 결과보고 및 환류이다(남세진 · 최성재, 1988 : 342-349).

- **평가목적 및 대상 결정** : 무슨 목적으로(총괄평가 또는 형성평가) 어떤 프로그램을 평가할 것인지(특정 프로그램, 일부 프로그램, 전체 프로그램) 그리고 어떤 내용을 위주로 평가할 것인지(노력, 효과성, 효율성, 예상 못한 결과 중의 일부 또는 전체) 등을 결정해야 한다. 또한 이러한 결정을 하는 데는 평가를 위한 비용, 인원, 시간, 평가결과의 실제 이용자 등이 고려되어야 할 것이다.
- **프로그램의 목표확인** : 프로그램의 목표는 명확하고, 구체적이고 측정 가능하도록 설정되어야 한다.
- **조사대상의 변수 선정** : 독립변수, 매개변수 및 종속변수를 확인하고 평가조사의 목적 및 내용과 관련하여 어떤 변수를 선정할 것인지를 결정해야 한다. 종속변수는 개입의 실제적인 결과이므로 당연히 선정되어야 할 것이지만 독립변수와 매개변수에 있어서는 종류가 많기 때문에 적절한 것을 선택해야 할 것이다.

(2) 평가조사 내용

평가조사의 내용은 ① 노력, ② 효과성, ③ 예상치 못한 결과, ④ 효율성이 포함된다(성규탁, 1998 : 222-231).

- **노력** : 계획된 목표의 달성을 위하여 필요한 프로그램 활동의 양과 종류를 말하는데 투입시간, 금전적 및 물질적 자원의 배분 및 사용, 클라이언트의 참여, 프로그램 담당자의 제반활동 등이 포함된다.
- **효과성** : 프로그램의 목표가 실제로 달성된 정도를 말하는 것이다.
- **예상치 못한 결과** : 처음에는 예상하지 못했지만 실제의 프로그램 활동의 결과로 나타난 긍정적 또는 부정적 변화를 의미한다.
- **효율성** : 투입과 산출의 비율로서 투입을 프로그램의 비용으로 보고 산출의 효과로 보면 효율성=산출/투입=효과/비용이 된다.

(3) 평가조사 기법

프로그램 평가조사의 기법에는 ① 모니터링기법, ② 사회조사기법, ③ 비용분석기법이 있다.

표 12-9 평가조사의 기법

기법	내용
모니터링기법	프로그램의 운영을 직접 평가하기 위하여 사용하는 방법이다. • 프로그램을 위해 사용된 자원할당, 수혜과정의 일관성, 신빙성, 정확성 등을 검토하는 책임성 감사 • 프로그램을 수행하는 사회복지사나 지도감독자들이 실제 수행한 업무실적을 검토하는 행정감사 • 프로그램 활동에 투입된 전체 시간과 프로그램 목표달성과 직접 관련된 활동시간을 비교 검토하는 시간-활동조사
사회조사기법	• 실험은 프로그램 활동과 프로그램 목표달성 간에 관련된 인과관계의 존재여부를 증명하고자 하는 것이다. • 서베이 조사는 표적집단에 표본을 선정하고 표본에 대한 자료를 수집하고 분석하여 프로그램을 평가한다. • 사례연구는 참여관찰, 면접, 내용분석법 등과 같은 자료수집방법을 통해 프로그램을 평가하는 방법이다.
비용분석기법	• 비용회계는 프로그램 비용을 프로그램 산출(상담횟수, 입양아동의 수, 서비스 이용횟수 등)과 관련시킨 평가이다. • 비용편익분석은 비용과 프로그램 활동의 결과를 금전적인 단위로 관련시키는 방법으로 평가목적은 비용과 목표달성의 관계를 확인하는 것이다. • 비용효과분석은 프로그램 비용과 결과를 관련시키는 방법이다.

※ 사회복지교육연구센터, 2022 : 349.

연습문제

01 평가조사의 종류 중 목적에 따른 분류로 옳은 것은?

① 형성평가
② 프로그램 평가
③ 기관평가
④ 효과성 평가
⑤ 효율성 평가

02 평가조사의 종류 중 평가 주체에 따른 분류로 옳은 것은?

① 형성평가
② 총괄평가
③ 자체평가
④ 통합평가
⑤ 단일평가

03 욕구조사의 자료수집방법 중에서 직접적인 자료수집방법으로 옳지 않은 것은?

① 일반인구 조사방법
② 표적인구 조사방법
③ 델파이기법
④ 사회지표분석방법
⑤ 초점집단기법

04 욕구조사의 자료수집방법 중에서 간접적인 자료수집방법으로 옳은 것은?

① 관찰법
② 직접 경험법
③ 포럼
④ 행정자료 조사방법
⑤ 명목집단기법

05 욕구조사의 자료수집방법에 대한 설명으로 옳지 않은 것은?

① 명목집단기법－해결해야 하는 욕구나 문제에 대한 공유된 이해를 형성 위해 사용
② 델파이기법－지역 사정을 잘 알고 그들을 대변할 수 있는 주요 정보제공자들을 조사
③ 사회지표분석－전문가가 발표한 자료를 활용하여 지역사회의 욕구를 파악하는 방법
④ 직접 경험법－조사자가 실제로 대상자의 생활 속으로 들어가서 조사하는 방법
⑤ 프로그램 운영자 조사－서비스를 직접 제공하는 사람을 만나 조사하는 방법

06 자료수집 방법 중 욕구조사를 위한 방법으로 옳지 않은 것은?

① 통반장을 통해 자료를 수집
② 공청회를 통해 자료를 수집
③ 서베이 조사를 통해 자료를 수집
④ 사회지표를 통해 자료를 수집
⑤ 주민들을 대상으로 델파이 기법을 사용해 자료를 수집

정답 01 ① 02 ③ 03 ④ 04 ④ 05 ② 06 ⑤

13
CHAPTER

질적 연구방법론

❐ **학습목표**

- 질적 연구의 특징을 양적 연구와 상호 비교하여 이해한다.
- 다양한 질적 연구방법을 이해한다.
- 질적 연구의 과정을 이해한다.
- 질적 연구의 주요방법(참여관찰, 심층면접)의 특성을 상호 비교하여 이해한다.

이 장에서는 질적 연구의 특징을 양적 연구와 상호 비교하여 살펴보고자 한다. 또한 근거이론, 민속지학, 현상학, 참여행동연구, 내러티브 탐구 등 다양한 질적 연구방법을 학습하게 된다. 이어서 질적 연구 과정을 살펴보고 질적 연구의 주요방법의 특성을 상호 비교하여 이해하게 될 것이다.

1. 질적 연구의 특성

1) 질적 연구의 특징

질적 연구는 현장연구 또는 자연적 연구 등의 용어와 같이 사용된다. 연구자가 실제적이고 자연적인 생활의 장에서 사람들이 행동하는 개념(의미)을 통해 사회현상을 해석하려는 연구방법이다. 사회복지학은 인간과 사회의 지속적인 상호작용을 통해 성장과 생활이 됨으로 인해 연구실과 같은 환경 구성이 불가능하게 되고 이런 문제점을 해소하고자 대안적인 연구방법으로 질적 연구가 발달해 오고 있다.

질적 연구는 척도나 측정도구를 사용하는 양적 연구와는 달리 연구자의 자연스러운 상태의 생활환경이 연구장소가 되고, 주관적인 관점을 통해 걸러지고 수집된 자료를 사용한다. 질적 연구는 대규모의 조사대상을 사용하는 양적 연구와 달리 작은 규모의 표본에 적용할 수 있어서 비용이 적게 들 수 있다. 양적 연구가 산출결과에 중점을 둔다면 질적 연구에서는 덜 구조화되어 있어서 과정에 보다 많은 관심을 둔다.

질적 연구의 특징

- 자연스러운 상태의 생활환경이 연구의 장소가 된다.
- 연구자가 면접, 관찰, 문헌자료 등 다양한 형태의 폭넓은 자료를 수집하여 종합적으로 정리한다.
- 연구대상자가 소규모일 경우가 많아서 상대적으로 비용이 적게 들 수 있으나, 장기간에 걸친 질적 연구는 많은 시간과 비용이 들 수도 있다.
- 정밀한 표본추출과 표준화된 측정에 기초한 연구보다는 일반화 가능성이 작다.
- 양적 연구보다 연구과정이 덜 구조화되어 있고, 과정에 많은 관심을 둔다.
- 주로 기술적이고 탐색적인 연구에 활용이 되며, 귀납적 방법을 주로 활용한다.
- 엄격한 인과관계를 규명하기보다는 복합적인 상호작용의 규명에 초점을 둔다.
- 양적 연구에 비해 자료수집 및 분석과정이 유연하고 융통성이 있다.

※ 사회복지교육연구센터, 2022 : 362.

2) 질적 연구의 유형

(1) 근거이론(현실기반이론)

근거이론(grounded theory)은 사회학자인 글래서(B. Glasser)와 스트라우스(A. Strauss)에 의해 개발되었다.

근거이론은 현실기반이론이라고도 부르며 실제 있는 그대로의 현상에 속한 자료를 수집하고 이를 근거로 귀납적으로 이론을 제시하는 질적 연구방법이다. 조사과정을 통해 체계적으로 수정되고 분석된 자료를 상호 비교 검토함으로써 인간 행동을 실질적으로 설명할 수 있는 이론을 찾아내고자 하는 연구방법이다. 기존에 이론적 기반이 갖춰지지 않았거나 수정이 필요한 분야를 대상으로 연구하여 새로운 이론을 도출하는 데 적합한 방법이다.

근거이론은 연구자가 특정 이론에만 집착하게 되면 새로운 관점에 예민해질 수 없으며, 새로운 사례는 이전의 개념과 가설이 근거하고 있는 사례와 유사한 것을 선정하는 이론적 표본추출 개념에 의해 추출된다. 귀납적 과정이 주로 강조되지만 연역적 과정도 강조되며 두 과정은 지속적 비교를 통해 통합된다(서정민 외, 2021 : 311).

근거이론에서 연구자가 주의할 점은 새로운 관점에 민감해질 수 있도록 특정 이론에만 집착하지 말아야 하고, 연구자는 귀납적 과정을 주로 강조하지만 연역적 과정도 소홀히 해서는 안 된다. 이는 귀납적 관찰을 통해 유형을 발견하고 그 유형에 근거하여 개념과 임시가설을 연역적으로 발전시킬 수 있기 때문이다. 그리고 관찰대상이 되는 새로운 사례는 이론적 표본추출 개념에 따라 선정하여야 한다. 이는 기존 사례와 매우 유사한 것을 새롭게 선정한 유사 사례가 연구자에게 새로운 통찰력을 주지 못한다면, 또 다른 사례를 선정하여 위와 같은 과정을 반복해서 진행해야 하기 때문이다(서정민 외, 2021 : 312).

(2) 민속지학 연구(문화기술지)

민속지학 연구방법은 특정 문화를 공유하는 집단의 행동과 신념, 태도, 가치 등에 대하여 기술하는 연구방법이다.

민속지학 연구(ethnography study)는 어떤 문화 속에서 생활하는 사람들의 관점에서 문화를 연구하는 방법이며, 문화기술지라고도 부른다. 연구자가 장시간 동안 대상자와 함께 생활하면서 관찰대상자의 관점에서 특정 집단의 문화를 이해하는 방법이다. 예를 들어, 장애인복지시설의 문화를 그 기관의 생활지도교사 또는 시설거주자의 관점에서 연구하는 방법이다.

민속지학 연구의 연구 절차는 ① 일정한 집단에서 공유하는 행동, 신념 또는 언어 양태에 대하여 조사문제를 선정하고, ② 그 연구문제에 대한 조사를 실시할 수 있는 문화적 집단을 선정한 후, ③ 6개월에서 1년 정도의 장기간 참여관찰과 면접을 통해 자료를 수집하면서, ④ 수집된 자료에서 문화적 집단이 공유하는 행동, 신념 또는 언어의 행태를 분석한다. 이 연구방법은 문화의 의미를 이해하기 위해 그 문화 속에서 생활하고 있는 중요한 정보제공자들에게 의존하게 된다(서정민 외, 2021 : 313-314).

(3) 현상학

> 현상학은 어떤 현상에 대한 주관적인 경험의 본질을 객관적으로 이해하는 질적 연구방법으로, 현상에 대한 주관적 경험과 해석을 강조하기 때문에 선입견에 의해 현실을 왜곡하는 것이 가장 큰 이슈이다.

현상학(phenomenology)은 인간의 경험을 있는 그대로 살펴보고 그 체험의 본질이 무엇인지 탐구해서 설명하는 것으로 모든 질적 연구방법에 적용할 수 있는 철학적 근거가 되는 방법이다.

현상학은 현상의 본질을 직관적으로 포착하는 데 기초한 학문으로서 사람들의 개별적인 경험을 있는 그대로 이해하고자 하며, 인간은 '설명되어야 하는 존재'이기보다는 '이해되어야 하는 존재'라고 본다(서정민 외, 2021 : 314-315).

현상학의 세부형태로는 ① 자기발견적 탐구(heuristic inquiry), ② 해석학(hermeneutics), ③ 이해(understand)가 있다(사회복지교육연구센터, 2022 : 365).

- **자기발견적 탐구** : 연구조사자가 연구하고자 하는 현상을 직접 경험하며, 자신의 생각과 감정을 조사하기 위해 자기 성찰을 행한다.
- **해석학** : 해석의 과정을 강조하며, 해석의 과정에서 일정한 유형을 찾고자 한다.
- **이해** : 연구자가 관찰하는 사람들을 그 사람들의 관점에서 이해하려는 시도이다.

(4) 참여행동연구

> 참여행동연구는 생활이나 활동 영역에 연구자가 직접 참여하여 관찰하면서 자료를 수집하는 방법이다.

참여행동연구는 연구대상자들에게 연구의 목적과 절차에 대한 통제권이 주어진 사회조사의 방법으로, 주로 소수의 개인이나 집단, 조직체, 지역공동체 등 제한된 연구대상이 현장에서 직접 자료를 수집하게 된다. 그러나 조사된 표본이 소수로 이루어지다 보니 대표성이 낮을 수 있으며 관찰형식으로 이루어지다 보니 연구자의 선입견이나 편견이 개입될 가능성이 높다. 또한 조사현장에서 만나는 조사대상자에게 연구자가 관찰자임을 공개하는가, 공개하지 않는가에 따라 연구대상자의 반응이 달라질 수 있다. 참여행동연구자의 유형으로는 ① 완전참여행동연구자, ② 관찰참여행동연구자, ③ 참여관찰행동연구자, ④ 완전관찰행동연구자가 있다(서정민 외, 2021 : 316-317).

참여행동연구자의 유형

- **완전참여행동연구자** : 연구대상자들은 완전참여자의 신분과 목적을 모르고, 연구자가 아니라 참여자처럼 보인다. 관찰자는 대상자와 자연스럽게 생활하고 상호작용을 통해 자연스럽게 조사가 진행된다.
- **관찰참여행동연구자** : 연구대상자들에게 참여자의 신분과 목적을 알리고, 조사대상 집단의 일원으로 참여하여 활동하게 되므로 자연스럽게 조사 진행이 아닌 인위적인 행동이 나타날 수 있다.
- **참여관찰행동연구자** : 연구대상자들에게 참여자의 신분과 목적을 알리고, 조사집단에는 완전히 참여하지는 않고 관찰하는 형태로 진행된다.
- **완전관찰행동연구자** : 연구조사자가 비관여적이므로 관찰하게 되므로 연구대상을 완전히 이해하게 될 가능성이 작다.

(5) 내러티브 탐구

내러티브 탐구(narrative inquiry)는 개인의 인생을 탐색하는 데 초점을 두는 연구방법이다. 구술면담이 가장 중요한 연구수단이며, 면담과정은 단순히 자료를 수집하는 것이 아니라 서로 상호작용하는 과정이다. 연구자와 연구대상자의 균형을 유지하면서 최대한 일상적인 용어로 편안하게 면담이 진행되어야 한다. 내러티브 탐구의 해석과정은 주관성과 직관성, 감성적인 부분이 연관된다(서정민 외, 2021 : 316).

3) 질적 연구와 사회복지실천의 유사점과 차이점

질적 연구와 사회복지실천의 유사점과 차이점은 다음 표와 같다.

표 13-1 질적 연구와 사회복지실천의 유사점과 차이점

유사점	• 사회복지실천은 클라이언트에 대한 개별화된 사정을 중요시한다. • 클라이언트의 삶을 관찰하고 기록하며, 귀납적이고 유연한 사고를 행한다. • 클라이언트의 문제를 정의하고 필요한 정보를 수집하여 그에 따라 개입방안을 결정한다. • 클라이언트에 대한 관찰, 심층면접 등 자료수집방법 및 분석과정이 유사하다. • 클라이언트에 대한 공감이나 감정이입을 통해 비심판적인 환경을 조사한다.
차이점	• 사회복지실천은 이론과 모델에 바탕을 둔 규범적 시각을 갖지만, 질적 연구는 규범적 시각이 연구의 질을 저하한다고 생각한다. • 사회복지실천은 클라이언트에게 서비스를 제공하는 것에 중점을 두지만, 질적 연구는 학문적 지식과 이해의 증가를 중요시한다. • 사회복지실천가는 대상자의 문제나 감정을 관찰하지만, 질적 연구의 주요관심사는 사건이나 경험이다. • 사회복지실천가는 클라이언트의 변화 정도에 따라 종결하지만, 질적 연구는 연구자의 자료수집이 충분하다고 생각할 때 종결한다. • 사회복지실천가의 성공은 클라이언트의 변화에 대한 확인이지만, 질적 연구는 학문적으로 검증된 연구이다.

※ 사회복지교육연구센터, 2022 : 366-367.

4) 질적 연구에 관한 쟁점

질적 연구에 관한 쟁점은 다음 표와 같다.

표 13-2 질적 연구에 관한 쟁점

병행 쟁점	• 질적 연구와 양적 연구를 동시에 사용하는 것이 바람직하다는 의견이 있지만, 실질적으로 두 접근은 각기 서로 다른 가정에 근거를 두고 있기 때문에 동시에 사용하는 것은 어렵다. • 질적 연구와 양적 연구를 상호보완적으로 사용하여 질적 연구의 단점인 객관성을 보완할 수 있다는 의견이 있다.
과학성 쟁점	• 질적 연구가 과학적이라고 반드시 연역적이고 가설검증적인 연구만 의미하는 것은 아니다. • 질적 연구에 있어서 과학적인 연구란 엄격하고 체계적인 경험적 탐구를 의미하며 현실기반이론을 추구하는 것이다.
일반화 쟁점	질적 연구는 연구결과를 일반적으로 적용하기보다는 그 연구결과가 다른 상황과 대상에 어느 정도 일반화될 수 있는지에 초점을 둔다.

주관성 쟁점	• 질적 연구의 목적은 주관적인 것을 객관적으로 연구하는 것이다. 따라서 연구자의 편견적 태도가 종종 연구에 반영될 수 있다. • 질적 연구자는 주관성에 대한 반성을 포함하는 세부적인 현장기록을 통해 편견 개입의 가능성을 줄여야 한다.
관찰자 효과 쟁점	• 연구자의 존재가 연구대상자의 행동에 변화를 일으키는 일종의 반응성이다. • 질적 연구자들은 자연스럽고 비강요적이며, 비심판적인 태도로 대상자와 상호작용을 하고자 노력하지만 영향력을 모두 제거할 수는 없기 때문에 순수하게 '자연상태로의 연구'란 사실상 어렵다.
신뢰성 확보 쟁점	• 양적 연구자들이 주장하는 동일한 조건 아래서 서로 다른 연구자의 연구에 의해 동일한 결과가 도출될 수 있는가에 대한 신뢰성 쟁점이다. • 질적 연구자들이 주장하는 신뢰성은 양적 연구자들이 주장하는 관찰결과의 일관성이 아니라 연구자가 기록하는 내용과 실제로 일어나는 상황 간에 일치되는 정도, 즉 자료의 정확성과 포괄성을 신뢰성으로 간주한다.

※ 사회복지교육연구센터, 2022 : 367-368.

2. 질적 연구의 방법과 과정

1) 질적 연구의 방법

질적 연구의 방법은 주로 관찰, 심층면접, 문서와 기록에 대한 관찰을 통해 자료를 수집한다. 자료수집의 장단점을 보완하기 위해 일반적으로 한 가지 이상의 자료수집방법을 활용하지만 대부분의 질적 연구에서는 관찰과 면접을 함께 사용한다.

(1) 참여관찰

조사 연구자는 연구대상이 선정되면 다양한 자료수집의 기술을 활용하여 자료를 수집하게 된다. 참여관찰(participant observation)법은 대상자의 활동에 참여하여 관찰하는 방법이다.

관찰은 크게 구조화된 관찰과 비구조화된 관찰로 나뉜다. 구조화된 관찰은 관찰내용과 범주를 사전에 정해 놓고 관찰하는 방법으로 주로 발생빈도, 방향, 범위 등을 범주화하게 되며, 비구조화된 관찰은 관찰대상, 방법 등이 규정되지 않은 상태에서 관찰하는 것으로 연구자가 조사대상자의 생활에 참여하는 정도에 따라 참여관찰과 비참여관찰로 구분한다. 참여관찰은 연구자가 조사대상 집단에 진정으로 참여하거나 참여하는 척하면서 관찰하는 것이며 비참여관찰은 연구자가 제삼자의 입장에서 조사대상자의 행동을 관찰하는 것이다(서정민 외, 2021 : 307).

참여관찰의 단계는 ① 연구장소 선택, ② 연구대상 접근, ③ 표집, ④ 자료수집, ⑤ 철수, ⑥ 자료분석 보고의 단계를 거치게 된다(사회복지교육연구센터, 2022 : 370).

- **연구장소 선택** : 연구문제의 성격에 따라 장소를 결정한다. 오랜 시간을 두고 관찰가능한 안정성 있는 장소를 선택한다.
- **연구대상 접근** : 현장에 대한 사전 지식을 습득할 필요가 있으며, 연구장소가 공개적인지, 관찰되는 것을 얼마나 꺼리는지에 따라 접근 용이성을 결정한다.
- **표집** : 대부분의 현지관찰은 의도적 표집을 사용한다. 연구문제나 목적이 표본의 크기를 결정하는 중요한 변수가 된다.
- **자료수집** : 표본을 추출하는 데 대부분 비확률표집을 실시한다. 추출된 표본을 대상으로 자료를 수집한다.
- **철수** : 연구가 비공개적일 때는 몰래 관찰되었다는 사실에 격분할 수 있다. 철수 자체가 대상자에게 영향을 미칠 수 있다.
- **자료분석 보고** : 자료의 처리와 분석, 해석을 한 뒤 보고서를 작성함으로써 참여관찰을 완결한다.

표 13-3 참여관찰의 장점과 단점

구분	내용
장점	• 가설을 구성하고 독립변수와 종속변수를 분리시키는 데 필요한 기본적인 정보를 결정하는 데 도움이 된다. • 자료가 연구자에 의해 직접 구해지므로 연구대상자의 보고능력이나 의지에 방해받지 않는다. • 어린이와 같이 언어구사력이 떨어지는 집단에 효과적이다. • 현장에서 이뤄지므로 자료가 세밀하고 정교하다. • 행동의 미묘한 차이를 연구하고 일정 기간의 사회과정을 조사하는 데 효과적이다. • 조사연구설계를 수정할 수 있어서 연구에 유연성이 있다. • 비용적인 측면에서 경제적이다. 관찰자와 기록할 수 있는 도구만으로 수행할 수 있다.
단점	• 외적 타당도가 떨어진다. 주관성이 많이 개입되고, 일반화 가능성이 낮을 수 있으므로 결론이 제한적이다. • 관찰자의 선입견이 개입될 수 있으며, 관찰자 효과가 나타날 수 있다. • 연구대상이 소수의 개인이나 집단 등으로 제한되며, 대규모 집단은 어렵다. • 직접 현장에 참여하므로 시간적, 공간적, 물리적 제약이 따른다.

※ 사회복지교육연구센터, 2022 : 369-370.

참여관찰과 참여관찰자의 윤리적 이슈

- **참여관찰**: 참여관찰은 조사대상자의 행위나 사회적 현상을 주의하여 자세히 살펴보는 방법이다.
- **참여관찰자의 윤리적 이슈**
  ① 나의 말과 행동이 관찰되는 것을 모를 때 대화하는 것이 윤리적인가?
  ② 내가 싫어하는 사람들에게 나의 목적을 위해 정보를 얻어내는 것이 윤리적인가?
  ③ 문제가 심각하여 도움이 필요한 상황에서 직접적으로 반응하지 않는 것이 윤리적인가?
  ④ 인간관계를 전략적으로 사용하는 것이 윤리적인가?

(2) 심층면접

심층면접(intensive interview)은 조사대상자의 언어적 표현(예: 응답의 이유, 의견, 가치, 동기, 경험 등)과 비언어적 표현(예: 몸짓, 표정, 행동 등과 같이 소리가 아닌 표현)까지 관찰이 가능한 방법이다. 질적 자료수집에 흔히 사용되며 정보를 유도하기 위해 사전에 계획하고 이를 구체화한 것이다. 조사자가 직접 관찰할 수 없는 것을 발견하기 위해 심층면접을 실시하며 사람들의 행동, 감정, 주변 세계에 대한 해석방법 등을 알아보거나 반복하기 불가능한 과거 사건들에 관심이 있을 경우 필수적이다(서정민 외, 2021 : 308). 심층면접은 무작위 표집방법을 사용하지 않고 표본의 수도 작기 때문에 면접의 결과를 일반화시키는 데 무리가 있으며 면접원의 편견의 개입 등이 문제가 된다.

표 13-4 심층면접의 종류

비공식 대화면접	• 가장 개방적인 면접 형태로서, 관찰과정 중에서 면접자와 응답자 사이에 계획되지 않고 예측되지 않은 상호작용이다.
면접지침 접근법	• 면접에 대해 미리 계획하여 개방적이지만 비공식 대화면접보다는 더 구조화된 면접지침을 가지고 관찰하는 면접법이다. 이 방법은 사전에 계획되어 있으므로 면접자의 편견을 줄일 수 있고, 면접 후 자료의 분석이나 보고서 작성에 더 효과적이다. • 고도로 구조화된 면접의 경우, 면접이 부자연스러워지고 면접자가 예상하지 못했던 상황에 대한 질문의 준비 등 융통성이 없다는 단점과 완전히 구조화되어 있지 않은 비공식 대화면접의 단점을 보완한 형태이다.
표준화된 개방형 면접	• 면접상의 질문을 미리 정확하게 써놓고 순서와 표현에 주의를 기울이면서 면접하는 방법이다. • 면접자의 영향과 편견을 최소화하면서 일관성을 유지하고 자원이 부족하여 응답자와 포괄적으로 면접을 추구할 시간이 없을 때 유용한 방법이다.

※ 사회복지교육연구센터, 2022 : 371.

(3) 자료분석

양적 연구와 같이 명확한 자료분석 방법은 존재하지 않지만, 질적 연구에서는 자료수집과 분석이 동시에 일어나거나 순환적으로 일어나는 경우가 많다. 즉, 현장에서 자료를 수집한 순간부터 분석을 시작하여 자료수집이 계속되면서 분석도 점진적으로 발전하게 된다. 케인(Kahane)은 질적 조사의 자료분석을 진행하는 과정에서 유의할 사항에 대해서, 연구자가 자신의 주관성과 편견 관점에서 의미 있게 해석할 위험이 항시 존재하며, 자신이 관찰하고 있는 문화와 과도하게 동일시한 결과 자신의 정체감과 분석적인 자세를 잃어버리고 연구대상자의 입장과 견해를 취하거나, 연구자가 관찰대상에 감정적으로 반응하거나, 근거자료에 의하여 본질적으로 합당한지를 판단하지 못하고 성급하게 결론을 내리는 오류, 어떤 연구결과에 대한 원인을 잘못 판단하여 내리는 오류, 연구자가 합당하게 추정한 관찰이나 결론을 언급하지 않음으로써 나타나는 오류, 잘못된 문제를 제기함으로써 나타나는 오류가 있을 수 있다는 점이다(서정민 외, 2021 : 309).

자료분석 주의점

- 분석적 질문과 현장기록에는 관찰자의 코멘트와 발견한 것에 메모를 한다.
- 현장에서 문헌 탐구를 시작하는 것이 좋으며, 관찰과정에서 알게 된 사실은 비밀이 보장되어야 한다.
- 자료 분석 이전에 연구자는 사색을 두려워하지 말아야 한다.

2) 질적 연구의 과정

(1) 문제 구성과 이론의 탐색

질적 연구의 과정은 양적 연구와 달리 엄격하게 규정된 절차에 따라 진행되지 않는다. 그러나 이것이 논리나 형식이 존재하지 않음을 의미하는 것이 아니라 단지 질적 조사연구에서는 수집하는 자료의 특성상 분석하는 절차에서 엄격한 형식이 효율적이지 않음을 의미한다(김치영 · 최용민, 2011 : 342). 질적 연구를 진행하기 위해서는 먼저 문제구성과 이론의 탐색을 시작하게 된다.

(2) 자료 수집과 분석

① 연구대상 선정

양적 연구처럼 대표성이 아니라 질적 연구에서 대상 선정은 연구하려고 하는 문제의 특성을 가장 잘 나타내는 대상으로 선정한다.

② 관찰, 정리 및 부호화

질적 연구의 자료는 연구대상의 주관적 의미를 탐구하는 과정이므로 연구자의 자료수집 기술은 자료의 신뢰성과 타당성에 영향을 미친다. 양적 연구처럼 구조화된 지침에 의해 진행할 필요는 없으며, 수집된 자료를 다른 자료와의 비교를 위해 정리하고 부호화한다.

③ 부호화된 자료의 분류

관찰, 정리 및 부호화된 자료는 관찰대상의 연령, 시간, 지역, 특성별로 분류하고 비교하게 된다. 분류된 자료는 연구과정에서 수정될 수 있으며, 반복되고 환류되는 과정을 거치며, 질적 연구에서는 자료나 관찰의 내용이 어떤 영역에 속하는지 연구결과가 어떤 의미를 갖는지 미리 파악하기 위해 분류한다.

④ 분석 메모 및 자료분석

질적 연구자는 관찰과정에서 분석적인 메모가 필요하며, 분석 메모는 목록의 부호화에서 이뤄진 분류에 의미를 부여하고 정보를 제공하기 때문에 중요한 역할을 한다. 질적 연구의 자료분석이란 현장에서 수집된 자료들을 토대로 체계적으로 탐구하고 정리하는 과정이다.

(3) 가설과 이론의 구축

현장에서 수집된 자료들은 계속적인 분석작업을 통해 자연스럽게 이론으로 통합된다. 문제를 구성하고 자료수집을 할 때와 달리 관찰과 분석의 과정이 반복되고 환류되면서 경험에 근거한 실질적인 가설과 이론이 도출되는 것이다(김치영 · 최용민, 2011 : 345).

(4) 보고서 작성

질적 연구는 자료수집과 분석이 동시에 이루어지기 때문에 보고서를 작성할 때 자료수집의 방법 및 절차와 분석이 동시에 기술되어야 하고 분석적 서술 방법을 많이 활용한다(김치영 · 최용민, 2011 : 345). 질적 연구의 조사보고서의 형식은 양적 연구와 크게 다르지 않으며 일반적으로 목적과 연구배경, 탐구방법, 연구결과, 결론 및 제언으로 구성된다.

연습문제

01 질적 연구의 특징으로 옳지 않은 것은?

① 연역법만 사용한다.
② 과정에 보다 많은 관심을 둔다.
③ 연구자 자신을 자료수집의 중요한 도구로 활용한다.
④ 자연스러운 상태의 생활환경이 연구의 장이 된다.
⑤ 연구대상자가 소규모일 경우가 많다.

02 질적 연구의 유형으로 옳지 않은 것은?

① 근거이론 ② 민속지학 ③ 서베이조사
④ 참여행동연구 ⑤ 내러티브 탐구

03 질적 연구의 방법 중 참여관찰의 장단점으로 옳지 않은 것은?

① 현장에서 이뤄지므로 자료가 세밀하고 정교하다.
② 외적 타당도가 떨어진다.
③ 관찰자의 선입견이 개입될 수 있다.
④ 어린이와 같이 언어구사력이 떨어지는 집단에 사용할 수 없다.
⑤ 비용적인 측면에서 경제적이다.

04 참여관찰자의 유형으로 옳지 않은 것은?

① 완전참여자 ② 관찰참여자 ③ 참여관찰자
④ 심층면접관찰자 ⑤ 완전관찰자

05 질적 연구의 유형 중 현실기반이론의 설명으로 옳지 않은 것은?

① 기존에 이론적 기반이 갖추어지지 않은 분야를 연구하는 데 적합하다.
② 연역적인 과정을 거쳐 현실적인 자료에 근거하여 개발된 이론이다.
③ 질적 연구의 한 방법으로 이론적 표집을 선호한다.
④ 미리 어떤 이론을 설정하지 않고 조사를 시작한다.
⑤ 귀납적인 과정을 거쳐 현실적인 자료에 근거하여 개발된 이론이다.

정답 01 ① 02 ③ 03 ④ 04 ④ 05 ②

CHAPTER 14

조사계획서 및 조사보고서 작성

01 조사계획서의 작성

02 조사보고서의 작성

❒ **학습목표**

- 조사계획서의 의의를 이해한다.
- 조사계획서의 절차를 이해한다.
- 조사보고서의 기본 구조를 이해한다.
- 조사보고서의 작성 절차를 이해한다.

이 장에서는 사회복지 조사를 진행하기 전에 작성하는 조사계획서와 연구가 완료된 후 작성하는 조사보고서의 기본 구조와 작성 절차를 학습하게 되며 이를 통해 사회복지 조사의 마무리 과정인 보고서 작성을 학습하게 된다.

1. 조사계획서의 작성

1) 조사계획서의 의의

조사계획서는 본격적으로 조사가 시작되기 전에 조사의 효율성을 기하기 위하여 조사의 전체 진행 과정을 구체적으로 기술하는 것으로 연구의 질적인 면과 수행 가능성 등을 평가할 수 있는 정보들이 나타나도록 작성하는 것으로 사회복지 조사의 중요한 과정이다. 조사계획서의 작성 내용은 사회복지 조사의 목적과 내용, 대상, 자료수집방법, 조사도구, 조사일정, 비용 등을 밝힘으로써 조사 감독자 등 이해 관계자들이 조사의 방향을 이해하고, 조사수행에 필요한 사항이나 자원을 미리 준비하는 데 필요한 정보를 제공하는 문서이다.

표 14-1 조사계획서의 내용

구분	내용
내용	조사의 목적과 내용, 대상, 자료수집방법, 조사도구, 조사일정, 비용 등
의의	• 조사 설문의 내용과 조사의 중요성 제시 • 조사담당자와 기관 및 수행활동의 소개 • 필요한 자료의 수집, 처리, 분석, 해석방법 제시 • 조사를 통해 얻을 수 있는 이익에 대한 설명

조사계획서의 개념

조사계획서는 사회복지 조사의 목적과 내용, 대상, 자료수집방법, 조사도구, 조사일정, 비용 등을 밝힘으로써 조사 감독자 등 이해 관계자들이 조사의 방향을 이해하고, 조사수행에 필요한 사항이나 자원을 미리 준비하는 데 필요한 정보를 제공하는 문서이다.

2) 조사계획의 절차

조사계획서를 작성함에 있어서 일반적인 작성 절차와 작성 요령을 정리하면 다음과 같다.

(1) 조사목적의 설정

사회복지 조사를 시작하기 전에 선행되는 과정으로 조사의 정당성을 부여하여 조사의 목적을 설정하는 것으로 이 연구가 왜 필요한지를 설득력 있게 제시하는 것이다.

- **탐색 목적**: 비교적 잘 알려져 있지 않은 새로운 분야의 연구를 의미한다. 특정 현상을 좀 더 이해하거나 타당성을 검토하기 위한 목적으로 진행된다.
- **기술 목적**: 사회현상을 정확하게 기술하거나 묘사하기 위한 목적을 가진 연구를 의미한다. 특정 사회현상이나 사건, 집단이나 지역 특성 등에 대해서 있는 그대로를 정확하게 보여주거나 기술하고자 하는 연구이다.
- **설명 목적**: 사회현상이 발생되는 원인이 무엇인지를 밝히기 위한 목적을 가진 연구를 의미한다.
- **예측 목적**: 미래의 상태를 진술하려는 목적을 가진 연구를 의미한다.

(2) 조사목표의 설정과 조사내용 작성

사회복지 조사를 실시하기 전에 이번 조사의 목표를 설정하는 것이 필요하다. 이번 조사를 통해서 얻어야 할 정보의 내용들을 규명하는 단계로서, 조사내용을 목적과 목표에 맞게 자세하게 작성한다. 조사목표 및 조사내용을 작성함에 있어 고려해야 할 사항은 바로 조사의 실현 가능성이다. 아무리 조사 주제가 사회적, 학문적으로 의미가 있고 구체적으로 증명이 가능한 조사라고 하더라도 조사자가 이를 수행할 역량이 되지 않거나, 천문학적인 비용 또는 시간의 투입이 요구되거나 비윤리적이거나, 측정 자체가 어렵다거나 하는 등의 실현 가능성이 떨어진다면 이를 수행하기는 불가능하기 때문이다.

(3) 조사대상 선정 계획하기

사회복지 조사를 실시하기 전에 이번 조사의 대상을 선정하는 것은 중요한 사항이다.

조사대상자는 어떻게 선정하여 어떠한 방식으로 조사할지, 조사대상자를 어떠한 측정도구로 측정할지, 수집된 자료들은 어떠한 방식으로 분석할지 등을 구체적으로 결정하는 단계이다. 즉, 모집단 전체로 조사대상을 선정할 것인지, 표본으로 선정할 것인지, 또 표본은 어떤 방법으로 수집할 것인지, 표본의 크기는 어떻게 할 것인지 등에 대해 결정을 해야 한다.

(4) 자료수집방법 및 조사도구 계획하기

사회복지 조사자는 계획된 조사설계에 따라 자료수집을 실시하게 되는데, 구체적인 연구방법에 따라 자료수집방법에는 차이가 있으나 조사자는 객관적인 조사결과를 도출하기 위해 신중하게 자료에 대한 검증과 확인 과정을 통해 검증된 방식으로 자료를 수집해야 한다.

> 자료수집방법으로는 우편조사, 면접조사, 전화조사, 온라인조사 등이 있다.

(5) 조사담당자 및 분석방법 결정하기

사회복지 조사를 실제 담당할 담당자(성명, 부서, 직위, 역할 등)를 결정하는 것이다. 수집된 자료들을 어떠한 통계방법이나 조사방법들을 활용할지에 대해서도 타당하고 적절한 결정이 필요하다.

2. 조사보고서의 작성

1) 조사보고서의 목적과 기능

사회복지 조사보고서는 조사결과를 문서로 기록하는 과정으로 조사결과를 알림으로써 보편타당성과 객관성을 미리 검증 받고자 하는 데 목적이 있다.

조사보고서의 기능은 다음과 같다. 첫째, 조사내용과 분석결과에 담긴 의미 등을 전문가와 관심을 갖고 있는 독자들에게 효과적으로 전달할 수 있어야 한다. 둘째, 조사보고서의 내용은 이론적·실용적 측면에서 관련 분야에 도움을 줄 수 있어야 한다. 즉, 관련 분야의 지식체계에 기여할 수 있어야 한다. 셋째, 하나의 연구를 통해 모든 내용을 다룰 수는 없다는 점에서 향후 어떤 측면에서 후속연구가 진행되어야 하는지 연구 방향이 제시되어야 한다(서정민 외, 2021 : 332).

조사보고서의 개념

조사보고서는 조사문제, 조사대상, 조사방법, 조사절차 등과 함께 체계적으로 정리하여 관련 담당자들에게 직접 제시하는 문서이다. 주로 조사보고서는 서류나 책자로 작성되지만, 최근에는 컴퓨터 파일로 저장하여 보고되는 경우도 있다.

2) 조사보고서의 유형

조사보고서의 유형은 탐색적 조사보고서, 기술적 조사보고서, 설명적 조사보고서, 제안적 조사보고서가 있다(서정민 외, 2021 : 334-336).

(1) 탐색적 조사보고서

탐색적 조사보고서는 선행연구가 많지 않거나 연구주제와 관련하여 연구가 거의 진행되지 않은 경우에 조사되어 보고되는 문서이다. 즉, 조사 문제를 밝히거나 가설을 정립하는 데 도움을 주는 보고서로 향후 정교한 조사를 실시하도록 하기 위해 수행된 조사의 결과를 보고하는 문서이다. 보고가 탐색적 목적을 갖고 있다는 점에서 결론은 단정적인 내용이 아닌 잠정적인 것임을 밝혀야 한다.

(2) 기술적 조사보고서

기술적 조사보고서는 연구주제와 관련되어 사회적 현상의 특성과 변수 간의 관계성을 서술하기 위해 수행된 조사의 결과를 보고하는 문서이다. 기술하는 내용이 모집단 전체인지 표본인지 밝혀야 하며 변수 간의 관계성을 기술할 때 통계적 오차 범위에 관해서도 기술해야 한다.

(3) 설명적 조사보고서

설명적 조사보고서는 변수 간의 원인과 결과를 밝히기 위한 조사의 결과를 보고하는 문서이다. 보고의 목적이 설명적임을 밝혀야 하고 원인과 결과 간의 관계를 설명할 때 신뢰할 수 있는 근거를 제시해야 한다. 또한 활용한 추리 통계분석 결과를 간략히 정리하고 세부적인 결과는 조사보고서를 읽는 이들의 이해를 돕기 위해 부록에 수록하는 것이 좋다.

(4) 제안적 조사보고서

제안적 조사보고서는 분석결과에 따라 특정 정책대안이나 개입방법을 도출해 보고하는 문서이다. 보고서에서는 제안들이 어떤 자료분석을 통해 도출되었는지 논리적으로 설명해야 한다.

3) 조사보고서의 작성 원칙

조사보고서의 작성 원칙은 포괄성, 정확성, 명확성, 효율성이 있다(황인옥, 2019 : 375).

(1) 포괄성

조사에서 제기된 문제, 문제해결을 위해 사용한 조사방법, 수집된 자료들의 성격과 분석결과, 분석결과에 대한 적용과 함의 그리고 가능하면 그 대안들에 이르기까지 모든 것이 빠지지 않고 설명되어야 한다. 즉, 보고서에는 자료가 충분히 담겨야 한다.

(2) 정확성

정확한 보고서의 작성은 조사결과의 해석과 활용에 중요한 영향을 미친다. 따라서 자료수집과정의 타당성과 수집된 자료의 질, 자료처리 및 분석과정의 적절성, 보고서 양식이나 내용에서 흔히 발생하는 사소한 오류들(오타, 누락, 수치 오류)이 정확성을 판단하는 기준이 된다.

(3) 명확성

보고서가 명확하려면 작성자가 보고서 내용에 대해 올바른 논리적 이해력을 갖추어야 하며, 그것들을 명확한 단어나 문장으로 표현할 수 있어야 하고, 쉬우면서 논리적으로 작성해야 한다.

(4) 효율성

보고서는 다양한 정보를 간결하게 전달하는 효율성을 가져야 하며, 보고서 이용자에게 필요한 것을 모두 포함하면서도 최소한의 함축된 내용으로 전달할 수 있어야 한다.

4) 조사보고서의 내용

(1) 표제

사회복지 조사의 결과를 서면으로 작성하여 보고하거나 발표하는 것이 원칙이므로 조사보고서는 정리하여 마무리하는 마지막 단계라고 할 수 있다. 표제에는 조사 제목, 조사자, 기관명, 작성 일자 등이 표기된다.

(2) 목차

조사보고서의 제목들을 순서에 따라 나열하고 해당 면을 표시하여 쉽게 찾을 수 있도록 한다.

(3) 개요

조사보고서의 전체 내용을 다 확인하는 데에는 제약이 있으므로 내용을 요약정리하여 짧은 시간에 조사보고서 전체의 내용을 파악할 수 있도록 정리한다.

조사보고서의 개요에는 목적, 배경, 문제, 가설, 내용, 방법, 결과 및 발견사항, 결론 등이 포함된다.

(4) 서론

사회복지 조사보고서의 서론에는 조사의 취지, 필요성, 목적, 조사범위, 기존의 연구와 비교, 용어의 설명 등이 기록된다.

(5) 본론

사회복지 조사보고서의 본론에는 조사목적, 문제와 가설, 이론적 배경, 조사목표 등이 기록된다.

표 14-2 조사보고서의 본론 작성내용

<table>
<tr><th>주제</th><th colspan="2">내용</th></tr>
<tr><td>조사 목적</td><td colspan="2">탐색적, 기술적, 설명적, 제안적 목적인지 서술한다.</td></tr>
<tr><td>문제와 가설</td><td colspan="2">조사문제와 가설을 설명하고 가설에 사용된 개념들을 조작적으로 정의한다.</td></tr>
<tr><td>이론적 내경</td><td colspan="2">• 조사문제와 방법에 대한 이론적 배경을 서술한다.
• 기존의 문헌이나 연구결과와 검토하고 비교함으로써 수행된다.
• 조사가 독창적이라는 근거를 밝힌다.
• 사회적, 학문적 기여도를 제시한다.</td></tr>
<tr><td rowspan="5">하위
조사목표</td><td>조사설계</td><td>조사목적, 주제, 조사문제, 조사대상, 설문지 구성, 자료수집방법, 자료분석, 보고서 작성, 조사설계가 가지고 있는 장·단점에 대해 언급한다.</td></tr>
<tr><td>자료수집방법</td><td>질문지법, 면접법, 내용분석법 등 자료수집방법을 제시한다.</td></tr>
<tr><td>표본추출</td><td>조사대상이 모집단인지 표본인지 설명한다. 표본이라면 표집단위, 표집틀, 표본추출 절차, 표본크기, 응답률 등에 대한 설명이 있어야 한다. 구체적인 표집방법을 언급한다.</td></tr>
<tr><td>통계적
자료분석방법</td><td>자신이 사용한 통계기법의 정당성을 입증할 수 있어야 한다.</td></tr>
<tr><td>조사결과</td><td>논리적이고 적절한 문체를 사용하여 보고한다.</td></tr>
</table>

※ 사회복지교육연구센터, 2022 : 387.

(6) 결론 및 제언

사회복지 조사보고서의 결론 및 제언에는 조사목적, 조사과정, 조사방법, 조사내용 등을 간략히 정리하고 조사결과를 토대로 결론을 작성한다. 조사의 제한점과 오류 발생 가능성을 정직하게 제시하고, 신뢰성 여부를 판단할 수 있도록 기록한다.

(7) 참고문헌 및 부록

사회복지 조사보고서의 참고문헌에는 조사를 진행하면서 참고한 자료에 대해 출처를 밝힌다. 부록에는 조사에 이용된 통계분포, 설문지, 사회지표, 사진 등 조사에 참고한 부수적인 자료를 첨부한다.

연습문제

01 조사보고서의 본문에 들어가는 내용으로 옳지 않은 것은?

① 표제(조사 제목, 조사자)
② 조사목적
③ 문제와 가설
④ 이론적 배경
⑤ 하위 조사목표

02 조사보고서의 작성요령으로 옳지 않은 것은?

① 문법적으로 정확하고 논리적으로 기록한다.
② 문장배열이 간결하고 필요한 내용만 선별적으로 기록해야 한다.
③ 보고대상을 고려하지 않고 보고자의 주관적인 입장으로 기록한다.
④ 도표나 수표는 일정한 양식을 사용한다.
⑤ 문장표현에 주의해야 한다.

03 조사보고서의 유형으로 옳지 않은 것은?

① 탐색적 조사보고서
② 설명적 조사보고서
③ 제안적 조사보고서
④ 가설적 조사보고서
⑤ 기술적 조사보고서

정답 01 ① 02 ③ 03 ④

참고문헌

강종수(2009). 사회복지조사방법론. 양서원.

김기덕 외 공역(2009) 사회복지조사방법론. Cengage Learning.

김기원(2001). 사회복지조사론. 나눔의집.

김기원(2009) 사회복지조사론. 나눔의집.

김영종(1999). 사회복지조사방법론. 학지사.

김영종(2001). 사회복지조사방법론. 학지사.

김영종(2001). 사회복지행정. 학지사.

김영종(2007). 사회복지조사방법론:이해와 활용. 학지사.

김정우, 양심영(2009). 사회복지조사론. 양서원.

김태성, 김기덕, 이채원, 홍백의(2009). 사회복지조사론. 청목출판사.

남세진, 최성재(1988). 사회복지조사방법론. 서울대학교출판부.

남세진, 최성재(1996). 사회복지조사방법론. 서울대학교출판부.

남서진, 최성재(2003). 사회복지조사방법론. 서울대학교출판부.

노수희(2022). 베이비붐세대의 노화태도가 행복감에 미치는 영향에서 생성감 매개효과와 사회활동참여의 조절효과. 신라대학교 박사학위논문

미국심리학회(2013). *Publication Manual of the American Psychological Association*, 6th Edition. 강진령 역, APA 논문작성법, 학지사.

사회복지교육연구센터(2021). 사회복지조사론. 나눔의집.

사회복지교육연구센터(2022). 1급 사회복지사 기본서 사회복지조사론. 나눔의집.

서정민 외(2015). 사회복지조사론. 동문사.

서정민 외(2021). 사회복지조사론. 동문사.

성규탁(1998). 사회복지행정론. 법문사.

손병덕 외(2010). 사회복지조사방법론:이해와 실천. 학지사.

양정하 외(2003). 사회복지조사방법론. 현학사.

유태균 역(2008). 사회복지질적연구방법론. 나남.

유태균(2006). 사회복지 자료분석의 기초원리. 공동체.

유태균, 이선혜 · 서진환 공역(2003). 사회복지 질적연구방법의 이론과 활용. 나남.

이익섭, 이윤로(2009). 사회복지조사방법의 이해. 학지사.

이종환(2011). 사회과학조사방법론. 공동체.

이창희 외(2011). 사회복지조사론. 창지사.

임병우, 손용진(2009). 사회복지조사연구방법론. 청목출판사.

임정문(2006). EBS사회복지학개론. 이그잼.

조흥식, 정선욱, 김진숙, 권지성 역(2010). 질적연구방법론:다섯 가지 전통. 학지사.

채구묵(2001). 사회복지조사방법론. 양서원.

채구묵(2010). 사회복지조사방법론. 양서원.

초의수(2019). 사회복지조사론. 정민사.

최선희(2012). 사회복지조사방법론. 공동체.

최성재(2005). 사회복지조사방법론. 나남.

최성철, 김병찬, 배은영(2010). 사회복지조사방법론. 공동체.

최일섭, 김성한, 정순둘(2001). 사회복지조사론. 동인.

최일섭, 김성한, 정순둘(2005). 사회복지조사론. 동인.

한국사회복지교육협의회(2018). 2019~2020년도 사회복지학 교과목지침서. 한국사회복지교육협의회.

한국사회복지교육협의회(2020). 2021~2022년도 사회복지학 교과목지침서. 한국사회복지교육협의회.

한승준(2000). 사회조사방법론. 대영문화사.

현외성(2011). 사회복지학의 이해. 양서원.

홍봉수 외(2016). 사회복지조사론. 공동체.

홍봉수 외(2016). 사회복지조사론. 창지사.

황성동(2006). 알기 쉬운 사회복지조사방법론. 학지사.

황인옥(2019). 사회복지조사론. 동문사.

Bradshaw, Jonathan. (1972). The Concept of Social Need. *New Society, 19*(March).

Direnzo. G. J. (1966). *Concepts Theory and Explanation in the Behavioral Science*. N. Y.: Random House.

Kerlinger, F. N. (1986). *Foundations of Behavioral Research*, 3rd ed. N. Y.: Holt, Rinehart & Winstion.

Maslow, A. H. (1954). *Motivation and Personality*. New York: Harper.

Mason, J. (1999). 질적 연구방법론. 김두섭 역(2002). 나남.

NASW(1999). 사회복지대백과사전. 나눔의집.

Ruane, Janet M. (2005). *Essentials of research methods : A guide to social research*. Malden, MA : Blackwell Publishing.

Rubin, A., & Babbie, E. (1993). *Research Methods for Social Work*(2nd ed.).

Rubin, Allen & Babbie Earl R. (2010). *Research Methods for Social Work*(7th ed.).

CA : Brook/Cole Publishing Company.

Rubin, A., & Babbie, E. (2008). 사회복지조사방법론. 김기덕, 김용석, 유태균, 이기영, 이선우, 정슬기 옮김(2016). 서울 : Cengage Learning(센게이지러닝코리아).

Rubin, A., & Babbie, E. (1998). 사회복지조사방법론(성숙진, 유태균, 이선우 역). 나남출판.

Steven, S. S. (1951). *Mathematics, Measurement and Psychophysics, Handbook of Experimental Psychology*. N. Y.: Wiley.

Sullivan, Thomas J. & Cornell R. Dejong(2001). *Applied Social Research : A Tool for Human Services*. CA : Brook/Cole Publishing Company.

Tripodi, T. (1983). *Evaluation research for social workers*. Englewood Cliffs. NJ: Prentice-Hall.

찾아보기

국문

ㄱ

ㄴ

ㅅ

ㅎ

영 문

A

B

C

D

E

F

G

H

I

J

L

R

S

T

저자소개

■ 임정문

성결대학교 대학원 사회복지학 박사

현) 포천 다문화가정지원센터 부소장

은평여성인력개발센터 운영위원

경민대학교 교수

전) EBS교육방송 강사

이그잼 고시학원 사회복지학 교수

경복대학 겸임교수

고려직업전문학교 교수

■ 노수희

신라대학교 일반대학원 사회복지학 박사

현) 부산과학기술대학교 사회복지상담과 학과장

고용부 NCS 강사

성평등 전문인권 강사

한국사회복지상담학회 부산과학기술대학교 지부장

전) 신라대학교 초빙교수

부산경상대학교 외래교수

동의과학대학교 외래교수

동부요양보호사교육원 원장

■ 조순래

경남대학교 사회복지학과 석사

대구가톨릭대학교 사회복지학과 박사

현) 부산과학기술대 부동산복지경영과 교수

21세기산업연구소 연구원

경남사회조사연구원

경남조사분석연구원

전) 성운대학교 미래휴먼사회복지학부 청소년복지과, 노인재활복지과 학과장

경상남도 행정심판위원

경상남도 양성평등위원

경상남도 사회복지위원

사회복지조사론

초판 1쇄 발행 / 2022년 8월 31일
초판 3쇄 발행 / 2025년 8월 5일

•

공저자 / 임정문 · 노수희 · 조순래
발행인 / 이 중 수
발행처 / **동 문 사**

•

서울특별시 서대문구 홍제원 1길 12
(홍제동 137-8)
Tel: 02)736-3718(대), 736-3710, 3720
Fax: 02)736-3719
등록번호: 1974.04.27 제9-17호
가격: 21,000원

•

ISBN: 979-11-6328-462-8(93330)
E-mail: dong736@naver.com
www.dongmunsa.com